Schriftenreihe Soziale Arbeit – Band 3

der Fakultät für angewandte Sozialwissenschaften der Hochschule München

Herausgegeben von Peter Hammerschmidt und Juliane Sagebiel

D1618525

AG SPAK

Arbeitsgemeinschaft sozialpolitischer Arbeitskreise

Materialien der AG SPAK – M 254

.

Julia Hagn / Peter Hammerschmidt / Juliane Sagebiel (Hrsg.)

Modernisierung der kommunalen Sozialverwaltung

Soziale Arbeit unter Reformdruck?

Schriftenreihe Soziale Arbeit
der Fakultät für angewandte Sozialwissenschaften der Hochschule München

Impressum

© bei AutorInnen
1. Auflage 2012

ISBN 978-3-940865-29-8

Satz und Umschlaggestaltung: H. Zimmermann, W. Schindowski
Druck: Digitaldruck leibi.de, Neu-Ulm

Zu bestellen über den Buchhandel oder direkt bei:
AG SPAK Bücher Fax 07308/919095
Holzheimer Str. 7 E-Mail: spak-buecher@leibi.de
89233 Neu-Ulm Internet: www.agspak-buecher.de

Auslieferung für den Buchhandel: SOVA, Frankfurt, Fax 069/410280

Bibliografische Information der Deutschen Nationalbibliothek

Die Deutsche Nationalbibliothek verzeichnet diese Publikation in der Deutschen National-
bibliografie; detaillierte bibliografische Daten sind im Internet über http://dnb.d-nb.de abrufbar.

Inhalt

Vorwort

zur „Schriftenreihe Soziale Arbeit" der
„Fakultät für angewandte Sozialwissenschaften" der Hochschule München.
Herausgegeben von Peter Hammerschmidt und Juliane Sagebiel

Der vorliegende Band ist der dritte in der Schriftenreihe „Soziale Arbeit" der Fakultät für Angewandte Sozialwissenschaften der Hochschule München. Die Schriftenreihe möchte aktuelle und Grundsatzfragen der Sozialen Arbeit aufgreifen und durch fundierte Beiträge zu jeweiligen Schwerpunkthemen, die regelmäßig von mehreren AutorInnen (sechs bis acht) aus unterschiedlichen Perspektiven ausgeleuchtet werden, der Fachöffentlichkeit präsentieren und zur Diskussion stellen. Die Reihe dokumentiert zugleich die Themen und Beiträge des Colloquiums Soziale Arbeit, das die HerausgeberInnen seit dem Sommersemester 2009 jährlich an der Fakultät für Angewandte Sozialwissenschaften der Hochschule München durchführen. Hierzu sind KollegInnen anderer Hochschulen eingeladen, ihre Expertise als ReferentInnen und MitdiskutantInnen in die Fachdiskussion der Fakultät und in den weiteren Kreis der TeilnehmerInnen des Colloquiums mit einzubringen. Mit der Aufnahme dieser Beiträge in unsere Schriftenreihe möchten wir die verschiedenen Perspektiven der interessierten Fachöffentlichkeit zugänglich machen. Die Schriftenreihe richtet sich damit vor allem an Lehrende, Praktiker und Studierende der Sozialen Arbeit sowie an alle an der Sozialen Arbeit Interessierten.

München, im Februar 2012
Die HerausgeberInnen

Julia Hagn, Peter Hammerschmidt und Juliane Sagebiel

Einführung[1]

Modernisierung der kommunalen Sozialverwaltung – Soziale Arbeit unter Reformdruck?

Die zu Beginn des 19. Jahrhunderts in Deutschland geschaffene moderne öffentliche Verwaltung vollzog in ihrer nunmehr zweihundertjährigen Entwicklung einen nahezu permanenten Prozess des Wandels oder der Modernisierung. Entgegen der behaupteten Reformresistenz der Bürokratie ist „der Wandel (...) im Sinne einer Anpassung an veränderte Umweltverhältnisse", so pointierte Bernhard Blanke kürzlich, „auch und gerade der Bürokratie immanent" (Blanke 2011: XVI; vgl. auch Ellwein 1994: 38, 83 u. passim). Dasselbe gilt für die kommunale (Sozial-)Verwaltung. Die Modernisierung der kommunalen Sozialverwaltung, um die es im vorliegenden Band geht, unterscheidet sich jedoch von den fortlaufenden Anpassungs- und auch den weitergehenden Reformprozessen der vergangenen zweihundert Jahre durch einen radikalen Bruch, den die zugrunde liegende Konzeption – das „Neue Steuerungsmodell" (NSM) – mit dem klassischen, von Max Weber dargestelltem Bürokratiemodell vollziehen will. An seine Stelle tritt ein neoliberales Ökonomisierungs- und Wettbewerbsmodell als neues ordnungspolitisches Paradigma für den Sozialsektor und darüber hinaus für potenziell alle Bereiche der öffentlichen Daseinsvorsorge. Im Folgenden stellen wir in Grundzügen zunächst das Kern-Modell der Neuen Steuerung und dann den internationalen wie bundesdeutschen Rahmen vor, in dem es zu verorten ist. Das sind: New Public Management, Neoliberalismus und Umbau des Sozialstaates. Anschließend gehen wir auf die Umsetzung des NSM in seiner auf die Außenbeziehungen erweiterten Fassung ein. Die Einführung schließt mit der Vorstellung der einzelnen Beiträge dieses Sammelbandes. Die Frage nach den Konsequenzen der Umsetzung des NSM für die Soziale Arbeit resümieren wir am Ende dieses Buches.

Das Muster für die hier in Rede stehende Modernisierung der Kommunalverwaltung ist das „Neue Steuerungsmodell", das die „Kommunale Gemeinschaftsstelle für Verwaltungsvereinfachung" (seit 2005: Verwaltungsma-

---

1   Für Anregungen und Kritik danken die VerfasserInnen Nils Goldschmidt, München.

nagement) (KGSt) Ende der 1980er Jahre entwickelte und seit den frühen 1990er Jahren breit propagiert. Die KGSt und ihr damaliger Vorstand Gerhard Banner bescheinigten den Kommunalverwaltungen eine Reihe von Steuerungslücken und Effizienzproblemen. Die bürokratische und zentralistische Steuerung, so spitzte Banner 1991 zu, sei „organisierte Unverantwortlichkeit" (Banner 1991: 6; vgl. Jann 1999: 532 und Reichard 2010: 164). Abhilfe könne das NSM schaffen, das mit betriebswirtschaftlichen Organisationsformen und Instrumenten die Binnenstrukturen und das Verwaltungshandeln effizienter und effektiver, bürgerfreundlicher und rationaler als das weberianische Bürokratiemodell gestalten könne.[2] Dezentralisierung der Fach- und Ressourcenverantwortung, Kontrakte und Zielvereinbarungen zwischen Politik und Verwaltung sowie zwischen den Verwaltungseinheiten, Controlling, Kosten- und Leistungsrechnungen sollten im Zusammenspiel mit Personalmanagement und Output-Orientierung die kommunale Verwaltung reformieren. Zur Realisierung des letztgenannten Mittels soll die Einführung von Leistungsstandards und Dokumentationspflicht eine Leistungsmessung und Ergebniskontrolle ermöglichen (Dahme et al.: 2008: 60-61; Buestrich/Wohlfahrt 2008: 20-21). Eine zentrale Konsequenz dieser nach Kriterien der Effizienz und Effektivität neu ausgerichteten Verwaltung ist, dass ihr Handeln nicht mehr auf die Frage fokussiert ist, ob ein Mittel sein Ziel erreicht. Es konzentriert sich vielmehr in erster Linie darauf, ob die Kosten, die ein gewähltes Instrument verursacht, in der „richtigen" Relation zum gewünschten Ziel stehen. Das traditionell zweckprogrammierte Handlungsmuster öffentlicher Verwaltung weicht damit einer Programmierung, deren Rationalität in ökonomischen Kategorien zu finden ist (siehe hierzu auch den Beitrag von Ortmann in diesem Band). Ab 1992 verbreitete sich das NSM unter den deutschen Kommunen „buschfeuerartig" (Reichard 2010: 166; vgl. Jann 2011: 104), wozu eine breite Reformkampagne der KGSt wie auch massive Unterstützung durch Stiftungen und Unternehmensberater beitrugen (Jann 1999: 532). In den Kommunen selbst waren die Verwaltungsspitzen die Promotoren des NSM, das daher auch als „Revolution der Verwaltungschefs" (Jann 2011: 99) bezeichnet wird. Sie erhofften sich vor dem Hintergrund der kommunalen Finanzkrise Kosteneinsparungen, aber auch eine bessere Steuerung der Verwaltung und eine größere Unabhängigkeit von der Kommunalpolitik (vgl. ebd.; und Dahme in diesem Band).

---

2   In neo-institutionalistischer Perspektive können Effizienz und Effektivität als Rationalitätsmythen des neoliberalen Markt-Paradigmas angesehen werden, die als geeignet betrachtete betriebswirtschaftliche Maßnahmen generieren, um das Ziel einer handlungsmächtigen Verwaltung zu erreichen. Aufgrund des hohen Grades ihrer Institutionalisierung durch die Diskursmacht des Neoliberalismus sind diese Mythen nicht zu hinterfragen und ergo auch die angewandten Mittel (rational) folgerichtig (vgl. Meyer/Rowan 1977: 343-344 und die Ausführungen von Roth, Hagn u.a. in diesem Band).

Das NSM stellt die deutsche Variante des New Public Managements (*NPM*) dar. Konzentrierten sich Konzeption und Umsetzung des NSM in Deutschland (zunächst) auf die Binnenmodernisierung der öffentlichen Verwaltung im oben skizzierten Muster, also auf die Aufgabenerledigung, so umfasst das NPM als zweite zentrale Dimension auch die Frage nach dem Aufgabenspektrum. Diesbezüglich mündete die Aufgabenkritik der NPM-Bewegung a) in der Forderung nach einer Beschränkung öffentlichen Handelns auf „Kernaufgaben", also auf eine Reduktion staatlicher Verantwortlichkeit überhaupt, und wo öffentliche Verantwortung bejaht wurde, sollte b) die Aufgabenerledigung möglichst delegiert werden; hier lautete die Forderung Trennung der Gewährleistungs- von der Durchführungsverantwortung. Grundannahme des NPM ist dabei die axiomatische Annahme einer generellen Überlegenheit marktlicher Steuerungsmechanismen gegenüber anderen, insbesondere staatlichen, bürokratischen. Mit dieser Unterstellung rechtfertigt das NPM-Konzept die Forderungen nach a) Grenzverschiebungen zwischen Staat und Markt zugunsten des Marktes (Entstaatlichung/Privatisierung, Minimalstaat), b) die Rückführung staatlicher Regulierung von Märkten und c) die schon angeführte Implementation marktlicher bzw. quasi-marktlicher Anreiz- und Steuerungsmechanismen in staatliches Handeln (Bogumil/Jann 2009: 237ff.; Schröter 2011). Ausgehend von Neuseeland und Großbritannien formierte sich seit den 1980er Jahren im gesamten OECD-Raum und inzwischen weit darüber hinaus eine NPM-Bewegung, der es zunehmend gelang, ihre Konzeption zur Reform des öffentlichen Sektors sowie den inhärenten ordnungspolitischen Grundvorstellungen Anerkennung und Geltung zu verschaffen. Ihre Umsetzung erfolgte indes in den einzelnen Ländern nicht nur ungleichzeitig, sondern auch höchst unterschiedlich (vgl. Bode 2004; Bahle 2007; Wollmann 2008). Schon in den frühen 1980er Jahren realisierten Neuseeland und Großbritannien recht rigoros Staats- und Verwaltungsreformen nach dem NPM-Muster. Hier erfolgten weitgehende Privatisierungen und gleichzeitig eine umfassende Kontraktsteuerung der im selben Zuge dezentralisierten Verwaltungseinheiten. Anders als in diesen beiden Ländern, die nach der Wohlfahrtsstaatstypologie von Esping-Andersen (1990) als liberale Wohlfahrtsstaaten anzusehen sind, setzten die sozialdemokratischen Wohlfahrtsstaaten Schweden und Finnland NPM-Vorstellungen um; hier dienten sie weniger der Entstaatlichung als vielmehr der Effektivierung und Verbilligung des öffentlichen Sektors. In konservativen Wohlfahrtsstaaten wie Frankreich und Deutschland indes, setzten sich NPM-Reformvorstellungen erst später und auch moderater durch. In Deutschland privatisierten Bund und Länder zwar wie die meisten EG- bzw. EU-Länder eine Reihe staatlicher Betriebe (Bahn, Post usw.), ansonsten verhielten sie sich aber bezüglich der

Reform der Bundes- und Landesverwaltung eher zurückhaltend. Nur die deutschen Kommunen implementierten das Neue Steuerungsmodell seit Beginn der 1990er Jahre (Reichard 2006: 283ff.; Schröter 2011: 86ff.).

Der ideologische Bezugsrahmen von NPM wie NSM ist der Neoliberalismus, wobei zwischen dem klassischen und dem Neoliberalismus einerseits sowie zwischen verschiedenen Strömungen innerhalb des Neoliberalismus andererseits, insbesondere der angelsächsischen und kontinentaleuropäischen Variante, unterschieden werden muss. Unter dem klassischen Liberalismus, der seine Wurzeln in den Arbeiten von Thomas Hobbes, John Locke, Adam Smith, John Stuart Mill, Montesquieu und Alexis de Tocqueville hat, wird in der Regel jener politische Ideenkomplex verstanden, der durch die Postulate der Rationalität der Individuen, der Individualfreiheit des Menschen gegenüber dem Staat, der Beschränkung politischer Herrschaft durch eine Verfassung und der Selbstregulierung der Ökonomie durch Gesetzmäßigkeiten von Markt und Wettbewerb gekennzeichnet ist (Schiller 2010: 547-548). Es ist die Weltanschauung des aufstrebenden Bürgertums, das sich gegenüber den privilegierten Ständen des Adels und der Geistlichkeit sowie gegenüber einer (zu) starken staatlichen Gewalt zu behaupten begann (Müller u.a. 2004: 154). Der Liberalismus war die erste umfassende politische Ideologie im modernen Sinne, da er erstmals einen systematischen Ordnungsentwurf im Wesentlichen nicht-religiös begründet. Zentral für den klassischen Liberalismus sind vor allem zwei Punkte: 1. Die Begrenzung staatlicher Macht, eine Maxime, die aus der Erfahrung mit einem übermächtigen absolutistischen Staat im 18. Jahrhundert resultiert.[3] 2. Mit der Begrenzung der Regierungsmacht gehen auch die Verteidigung des Privateigentums und die Betonung der Autonomie der Wirtschaftssphäre gegenüber dem Staat einher. Hierbei ist allerdings darauf hinzuweisen, dass der Liberalismus nicht per se mit einer Laissez-faire-Wirtschaftspolitik gleich zu setzen ist (Reeve 2009: 307; Euchner 1996: 98-99). Letztere stellte im 19. Jahrhundert mit dem so genannten Manchester-Liberalismus eine Extremform des Liberalismus dar, die später von den Neoliberalisten der Chicagoer Schule (siehe unten) aufgegriffen wurde.

Konzeptionelle Veränderungen und Richtungsdifferenzierungen mit Bezügen auch zum Konservativismus und Sozialdarwinismus entwickelten sich in der zweiten Hälfte des 19. Jahrhunderts. Nach dem Niedergang des klassischen Liberalismus zwischen den 1890er und 1930er Jahren setzten theoretische Neuansätze vor allem im wirtschaftstheoretischen Kontext

---

3   Staatliche Macht wurde nur dann als legitim angesehen, wenn die Regierten den Regierenden ihr Einverständnis geben. Diese Macht sollte auf das Gemeinwohl ausgerichtet, auf die daraus folgenden Zwecke limitiert und durch kodifiziertes Recht reguliert sein. Damit haben die Menschen- und Bürgerrechte für den klassischen Liberalismus eine elementare Bedeutung.

an und formulierten den so genannten Neoliberalismus, der im Kern eine Wirtschaftslehre mit gesamtgesellschaftlichem Ordnungsanspruch war. Bedeutsam und wirkungsmächtig waren hier vor allem zwei unterschiedliche liberale Strömungen: die sich in den 1940/1950er Jahren etablierende bundesdeutsche Theorierichtung der Freiburger Schule (Böhm, Eucken, Röpke, Rüstow)[4] und die angelsächsische Spielart der Chicagoer Schule (Friedman).[5] Die deutsche Variante des Neoliberalismus erkennt die Notwendigkeit des Staates als Garanten der institutionellen Rahmenordnung der Ökonomie an und akzeptiert staatliche Eingriffe in die Wirtschaft bzw. eine wettbewerbspolitische Rahmensetzung, sofern sie einen funktionsfähigen Wettbewerb fördern, die Bildung von Monopolen verhindern, dem sozialen Ausgleich dienen und so zur Legitimität des politischen Systems beitragen. Diese Form des Ordo-Liberalismus soll prozessbezogene Staatsinterventionen der Wirtschaftssteuerung im Sinne von Keynes ausschließen und unnötig machen. In der Praxis der BRD verblassten die neoliberalen Konzepte dieser Ausgestaltung jedoch zugunsten keynesianischer Steuerung, als sich in den 1960er Jahren Konzentrationsprozesse, soziale Ungleichheiten und erste Strukturkrisen abzeichneten (Goldschmidt/ Wohlgemuth 2008b; Schiller 2010: 548-550, Schaal 2010: 649).

Die Misserfolge des daraus resultierenden Interventionismus in der Wirtschaftskrise von 1973/75 und Anfang der 1980er Jahre begünstigten den Aufschwung der Chicagoer Schule, die Laissez-faire-Marktwirtschaft propagiert und nur eine staatlich gering regulierte Wirtschaftsordnung als demokratie- und freiheitsermöglichend ansieht (Willke 2003: 106). Spätestens mit dem Zusammenbruch des "real-sozialistischen" Gegenmodells zum freien Markt avancierte diese Form des Neoliberalismus[6] zum zentralen Paradigma staatlicher Wirtschaftspolitik (Scholte 2005: 8; Willke 2003: 84-90; Schaal 2010: 649; Schmidt 2010: 539). Das Hauptangriffsziel des Neoliberalismus ist daher auch ein sozialer Interventionsstaat, der ein allgemeines gesellschaftliches Wohlfahrtsinteresse durchsetzt (Ptak 2007: 67). Er fordert vom Staat auf nationaler Ebene Deregulierung, Privatisierung und die Reduktion der Bürokratie sowie auf internationaler Ebene von sup-

---

4   Eine umfassende und grundlegende Darstellung der Freiburger Schule geben Goldschmidt und Wohlgemuth (2008a) mit ihrem Quellenband; Die Einleitung der Herausgeber (Goldschmidt/ Wohlgemuth 2008b) bietet gleichzeitig eine konzise Einführung in den Gegenstand. Speziell zur Sozialpolitik siehe: Goldschmidt 2004 und Blümle/Goldschmidt 2004).

5   Eingehender zu Milton Friedman siehe: Willke 2003: 128-146.

6   Im angelsächsischen Raum wird anstelle des Begriffs „Neoliberalismus", der sich im deutschsprachigen Raum für die wirtschaftsliberale Variante der Chicagoer Schule etabliert hat, das Wort „libertarianism" verwendet. Die libertarianistische Konzeption basiert auf Prämissen der Chicagoer Schule, nämlich dem Vorrang des Freihandels vor staatlicher Regulation und der Ansicht, dass die Rechte des Individuums nie dem öffentlichen Interesse untergeordnet werden dürfen (Sciabarra 2011: 965; Allison 2009: 310).

ranationalen politischen Institutionen (IWF, EU) zudem die Durchsetzung des Freihandels (kritisch: Schmidt 1995: 75-76; Scholte 2005: 7-10; affirmativ: Willke 2003: 170-178; 184-195).

Auffallend ist hierbei die Kluft zu der klassisch-liberalen Forderung nach einer Vereinbarung von Freiheit, Eigentum *und Gleichheit*. (Schiller 2010: 548f.; Schaal 2010: 649). Jener setzt die Freiheit des Individuums mit wirtschaftlicher Freiheit gleich, für die allein die Abwesenheit von Zwang, verstanden als Abwesenheit von Eingriffen kollektiver Akteure in die ökonomischen Macht- und Verteilungsverhältnisse, entscheidend ist. Freiheit wird als negative Freiheit verstanden, als Freiheit *von etwas*, aber nicht als positive Freiheit *zu etwas*. Der Sachverhalt, dass zur Entfaltung der persönlichen Freiheit materielle Voraussetzungen notwendig sind, wird nicht problematisiert (Ptak 2007: 62, 64). Die neoliberale Konzeption verschiebt damit die Determinanten des klassischen Liberalismus Locke'scher Prägung: Der Staat überwacht nicht länger die Marktfreiheit, sondern der Markt wird selbst zum organisierenden und regulierenden Prinzip des Staates und darüber hinaus aller Bereiche des menschlichen Daseins und Handelns (Bröckling u.a. 2000: 15f.). Während die Freiheit des Marktes überbetont wird, tritt die politische Freiheit in Gestalt von Menschen- und Bürgerrechten, eine der Wurzeln des bürgerlichen Liberalismus, fast vollständig in den Hintergrund. Der liberale Ruf nach egalité[7] ist, wenn überhaupt, nur schwach vernehmbar. Weit besser hörbar ist gegenwärtig ein „aggressiver Antiegalitarismus", den nur noch eine Haaresbreite vom „offenen Sozialdarwinismus" trennt (Ptak 2007: 64, 72f.).

Staatliches Handeln im Geist des soeben skizzierten angelsächsischen Neoliberalismus bedeutet die Etablierung einer ökonomischen Regierung, „verstanden als Regierung eines von wirtschaftlichen Subjekten bevölkerten gesellschaftlichen Raums, die die Regeln wirtschaftlichen Handelns zu achten und zu wahren – und also dem 'Prinzip der Weniger-Regierung' zu folgen – hat" (Lessenich 2008: 80). Die Regierung selbst wird zu einer Art Unternehmen, dessen Aufgabe die „Universalisierung des Wettbewerbs und die Erfindung marktförmiger Handlungssysteme für Individuen, Gruppen und Institutionen ist" (Bröckling u.a. 2000: 16).

Diese radikalisierte neoliberale Staats- und Sozialstaatskritik wurde im Verlauf der 1980er Jahre in den OCED-Staaten zunehmend hegemonial und spätestens in den 1990er Jahren auch politikleitend, wozu sicherlich auch der Wegfall der Ost-West-Konfrontation und damit der Systemkonkurrenz nach dem Kollaps der so genannten Ostblockstaaten beitrug. Für Deutsch-

---

7   John Locke konzipierte den Naturzustand nicht nur als Zustand vollkommener Freiheit, sondern auch der Gleichheit. Seiner Ansicht nach werden die Menschen von der Natur mit etwa gleichen Vorteilen und Fähigkeiten ausgestattet (Euchner 1996: 81).

land kamen die enormen, zu großen Teilen über die Sozialkassen finanzierten Kosten der Wiedervereinigung katalysierend hinzu. Bundeskanzler Helmut Kohl sprach 1995 vom Leitbild des „Schlanken Staates" (Beer 2011: 56), die Regierung Schröder etwas später vom „aktivierenden" und auch vom „Gewährleistungsstaat" (ebd. 57f.). War die schon frühere Rede vom „Umbau des Sozialstaates" dabei zunächst ein Euphemismus für schlichten Leistungsabbau, so erfolgte ab Mitte der 1990er Jahre tatsächlich ein inkrementeller Umbau der Grundarchitektur des Systems der sozialen Sicherung. Die seither praktizierten Reformen erfolgten zwar tendenziell im Sinne der angeführten Kritik, wobei Widersprüchlichkeiten, Uneindeutigkeiten und partielle Leistungsverbesserungen (Einführung der Pflegeversicherung; neue familienpolitische Leistungen als Teil einer neuen „investiven Sozialpolitik") nicht übersehen werden dürfen. Insgesamt führten die Sozialstaatsreformen zu/zum:

- Abbau sozialer Schutzrechte (Deregulierung),
- Sozialleistungsabbau im Sinne von Niveau-Senkungen bei Geldleistungen durch verschiedene Mittel,
- in Teilbereichen zum Übergang von ausgabeorientierter Einnahmepolitik zu einnahmeorientierter Ausgabenpolitik (Pflege- und Rentenversicherung),
- Umbaumaßnahmen in der Grundarchitektur sozialer Sicherheit (z.B. die Rücknahme vormaliger Sicherungsversprechen wie etwa eine lebensstandardsichernde Rente durch die Gesetzliche Rentenversicherung oder die beitragsparitätische Finanzierung der Sozialversicherung), insbesondere durch den:
- Einbau (quasi-)marktlicher Elemente in das System sozialer Sicherheit bei gleichzeitiger
- Relativierung der staatlichen Finanzverantwortung.

Letzteres ist aber nicht als „Entstaatlichung" oder politische Enthaltsamkeit zu begreifen, sondern es markiert vielmehr in Teilbereichen den Übergang vom produzierenden bzw. finanzierenden zum „regulierenden" Sozialstaat und in Teilbereichen den Übergang zum „aktivierenden" Sozialstaat. Gleichzeitig wird ein Übergang der Sozialpolitik von einer „politics against markets" zu einer neu ausgerichteten „politics for markets" vollzogen, die „produktiv" für die „Standortsicherung" (Bode 2005: 224) ist. Bei den vollzogenen und sich derzeit noch vollziehenden Umbaumaßnahmen des Sozialstaates handelt es sich daher deutlich stärker um eine „Re-Regulation" (Scholte 2005: 10) als um eine De-Regulation im Sinne des neoliberalen Theoriemodells. Diese auch von der EU propagierte Politik (Höpner/Schäfer 2008; Lamping 2008) forcierte die rot-grüne Bundesregierung unter dem Leitbild „aktivierender (Sozial-)Staat", die in Reformen der Alterssicherung

15

und des Arbeitmarktes starke Ausprägungen erreichten (Hegelich u.a. 2011). „Eigenverantwortung" – durch private Altersicherung (Riester-Rente) statt einer lebensstandardsichernden gesetzlichen Rente – und „Arbeit um jeden Preis" – statt aktiver Arbeitsmarktpolitik und existenzsichernder Sozialversicherungsleistungen – lauteten die Parolen.

Sind der Abbau von sozialen Schutzrechten und die Kürzung von Geldleistungen im Prinzip einfach – im Prinzip, nicht im politischen Prozess –, so sind Kosteneinsparungen dort, wo es um sach- und personenbezogene soziale Dienstleistungen geht, ungleich schwieriger. Hier, also vor allem in den Reglungsbereichen der Kranken- und Pflegeversicherung sowie der kommunalen Sozialpolitik (insbesondere Kinder- und Jugendhilfe sowie Sozialhilfe) erfolgte im Rahmen des Umbaus des Sozialstaates der Einbau marktlicher, wettbewerblicher Steuerungselemente zwecks Rationalisierung. Entstand der Sozialstaat, um Marktversagen zu kompensieren, so erfolgte nun ein Einbau von Marktelementen in das soziale Sicherungssystem, um tatsächliches oder vermeintliches (Sozial-)Staatsversagen zu kompensieren. Die oben benannte „politics for markets" wurde ergänzt durch eine „politics with markets" (vgl. Blümle/Goldschmidt 2004; Goldschmidt 2004).

Parallel zur Einführung der Pflegeversicherung – sie wurde von Anfang an als „Sozialpolitik mit dem Markt" konzipiert – schuf der Bundesgesetzgeber deshalb ab Mitte der 1990er Jahre die rechtlichen Voraussetzungen für eine wettbewerbliche Organisation und Finanzierung der sozialen personenbezogenen Dienstleistungen der Sozialversicherungsträger und der Kommunen. Das geschah nach der Einführung der Pflegeversicherung (SGB XI) zunächst im Regelungsbereich der Gesetzlichen Krankenversicherung (SGB V, 1995 Bundespflegesatz-VO) und schließlich für die wichtigsten Bereiche kommunaler Sozialpolitik mit Novellen des Bundessozialhilfegesetzes (ab 1996 in einem gestuften Prozess §§ 93 - 93c BSHG), jetzt § 75 SGB XII) sowie dem Kinder- und Jugendhilfegesetz (1998 SGB VIII §§ 78a-g). Hiernach sind die Sozialleistungsträger (für den stationären und teilstationären Bereich zwingend) aufgefordert, mit den Leistungserbringern Entgeltvereinbarungen ohne nachträglichen Gewinn- oder Verlustausgleich zu treffen; das bedeutet die Abkehr von Selbstkostendeckungsprinzip als Finanzierungsgrundsatz für Soziale Dienste. Neben den Entgeltvereinbarungen sind gleichzeitig (detaillierte) Leistungs- und Qualitätsentwicklungsvereinbarungen (bzw. Prüfvereinbarungen über die Wirtschaftlichkeit und Qualität der Leistungen) abzuschließen. Eine Vorrangstellung freigemeinnütziger Einrichtungen und Träger vor privatwirtschaftlichen Leistungserbringern existiert seitdem ebenfalls nicht mehr.

Die Umbrüche in nahezu allen westlichen Wohlfahrtsstaaten ist in regulationstheoretischer Perspektive als Übergang vom „Keynesian welfare

(national) state" zum „Schumpeterian workfare state" (bzw. postnatio-
nal regime) analysiert und beschrieben worden (Jessop 1999; 2003; 2007a,
vgl. auch Baek 2010), bei dem sich nicht nur die jeweiligen Sozialpolitiken,
sondern letztlich – bei Aufrechterhaltung der industriekapitalistischen
Grundlage – das gesamte Wirtschafts-, Staats- und Gesellschaftsmodell veränderte. Je nach Ausgangspunkt (den jeweiligen Ausprägungen des keynesi-
anischen Wohlfahrtsstaates oder nach Esping-Andersens „Welten des Wohlfahrtskapitalismus") und den jeweiligen nationalen innerstaatlichen Kräf-
teverhältnissen können sich dabei unterschiedliche Varianten des Schum-
peterianischen Workfare-Staates herausbilden (Neo-Liberalismus, Neo-Kor-
poratismus, Neo-Dirigismus, Neo-Kommunitarismus (Jessop 1999; 2003;
2007b: 43-51)). Kernelemente aller Varianten sind dabei: (1) eine auf die
Wettbewerbsfähigkeit der Wirtschaft ausgerichtete „aktivierende", „pro-
duktive" und „investive" Sozial-, Bildungs- und Gesellschaftspolitik, bei (2)
Anrufung der Bürger/Subjekte als Eigenverantwortliche, d.h. auch Individualisierung, Selbststeuerung, Selbstsorge mit einer (3) Re-Kommodifizie-
rung als Antriebsmittel, die durch (4) die Rücknahme (vormaliger) staatlicher Sicherungsversprechen und Individualisierung sozialer Risiken in
ihrer Wirkung verstärkt wird und schließlich (5) mit einer Moralisierung
von Erfolg und Misserfolg bzgl. der Ergebnisse gesellschaftlicher Teilhabe
einhergeht (vgl. Otto/Kessl 2003: 64; Lessenich 2008: 82f. und passim, 2010,
insbes.: 163-166).

Von besonderer Bedeutung ist hierbei die „Produktion selbsttätiger und
sozialverantwortlicher Subjekte" (Lessenich 2008: 17), der sich der Staat
durch eine Aktivierungspolitik verschrieben hat (vgl. Dahme u.a. 2003).
Dementsprechend ist der Umbau sozialstaatlicher Institutionen zu „Ermög-
lichungsagenturen aktiver Eigenverantwortung" in vollem Gange. Die
Bezeichnung dessen als „neo-liberale" Ausrichtung oder Programmierung
des Sozialstaats, der Sozialpolitik bzw. des Wohlfahrtsarrangements ist ana-
lytisch nicht hinreichend,[8] denn bei all dem kommen auch – wenig liberale
– neo-konservative, autoritäre bis repressive Elemente bei gleichzeitiger
(Re-)Moralisierung zum Tragen, besonders gegenüber der Sozialstaatskli-
entel. Der Staat entwickelt sich dabei auch insgesamt keineswegs zu einem
„schwachen Minimalstaat" oder – im Terminus des klassischen Liberalis-

---

8 Lessenich (2008: 13f.) erklärt die Rede vom neoliberalen Wandel des Sozialstaates als irrefüh-
   rend, weil sie suggeriere, es handele sich um ein tatsächlich „liberales" Programm. Dem sei aber
   nicht so, denn ein Rückzug des Staates aus der (Sozial)Politik oder eine Förderung individueller
   Autonomie erfolge nicht. Im Gegenteil: Um die Freiheit des Marktes und des Individuums dauerhaft zu schützen, müssen „Dispositive der Sicherheit" (Lessenich 2008: 80) entwickelt werden.
   Im Zentrum des neuen Regierungsmodus steht allerdings nicht mehr die öffentliche, sondern
   die private Sicherheit, nicht mehr kollektives Risikomanagement durch Sozialversicherungssy-
   steme, sondern individuelles Risikomanagement qua frühzeitiger Selbstsorge (Lessenich 2008:
   82, Scholte 2005: 9).

mus – zu einem „Nachtwächterstaat", sondern bleibt ein „starker Staat". Die
Sozialpolitik lässt sich deshalb besser als „neo-sozial" bzw. als neo-soziale
Gouvernementalität (Lessenich 2008: 14, 84f.; 2010: 166; Otto/Kessl 2003;
Kessl 2005; Ziegler 2009, Lutz 2010) denn als „neo-liberal" benennen. Eine
verstärkte Durchsetzung der neo-sozialen Gouvernementalität lässt sich ab
Mitte/Ende der 1990er Jahre im Bereich der kommunalen Sozialpolitik fest-
stellen, wovon im Folgenden wieder die Rede sein soll.

Beschränkte sich, wie eingangs angeführt, der Einsatz des NSM in den
deutschen Kommunen Anfang der 1990er Jahre zunächst auf die Binnenmodernisierung der Verwaltung, so ergänzten viele Kommunen dies in der
zweiten Hälfte der 1990er Jahre durch Privatisierungen kommunaler Aufgaben und Einrichtungen sowie Kooperationen im Rahmen so genannter Public
Private Partnerships (PPPs), die die Vorzüge des privaten Unternehmertums
in öffentliche Institutionen und Programme einspeisen sollten (Bode 2005:
222, 224; Maciocco/Stefanini 2007: 480-481; Thomas/Weber 2004: 192-193).
Eine weitere Außendimension brachte dann die angeführten finanzierungs-
rechtlichen Änderungen im Sozial- sowie Kinder- und Jugendhilferecht
Ende der 1990er Jahre. Mit der bundesrechtlich vorgeschriebenen Vereinba-
rungstrias (Entgelt-, Leistungs- und Qualitätsvereinbarung), die die Kommunen als öffentlich-rechtliche Sozialleistungsträger mit den Leistungserbringern – das waren und sind überwiegend wohlfahrtsverbandlich organisierte
freigemeinnützige Einrichtungen und Dienste sowie vermehrt auch privat-
gewerbliche Träger – abzuschließen hatten, erweiterte sich gewissermaßen
Modell und Praxis des NSM. Das zur Binnensteuerung entwickelte Kontraktmanagement setzten die Kommunen nun auch gegenüber den Leistungserbringern ein, wobei sie Wettbewerb unter den Anbietern organisierten und
damit Quasi-Märkte für die sozialen Dienstleistungen in ihrem Zuständig-
keitsbereich schufen. Ermöglicht wurde dieser Wettbewerb durch die bereits
erwähnte Abkehr vom Selbstkostendeckungsprinzip: Mit der Entgeltfinan-
zierung ohne nachträglichen Gewinn- und Verlustausgleich konnten die Leistungserbringer Überschüsse erlösen, aber auch Verluste erleiden. Anstelle der
vormals Quasi-Bestandsgarantie für die freien Einrichtungen trat nun das
„unternehmerische Risiko" mit der Möglichkeit einer Insolvenz. Die Kommunen konnten so den Kostendruck, dem sie aufgrund sinkender Einnahmen
selbst unterlagen, (teilweise) auf die freien Träger abwälzen.

Die bisher angeführten Entwicklungen und Sachverhalte werden mit je
eigenen Schwerpunkten und teilweise auch aus unterschiedlichen Perspektiven von den Autoren dieses Sammelbandes beleuchtet. Die Beiträge basie-
ren auf Vorträgen, die im Sommersemester 2011 im Rahmen des „Colloquiums Soziale Arbeit" an der Fakultät für angewandte Sozialwissenschaften
der Hochschule München gehalten wurden.

Der Band beginnt mit einer historischen Darstellung von *Peter Hammerschmidt*, der in seinem Aufsatz: *„Entstehung und Entfaltung der kommunalen Sozialverwaltung von den Anfängen bis zur Weimarer Republik"* die Geschichte der kommunalen Sozialverwaltung sowie in diesem Zusammenhang auch die Herausbildung der in der Armenfürsorge wurzelnden Sozialen Arbeit nachzeichnet. Ausgangspunkt dafür sind die preußische Städteordnung und das Allgemeine Landrecht für die preußischen Staaten (ALR), mit denen den Kommunen die Verantwortung für die öffentliche Armenfürsorge staatlicherseits zugeordnet wurde. Am (vorläufigen) Ende der erheblichen Aufgaben- und Ausgabenexpansion aufgrund staatlicher Vorgaben, aber auch auf freiwilliger Grundlage, existierten in der Zeit der Weimarer Republik flächendeckend kommunale Sozialverwaltungen als ausgebaute, fachlich differenzierte, hierarchisch gesteuerte („weberianische") Bürokratien, die zweck- und konditionalprogrammiert mit vielen Hunderten Beschäftigten arbeiteten. Die auch heute noch bestehenden Grundstrukturen der kommunalen Sozialverwaltung und -politik hatten sich hier flächendeckend entfaltet. Die „kommunale Apparatur der öffentlichen Hilfe" (Vogel 1966) umfasste neben den zentralen sozialen Ämtern (Fürsorge-, Jugend- und Gesundheitsämtern) kleinräumigere Regionalstrukturen mit der Familienfürsorge als erster Anlaufstelle und „Einheitsfürsorge" sowie spezialisierte Einrichtungen und Dienste (Spezialfürsorge). Der Weg dorthin zeige, so urteilt der Verfasser, dass die kommunale Sozialverwaltung in Deutschland keineswegs dem Klischee einer starren, unbeweglichen und reformresistenten Organisation entspreche. Der Verweis von andernorts erfolgreich eingeführten Modellen diente, so Hammerschmidt weiter, seit jeher umgestaltungswilligen Akteuren der Kommunen zur Durchsetzung eigener Vorstellungen zur Verwaltungsmodernisierung gegen nicht selten fiskalisch motivierte Widerstände. Die so geschaffenen „modernisierten" kommunalen Sozialverwaltungen benötigten „modernes" Personal, „moderne" Sozialarbeit, verstanden als personenbezogene, fachlich qualifizierte und beruflich ausgeführte Dienstleistung mit fürsorglicher Intention. Die Soziale Arbeit im heutigen Verständnis ist Ergebnis der Modernisierung der kommunalen Sozialverwaltung.

Der folgende Beitrag von *Günter Roth* knüpft zeitlich unmittelbar an Hammerschmidts Ausführungen an, in dem er *„Die Entwicklung der kommunalen Sozialverwaltung von der Weimarer Republik bis Mitte der 1990er Jahre"* untersucht. Erkenntnisleitendes Interesse ist dabei die Frage nach den Gründen einerseits für die Isomorphie der kommunalen Sozialverwaltung und ihre pfadabhängige Entwicklung seit der Weimarer Republik und andererseits für den aufgezeigten erheblichen (personellen) Ausbau der kommunalen Sozialverwaltung und der Wohlfahrtsverbände sowie damit einhergehend der Sozialen Dienste und der Sozialen Arbeit als Beruf. Unter Verweis auf die extrem unterschiedlichen örtlichen Bedingungen verwirft Roth funktionale Erfordernisse als (alleinige) Erklärung für die Isomorphie. Der Hinweis auf die Zunahme sozialer Probleme und Aufgaben – etwa im Vergleich der 1920er mit den 1950er Jahren oder der 1950er mit den 1980er Jahren – vermag die Expansion der Sozialverwaltung, so der Autor, nicht (hinreichend) zu erklären. Vielmehr sei auch von einer eigendynamischen, selbstreferenziellen Entwicklung der Organisationen auszugehen, die sich von sozialen Problemen und Aufgaben entkoppelt hat. Soziale Organisationen und ihr Personal entwickelten Eigeninteressen und suchten deshalb neue Probleme und Aufgaben und/oder bearbeiteten diese aufwändiger. Möglich sei dies, weil sich soziale Probleme kaum objektiv bewerten ließen. Bei der Konstruktion sozialer Probleme sowie deren Lösung spielten Fachvereinigung wie der Deutsche Verein für öffentliche und private Fürsorge (DV) und die Kommunale Gemeinschaftsstelle für Verwaltungsmanagement (vormals: Verwaltungsvereinfachung) (KGSt) sowie Dachverbände wie der Deutsche Städtetag und die Wohlfahrtsverbände eine entscheidende Rolle. Die von diesen formulierten fachlichen Leitsätzen und Vorbilder der Aufgabenwahrnehmung als Modell(e) der rational-funktionalen Organisation fungierten, so Roth, selbst als moderner Mythos und böten Orientierung und Stabilität – trotz Ineffizienz oder Scheitern. Dies gelte auch für das NSM der KGSt, wodurch weitere selbstreferenzielle Differenzierungen und Komplexitätssteigerungen, durch Kennzahlen, Controlling, Evaluation oder Qualitätsmanagement drohten. Dass dadurch bessere „Outcomes" für die Betroffenen erreicht würden, bezweifelt der Autor.

Günter Roths Beitrag schließt mit der angeführten Einschätzung über das Neue Steuerungsmodell der KGSt, auf die sich die folgenden Beiträge des vorliegenden Bandes konzentrieren. Den Auftakt hierzu gibt *Heinz-Jürgen Dahme* unter dem Titel: *„Verwaltungsmodernisierung im Zeichen der KGSt. Voraussetzungen und Konsequenzen der neuen Steuerung in den kommunalen Sozialverwaltungen"*. Dahme stellt darin kritisch-analytisch die Grundkonzeption des NSM der KGSt dar, um abschließend Konsequenzen seiner Implementierung in die kommunale Sozialverwaltung aufzuzeigen. Das Kontraktmanagement als Kernstück des NSM, so Dahme, steuert mittels Vereinbarungen zu Leistungen, Zielen, Budgets und Controlling, die jeweils zwischen der Politik und der Verwaltung und innerhalb der Verwaltung zwischen den verschiedenen Ebenen vertragsmäßig „ausgehandelt" werden. Dabei erfordere das Kontraktmanagement die exakte Bestimmung der Leistungen/Ergebnisse von Verwaltungshandeln, was durch die Erstellung von „Produktkatalogen" ermöglicht werden soll, sowie die Ermittlung der verursachten Kosten für die jeweiligen „Produkte", was neuer Formen und Verfahren der Kosten- und Leistungsrechnung bedarf. Kurze Zeit nach Einführung des Kontraktmanagements zur Reform der Binnenorganisation der Verwaltung setzten es die Kommunen auch zur Gestaltung des Außenverhältnisses ein, also gegenüber den freien Trägern Sozialer Dienste. Sie organisierten einen Quasi-Wettbewerb unter den Trägern und überführten so die vormalige partnerschaftliche Zusammenarbeit auf der Grundlage des Subsidiaritätsprinzips in eine Auftraggeber-Auftragnehmer-Beziehung, sodass die Position der freien Träger gegenüber dem öffentlichen im sozialleistungsrechtlichen Dreieckverhältnis geschwächt werde. Zusammenfassend, konstatiert Dahme, seien die anfänglich hohen Ziele der Verwaltungsmodernisierung ins Hintertreffen geraten. Unter dem Druck der Haushaltskonsolidierung seien vorrangig Instrumente der Kostenreduzierung verankert worden. Mittelweile ergänzten Privatisierungen, ein prominentes Mittel im Leitbild des „Schlanken Staates", das NSM, das zunächst als Alternative zu jenen gedacht war.

Wie sich die Umsetzung des NSM in den bundesdeutschen Kommunen empirisch-quantitativ darstellt, welche Wirkungen und Nebenwirkungen dabei zum Tragen kamen und kommen, untersucht *Stephan Grohs* in seinem Beitrag: *„Die Umsetzung des Neuen Steuerungsmodells – eine empirische Bestandsaufnahme"*. Als Datenbasis dient dem Verfasser die bislang umfassendste Erhebung dazu, an der er mitgewirkt hat. Demnach führten mehr als 92 % der deutschen Kommunen seit den 1990er Jahren Maßnahmen zur Verwaltungsmodernisierung durch, die sich nicht alle, aber doch ganz überwiegend am NSM orientierten, wobei ca. zwei Drittel der Kommunen einzelne Instrumente des NSM und weniger als 28 % das Gesamtkonzept auf die gesamte Kommunalverwaltung anwandten. Recht erfolgreich, so urteilt Grohs, sei die Schaffung von Bürgerbüros und Maßnahmen zur Verfahrensbeschleunigung gewesen, was aber früheren Reformkonzepten entstammte und in den 1990er Jahren auf „der Bugwelle der NSM-Diskurse" umgesetzt werden konnte. Die Kernelemente des NSM indes seien aller Dynamik zum Trotz nicht flächendeckend, sondern meist insulär umgesetzt worden. Den von den Akteuren konstatierten Effizienzgewinnen und Einsparungen, Hauptmotive der Verwaltungsspitzen für die Implementierung des NSM, stünden die Kosten für die Verwaltungsmodernisierung gegenüber, sodass eindeutige Aussagen über Effizienzgewinne schwer fielen. Von einer Verbesserung der gesamtstädtischen politischen Steuerung, einem der zentralen Ziele des NSM, könne kaum gesprochen werden. Vielmehr zeigten sich infolge der Dezentralisierung in zahlreichen Kommunen zentrifugale Tendenzen, das heißt Entkopplungen und Eigeninteressen von Verwaltungseinheiten. Auch das NSM-Ziel qualifizierter und motivierter Mitarbeiter erreichte die Implementierung nicht. Für Maßnahmen der Personalentwicklung und für zusätzliche Leistungsanreize stellten die Kommunen kaum Mittel zur Verfügung; die Mitarbeiter erlitten stattdessen eine zunehmende Arbeitsbelastung und reagierten mit wachsender Ablehnung auf die Reformmaßnahmen. Gemessen an den ursprünglichen Absichten des NSM könne man von einem weitgehenden Scheitern sprechen, so Grohs; gemessen an Erkenntnissen über Veränderungsresistenz öffentlicher Verwaltungen sähe die Bilanz jedoch besser aus. Die Organisationskultur und Einstellungswelt in der Kommunalverwaltung hätten sich nachhaltig verändert. Dass in der Verwaltung heute nicht nur über Rechtsförmigkeit, sondern auch über Kosten und Leistungen nachgedacht würde, sei unbestreitbar.

Beziehen sich die Aussagen von Grohs auf die gesamte Kommunalverwaltung, so konzentrieren sich die folgenden Beiträge auf die kommunale Sozialverwaltung und die Soziale Arbeit. Sehr grundsätzlich untersucht *Friedrich Ortmann* Handlungsvollzüge in der Sozialverwaltung. Sein Beitrag: *„Handlungsmuster in der Sozialverwaltung: Von der kommunikativ „programmierten" zur effizienzprogrammierten Verwaltung"* fragt danach, welche Steuerungsformen durch betriebswirtschaftliche Methoden verdrängt werden (sollen) und welche Konsequenzen dies zeitigt. Die auch fachlich ausdifferenzierte öffentliche Verwaltung handle nach fest definierten Mustern (Handlungsmuster), die sich nach Aufgabentypen unterschieden. Mit der verbindlichen Festlegung des spezifisch anzuwendenden Handlungsmusters werde die Verwaltung „programmiert". Auch die kommunale Sozialverwaltung müsse derart programmiert werden, dass das spezifische Wissen, welches für das zu lösende Problem erforderlich ist, in dem jeweiligen Programm des Verwaltungshandelns zur Anwendung gelangen kann. Ein solches Handlungsmuster sei das Konditionalprogramm. Hier hat die Verwaltung beim Vorliegen eines bestimmten Sachverhaltes x, y zu tun (Wenn-Dann). Eine solche Konditionalprogrammierung könne aber nicht angewendet werden, wenn eine Mittel-Zweck-Relation nicht im Vorhinein und generell bestimmbar sei. Können nur das Ziel oder der Zweck des Verwaltungshandelns, nicht aber die zur Zielerreichung einzusetzenden Mittel vorab definiert werden, dann bietet sich eine Zweckprogrammierung an. Die Auswahl der im einzelnen Fall erforderlichen Mittel obliegt dann den Verwaltungsangehörigen, die dafür über erfahrungs- und wissenschaftliches Wissen, also nicht nur über Verwaltungs-, sondern auch über die jeweilige Fachkompetenz verfügen müssen. Auch der „offeneren" Zweckprogrammierung liegen Annahmen von eindeutigen Ursache-Wirkungs-Zusammenhängen, also technologisches Wissen zugrunde, deren Gültigkeit bei „Massenphänomenen" gegeben sein mag, nicht aber in jedem Einzelfall. In pädagogischen, beratenden und therapeutischen Prozessen, die jeweils mit Einzelpersonen zu tun haben, bei denen es darum geht, deren Denken, Empfinden und Handeln zu beeinflussen, ist eine äußere, technische Einwirkung, so Friedrich Ortmann, nicht möglich. Vielmehr erfolge hier ein Kommunikationsprozess zwischen Klienten und Professionellen, bei dem das „Mittel" Beratung bereits beginnt, um das Ziel überhaupt exakt definieren zu können. Ziele und Mittel sind, so Ortmann weiter, nur gleichzeitig in einem gemeinsamen kommunikativ-hermeneutischen, auf Verständigung zielenden Aushandlungsprozess herauszuarbeiten. Eine verbindliche Festlegung eines anzuwendenden Handlungsmusters, also eine Programmierung, ist im „kommunikativ ‚programmierten' Verwaltungshandeln" nicht möglich. Den Versuchen, dies durch eine „Effizienzprogrammierung" der Verwaltung im Rahmen des NSM zu ändern, bescheinigt Ortmann geringe Erfolgsaussichten. Weil bei sozialen personenbezogenen Dienstleistungen keine wirklichen Marktbedingungen bestehen (können) und ein zu erzielender Gewinn deshalb kein Maßstab sein kann, könne eine auf Effizienz programmierte Sozialverwaltung die Dienstleistung nur zu möglichst geringen Kosten herstellen oder bei mehreren geeigneten Arten die günstigste auswählen. Demnach wäre eine effizienzprogrammierte Verwaltung ihrer Struktur nach ein Spezialfall der zweckprogrammierten Verwaltung, bei dem nicht allein die Erreichung eines (gesetzlich) vorgegebenen Zieles, sondern die „effiziente" Zielerreichung den entscheidenden Zweck darstellt.

Von den Auswirkungen der Ökonomisierung Sozialer Arbeit im Zeichen des NSM auf die Professionellen berichtet *Norbert Wohlfahrt* im letzten Beitrag dieses Bandes unter dem Titel: *„Auswirkungen der Neuen Steuerungsmodelle auf die Arbeits- und Beschäftigungsverhältnisse der Sozialen Arbeit"*. Wohlfahrt zeichnet, auch gestützt auf eigene quantitative wie qualitative Erhebungen, ein umfassendes und facettenreiches Bild der Arbeits- und Beschäftigungsverhältnisse der sozialen Berufe. Angesichts sehr hoher Personalkostenanteile (oder anders formuliert: geringer Sachkosten) für die Herstellung sozialer personenbezogener Dienstleistungen fokussierten die Träger Sozialer Dienste ihre Bemühungen um „Effizienzsteigerung" auf die Verminderung der Personalkosten. Flexibilisierung und Verdichtung der Arbeit, aber auch neue Tarifsysteme mit niedrigeren Löhnen, das Unterlaufen von Tarifen, etwa durch Ausgliederung und Leiharbeit, Teilzeitbeschäftigung und Befristung von Arbeitsverträgen und Ähnliches nähmen zu. Die politisch gewollte Deregulierung des Sozialsektors, so Wohlfahrt, beinhalte die Tendenz, Soziale Dienste als Niedriglohnberufe zu etablieren. Weil soziale Dienstleistungsberufe überwiegend Frauenberufe sind, so Wohlfahrt abschließend, verfestige sich der „gender pay gap".

Wir danken den Autoren für die Mühe der schriftlichen Ausarbeitung. Rita Forstner, Renate Kärtner und Verena Spieler haben die Herstellung des Bandes tatkräftig unterstützt. Auch ihnen sei dafür gedankt.   23

Literatur

Allison, Lincoln: Libertarianism. In: McLean/ McMillan: 2009; S. 310

Baek, in Reb: Restrukturierung der sozialen Sicherungssysteme in der Postfordistischen Gesellschaftsformation. Eine vergleichende Analyse von Großbritannien, Schweden und Deutschland. Wiesbaden 2010

Bahle, Thomas: Wege zum Dienstleistungsstaat. Deutschland, Frankreich und Großbritannien im Vergleich. Wiesbaden 2007

Banner, Gerhard: Von der Behörde zum Dienstleistungsunternehmen. In: Verwaltungsführung – Organisation – Personal, 13. Jg., Heft 1/1991; S. 6-11

Beer, Marc Jan: Staatsleitbilder. In: Blanke, Bernhard/ Nullmeier, Frank/ Reichard, Christoph/ Wewer, Göttrik (Hg.): Handbuch zur Verwaltungsreform. 4. erg. Aufl. Wiesbaden 2011; S. 52-60

Blanke, Bernhard/ Nullmeier, Frank/ Reichard, Christoph/ Wewer, Göttrik (Hg.): Handbuch zur Verwaltungsreform. 4. erg. Aufl. Wiesbaden 2011

Blanke, Bernhard: Verwaltungsreform als Aufgabe des Regierens – Einleitung. In: Blanke, Bernhard/ Nullmeier, Frank/ Reichard, Christoph/ Wewer, Göttrik (Hg.): Handbuch zur Verwaltungsreform. 4. erg. Aufl. Wiesbaden 2011; S. XIII-XXI

Blümle, Gerold/ Goldschmidt, Nils: Sozialpolitik mit dem Markt. Sozialstaatliche Begründung und wirtschaftliche Ordnung. In: Die neue Ordnung. 58. Jg. H. 3, 2004; S. 180-193

Bode, Ingo: Disorganisierter Wohlfahrtskapitalismus. Die Reorganisation des Sozialsektors in Deutschland, Frankreich und Großbritannien. Wiesbaden 2004

Bode, Ingo: Desorganisation mit System. Die Neuordnung der „governance of welfare" in Westeuropa. In: Berliner Journal für Soziologie, H. 2, 2005; S. 219-239

Bogumil, Jörg/ Jann, Werner: Verwaltung und Verwaltungswissenschaft in Deutschland. 2. Aufl. Wiesbaden 2009

Bröckling, Ulrich/ Krasmann, Susanne/ Lemke, Thomas (Hg.): Gouvernementalität der Gegenwart. Studien zur Ökonomisierung des Sozialen. Frankfurt a.M. 2000

Buestrich, Michael/ Wohlfahrt, Norbert: Die Ökonomisierung der Sozialen Arbeit. In: APuZ 12/13 2008; S. 17-24

Dahme, Heinz-Jürgen/ Schütter, Silke/ Wohlfahrt, Norbert: Lehrbuch Kommunaler Sozialverwaltung und Soziale Dienste. Grundlagen, aktuelle Praxis und Entwicklungsperspektiven. Weinheim und München 2008

Dahme, Heinz-Jürgen/ Wohlfahrt, Norbert: Soziale Dienste auf dem Weg in die Sozialwirtschaft. Auswirkungen der „Neuen Steuerung" auf die freien Träger und Konsequenzen für die Soziale Arbeit. In: Widersprüche. 23. Jg., H. 90/2004; S. 41-56

Dahme, Heinz-Jürgen/ Otto, Hans-Uwe/ Wohlfahrt, Norbert/ Trube, Achim (Hg.): Soziale Arbeit für den aktivierenden Sozialstaat. Wiesbaden 2003

Dewe, Bernd/ Ferchhoff, Wilfried/ Radtke, Frank-Olaf (Hg.): Erziehen als Profession. Zur Logik professionellen Handelns in pädagogischen Arbeitsfeldern. Opladen 1992

Ellwein, Thomas: Das Dilemma der Verwaltung. Verwaltungsstruktur und Verwaltungsreformen in Deutschland. Mannheim 1994

Esping-Andersen, Gosta: The Three Worlds of Welfare Capitalism. Princeton 1990

Euchner, Walter: John Locke zur Einführung. Hamburg 1996

Goldschmidt, Nils: Zur Theorie der Sozialpolitik. In: ders./ Wohlgemuth, Michael: Die Zukunft der Sozialen Marktwirtschaft. Tübingen 2004; S. 63-95

Goldschmidt, Nils; Wohlgemuth, Michael (Hg.): Grundtexte der Freiburger Tradition der Ordnungsökonomik. Tübingen 2008a

Goldschmidt, Nils; Wohlgemuth, Michael: Entstehung und Vermächtnis der Freiburger Tradition der Ordnungsökonomik. In: dies. (Hg.) 2008 b; S. 1-16

Grohs, Stephan: Wandel lokaler Wohlfahrtsarrangements. Effekte von Verwaltungsmodernisierung und Ökonomisierungsimpulsen. FoJuS-Diskussionspapiere Nr. 2/2008

Hegelich, Simon/ Knollmann, David/ Kuhlmann, Johanna: Agenda 2010. Wiesbaden 2011

Höpner, Martin/ Schäfer, Armin (Hg.): Die Politische Ökonomie der europäischen Integration. Frankfurt, New York 2008

Jann, Werner: Zur Entwicklung der öffentlichen Verwaltung. In: Ellwein, Thomas/ Holtmann, Everhard (Hg.): 50 Jahre Bundesrepublik Deutschland. Opladen 1999; S. 520-543

Jann, Werner: Neues Steuerungsmodell. In: Blanke, Bernhard/ Nullmeier, Frank/ Reichard, Christoph/ Wewer, Göttrik (Hg.): Handbuch zur Verwaltungsreform. 4. erg. Aufl. Wiesbaden 2011; S. 98-108

Jessop, Bob: The Changing Governance of Welfare: Recent Trends in its Primary Functions, Scale, and Modes of Coordination. In: Social Policy and Administration, Jg. 33, H. 4/1999; S. 348-359

Jessop, Bob: Postfordismus und wissensbasierte Ökonomie. In: Brand, Ulrich/ Raza, Werner (Hg.): Fit für den Postfordismus? Münster 2003; S. 89-111

Jessop, Bob: Kapitalismus, Regulation, Staat. Hamburg 2007a

Jessop, Bob: Raum, Ort und Maßstäbe. Territorialisierungsstrategien in postfordistischen Gesellschaften. In: Kessl, Fabian/ Otto, Hans-Uwe (Hg.): Territorialisierung des Sozialen. Opladen, Farmington Hills 2007b; S. 25-55

Kessl, Fabian: Der Gebrauch der eigenen Kräfte. Weinheim, München 2005

Lamping, Wolfram: Grenzverschiebungen. Das Verhältnis von Sozialpolitik und Wirtschaftspolitik auf EU-Ebene und die Neubestimmungen des „Sozialen". In: Evers, Adalbert/ Heinze, Rolf G. (Hg.): Sozialpolitik. Ökonomisierung und Entgrenzung. Wiesbaden 2008; S. 115-135

Lessenich, Stephan: Die Neuerfindung des Sozialen. Der Sozialstaat im flexiblen Kapitalismus. Bielefeld 2008

Lessenich, Stephan: Mobilität und Kontrolle. Zur Dialektik der Aktivgesellschaft. In: Dörre, Klaus/ Lessenich, Stephan/ Rosa, Hartmut: Soziologie, Kapitalismus, Kritik. 2. Aufl. Frankfurt a.M. 2010; S. 126-177

Lutz, Tilmann: Soziale Arbeit im Kontrolldiskurs. Wiesbaden 2010

Maciocco, Gavino/ Stefanini, Angelo: From Alma-Ata to the Global Fund: the history of international health policy.In: Revista Brasileira de Saúde Materno Infantil, Jg. 7, H. 4/2007; S. 479-486

McLean, Iain / McMillan, Alistair (Hg.): The Concise Oxford Dictionary of Politics. 3. Aufl. New York 2009

Meyer, John W./ Rowan, Brian: Institutionalized Organizations: Formal Structure as Myth and Ceremony. In: American Journal of Sociology, Jg. 83, H. 2/1977; S. 340-363

Müller, Helmut M.: Deutsche Geschichte in Schlaglichtern. 2. aktual. Aufl. Leipzig/ Mannheim 2004

Nohlen, Dieter/ Schultze, Rainer-Olaf (Hg.): Lexikon der Politikwissenschaft. Theorien. Methoden. Begriffe, Bd. 1 und 2, 4. aktual. und erg. Aufl. München 2010

Ortmann, Friedrich: Handlungsmuster der Sozialverwaltung. In: Neue Praxis, Heft 4/2008; S. 385-398

Otto, Hans-Uwe/ Kessl, Fabian: Aktivierende Soziale Arbeit. In: Dahme, Heinz-Jürgen/ Otto, Hans-Uwe/ Trube, Achim/ Wohlfahrt, Norbert (Hg.). Soziale Arbeit für den aktivierenden Staat. Opladen 2003; S. 57-73

Ptak, Ralf: Grundlagen des Neoliberalismus. In: Butterwegge, Christoph/ Lösch, Bettina/ Ptak, Ralf: Kritik des Neoliberalismus. Wiesbaden 2007; S. 13-86

Rauschenbach, Thomas/ Sachße, Christoph/ Olk, Thomas (Hg.): Von der Wertgemeinschaft zum Dienstleistungsunternehmen. Frankfurt a.M. 1995

Reeve, Andrew: Liberalism. In: McLean/ McMillan: 2009 S. 306-308

Reichard, Christoph: Public Management. In: Voigt, Rüdiger/ Walkenhaus, Ralf (Hg.): Handwörterbuch zur Verwaltungsmodernisierung. Wiesbaden 2009; S. 282-286

Reichard, Christoph: Die Umsetzung von Managementreformen in der deutschen Kommunalverwaltung. In: Dahme, Heinz-Jürgen/ Wohlfahrt, Norbert (Hg.): Systemanalyse als politische Reformstrategie. Wiesbaden 2010; S. 163-177

Thomas, Caroline/ Weber, Martin: The Politics of Global Health Governance: Whatever Happened to "Health for All by the Year 2000"? In: Global Governance, Jg. 10, 2004; S. 187-205

Schaal, Gary S.: Neo-Liberalismus. In: Nohlen, Dieter/ Schultze, Rainer-Olaf: Lexikon der Politikwissenschaft. Theorien. Methoden. Begriffe, Bd. 1 und 2, 4. aktual. und erg. Aufl. München 2010; S. 649-650

Schiller, Theo: Liberalismus. In: Nohlen, Dieter/ Schultze, Rainer-Olaf: Lexikon der Politikwissenschaft. Theorien. Methoden. Begriffe, Bd. 1 und 2, 4. aktual. und erg. Aufl. München 2010; S. 547-552

Schmidt, Manfred G.: Wörterbuch zur Politik, 3. aktual. Aufl. Stuttgart 2010

Schmidt, Vivian A.: The New World Order, Incorporated: The Rise of Business and the Decline of the Nation-State. In: Daedalus, Jg. 124, H. 2, 1995; S. 75-106

Scholte, Jan Aart: The Sources of Neoliberal Globalization. UNRISD Overarching Concerns Programme Paper No. 8, Genf 2005

Schröter, Eckhard: New Public Management. In: Blanke, Bernhard/ Nullmeier, Frank/ Reichard, Christoph/ Wewer, Göttrik (Hg.): Handbuch zur Verwaltungsreform. 4. erg. Aufl. Wiesbaden 2011; S. 79-89

Sciabarra, Chris Matthew: Libertarianism. In: Kurian, George T. u.a. (Hg.): The Encyclopedia of Political Science, Bd. 3, Washington 2011; S. 965-966

Vogel, Martin Rudolf: Die kommunale Apparatur der öffentlichen Hilfe. Stuttgart 1966

Wollmann, Hellmut: Reformen in Kommunalpolitik und -verwaltung. England, Schweden,

25

Frankreich und Deutschland im Vergleich. Wiesbaden 2008

Willke, Gerhard: Neoliberalismus. Frankfurt a.M. 2003

Ziegler, Holger: Zum Stand der Wirkungsforschung in der Sozialen Arbeit. In: Jugendhilfe, 47. Jg., H. 3/ 2009; S. 180-187

Peter Hammerschmidt

Entstehung und Entfaltung der kommunalen Sozialverwaltung von den Anfängen bis zur Weimarer Republik

ABSTRACT

Der folgende Beitrag gibt einen Überblick über die Entstehung und Entwicklung der kommunalen Sozialverwaltung Deutschlands von den Anfängen zu Beginn des 19. Jahrhunderts bis zu den ersten Jahren der Weimarer Republik, in der die heute vorfindbaren Grundstrukturen umfassend etabliert wurden.

1. Einleitung

Die Gewährung finanzieller Mindestsicherungsleistungen (Fürsorge) und die grundsätzliche Verantwortung für das Angebot sozialer Einrichtungen und Dienste (Gewährleistungsverantwortung) obliegen im föderalen deutschen Sozialstaat in erster Linie den Kommunen (den kreisfreien Städten und Landkreisen), die hierfür Sozialverwaltungen eingerichtet haben. Dieser Beitrag gibt einen Überblick über die Entstehung und Entwicklung der kommunalen Sozialverwaltung in Deutschland von den Anfängen zu Beginn des 19. Jahrhunderts bis zur Herausbildung des Weimarer Wohlfahrtsstaates, in dem die heute vorfindlichen administrativen Grundstrukturen voll und flächendeckend zur Entfaltung kamen. Damit erstreckt sich der Gegenstand dieses Beitrages auf einen langen Zeitraum, in dem die kommunale Sozialverwaltung wie Gesellschaft, Staat und Wirtschaft insgesamt erhebliche Veränderungen erlebten, die hier wegen der gebotenen Kürze nicht darstellbar sind. Die folgende Darstellung konzentriert sich daher auf ausgewählte Stationen, die für die Entwicklung der kommunalen Sozialverwaltung besonders wichtig waren. Das waren einerseits einzelne Rechtsakte – preußische Städteordnung / Allgemeines Landrecht, preußisches Armenpflegegesetz, das Unterstützungswohnsitzgesetz und das Weimarer Fürsorgerecht – und andererseits Organisationsformen – Elberfelder und Straßburger System und die Familienfürsorge. Geografisch konzentriert sich die Darstellung auf Preußen, das vielfach eine Vorreiterrolle spielte. Die Kapiteleinteilung ist dabei chronologisch: von Anfang des 19. Jahrhunderts bis zur Reichsgründung (2. Kap.), die Zeit des Deutschen Kaiserreichs (3. Kap.) und schließlich die ersten Jahre der Weimarer Republik (4. Kap.), die es ausführlicher zu beschreiben gilt, weil in dieser Zeit die heute vorfindbaren Grundstrukturen umfassend etabliert wurden.

2.   Von den Anfängen bis zur Gründung des Deutschen Reiches

Die **Armendeputationen** bzw. Armendirektionen, die gemäß § 179, Abs. c der preußischen **Städteordnung** vom 19. November 1808 einzurichten waren, bildeten die Keimzelle der modernen kommunalen Sozialverwaltung. Die Einführung der (Steinschen) Städteordnung war dabei Teil der Stein-Hardenbergschen-Reformen, die die als „Revolution von oben" den Weg zu einer bürgerlich-liberalen Gesellschaft ebneten. Damit reagierte der preußische Staat auf die Herausforderungen durch die Französische Revolution, das Aufbegehren des eigenen Bürgertums und auch auf die schwere militärische Niederlage der preußischen Armee gegenüber den napoleonischen Truppen (vgl. Koselleck 1989). Der Bereich „Soziales", zunächst nur als Armenpflege, war damit neben den Bereichen Bauwesen, Straßenwesen sowie Schulsachen Kern- und Pflichtaufgabe der mit der Städteordnung eingeführten modernen kommunalen Selbstverwaltung (Krebsbach 1970). Selbstverwaltung bedeutete dabei, dass die wahlberechtigten Bürger – das waren nur die männlichen, gewerbetreibenden und grundbesitzenden Stadtbürger, mithin eine Minorität der Bewohner der Städte – eine Stadtverordnetenversammlung als Beschlussorgan wählen konnten. Die vordem staatlich eingesetzten Magistrate waren fortan durch die gewählte Stadtverordnetenversammlung einzusetzen, womit sie als deren Ausführungsorgan fungierten. Die laufenden Geschäfte leiteten mit jeweils eigenen Etats eigenverantwortlich Deputationen – wie die Armendeputation, die auch als Armendirektion firmierte –, mit Stadtverordneten unter Vorsitz eines Magistratsmitglieds. Unter der Leitung der Deputationen hatten die (wahlberechtigten) Bürger selbst die jeweiligen Aufgaben durchzuführen. Nur die zeitlich befristet (sechs bis zwölf Jahre) bestallten hauptberuflich tätigen Mitglieder des Magistrats erhielten eine Entlohnung, ansonsten waren die städtischen Aufgaben generell ehrenamtlich zu leisten, so auch die Armenpflege. Die Ausübung eines Ehrenamtes (§§ 191 f. der Städteordnung) im Rahmen der Selbstverwaltung war keineswegs freiwillig, sondern Pflicht. Die kommunale Selbstverwaltung hatte für das städtische Bürgertum einen doppelten Preis: die Pflicht zur tatkräftigen Mitwirkung an der Gestaltung und Verwaltung der städtischen Angelegenheiten und das Aufbringen der dafür erforderlichen Finanzmittel durch das städtische Bürgertum selbst; die vormalige staatliche Finanzierung entfiel.

Schaubild 1: Preußische Städteordnung von 1808, Armendeputation

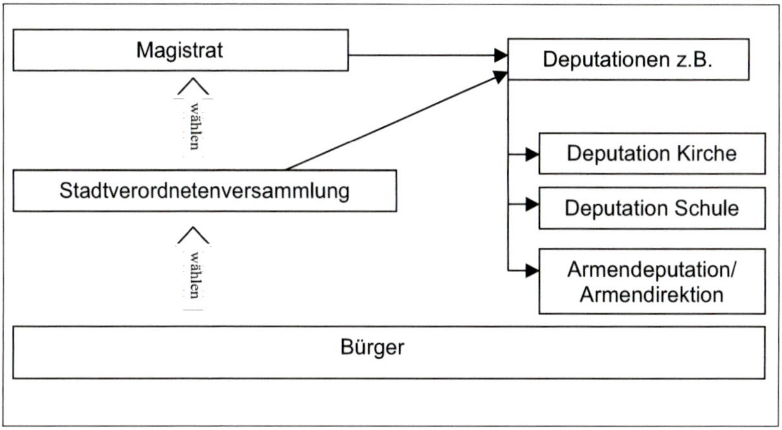

Quelle: eigene Darstellung

Nach dem „Allgemeinen Landrecht für die Preußischen Staaten" (ALR) von 1794, war es die Aufgabe der Armenpflege nachrangig gegenüber familiärer, ständischer und privater Unterstützung „für die Ernährung ... der Verarmten ... zu sorgen" (ALR § 10 i. V. m. § 1 II 19). Diese staatliche Ausfallbürgschaft wälzte die Städteordnung von 1808 auf die kommunale Selbstverwaltung, also auf das städtische Bürgertum ab. Eine spezialrechtliche Grundlage schuf der preußische Staat für die Kommunen mit dem Armenpflegegesetz vom 31. Dez. 1842, das nicht zuletzt der armenrechtlichen Flankierung der am selben Tag eingeführten allgemeinen Niederlassungsfreiheit sowie zum Ausgleich der Armenlasten diente. Vordem galt das Heimatprinzip, das heißt, zur Unterstützung eines Verarmten war diejenige Gemeinde verpflichtet, in der ein Verarmter geboren worden war. Im Verarmungsfall war der Arme dorthin „zurückzuschaffen" (ALR § 5 II 19). Das mit dem Armenpflegegesetz von 1842 begründete „Unterstützungswohnsitzprinzip" änderte dies. Nicht mehr der Heimatort war auf Lebenszeit im Bedarfsfall für (ehemalige) EinwohnerInnen verantwortlich, sondern der Ort (Ortsarmenverband), an dem ein hilfsbedürftiger Mensch in der Regel durch einen dreijährigen Aufenthalt vor seiner Verarmung einen „Unterstützungswohnsitz" erworben hatte. Die für mobile Arbeitskräfte entstehende Versorgungslücke, die sich aus der Möglichkeit ergab, dass die Verpflichtung der Herkunftsgemeinde schon erloschen war, bevor einer anderen Gemeinde eine Verpflichtung erwuchs, wurde mit der Etablierung eines überörtlichen Trägers der Armenfürsorge (Landarmenverband) geschlossen (Hammerschmidt 2010b: 857 f.; ausführlich: Schinkel 1963). Damit entstand der auch heute noch existierende Dualismus von örtlichem und überörtlichem Träger der Sozial- und Jugendhilfe.

Die Kommunen konnten die Unterstützung der Armen in Form der geschlossenen Fürsorge, das heißt durch Unterbringung in Armenhäusern oder sonstigen Anstalten, oder als offene Fürsorge vornehmen. Wegen der vergleichsweise hohen Kosten machten die Kommunen von der armenrechtlichen Möglichkeit der geschlossenen Armenfürsorge – jenseits der durchaus geschätzten Androhung – wenig Gebrauch; sie favorisierten die offene Fürsorge (vgl. Sachße/Tennstedt 1998a: 244 ff.; Rumpelt/Luppe 1923; Hammerschmidt 2010b: 858 f.).

Die offene Armenfürsorge der Kommunen war aufgrund der weitgehenden Gestaltungsfreiheit in Verbindung mit den höchst unterschiedlichen lokalen Verhältnissen in den ersten Jahrzehnten des 19. Jahrhunderts unüberschaubar uneinheitlich. Das änderte sich allmählich im Verlauf der 1860er Jahre, als viele Städte sich bei der Reorganisation der offenen Armenfürsorge an der Armenordnung der jungen Industriestadt Elberfeld vom 9. Juli 1852 orientierten. Im Rahmen des „Elberfelder Systems" wurden einige Prinzipien der öffentlichen Wohlfahrtspflege formuliert, die zum Teil auch heute noch Gültigkeit besitzen. Das Stadtgebiet wurde in mehrere Hundert „Quartiere" eingeteilt („Quartierprinzip"), innerhalb derer die ehrenamtlich tätigen Bürger maximal vier Arme und deren Familien betreuten. Aufgabe des Armenpflegers war es, bei seinen vierzehntägigen Besuchen („Besuchsprinzip") in detaillierten Fragebögen („Abhörbögen") die vorgefundenen wirtschaftlichen Verhältnisse, die individuelle Notlage und den individuellen Bedarf festzustellen („Individualisierungsprinzip"). Dabei sollte das Verhalten der Armen kontrolliert und erzieherisch auf sie eingewirkt werden. Auf dieser Grundlage wurde geprüft, ob vorrangige Ansprüche existierten („Nachrangigkeitsprinzip" der Fürsorge) und anschließend entschieden, ob, und wenn ja in welcher Form und Höhe, eine um Unterstützung nachsuchende Person Leistungen erhalten sollte. Die Armenpfleger bemühten sich um die Vermittlung eines Beschäftigungsverhältnisses für die Arbeitsfähigen; wer eine angebotene Arbeit ablehnte, erhielt keine Leistung und wurde der Polizei gemeldet. Innerhalb der hier erstmalig praktizierten Arbeitsteilung zwischen Innen- und Außendienst oblag dem bürokratisch rationalisierten Innendienst die zentrale Erfassung der im Außendienst erhobenen entscheidungsrelevanten Daten. Über den erzieherisch disziplinierenden Erfolg des Elberfelder Systems lässt sich nur spekulieren, der finanzielle Erfolg dagegen war offensichtlich:

Die Zahl der unterstützten Parteien und die für armenpflegerische Zwecke aufgewendeten Mittel sanken beträchtlich (vgl. Sachße 1986: 36 ff.; ausführlich: Böhmert 1886: 49-96 und Münsterberg 1903).

Schaubild 2: Das Elberfelder System der Armenpflege

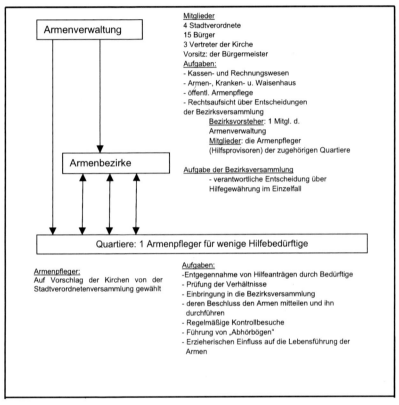

Quelle: Hering/Münchmeier 2000; S.

Zu der gleichen Zeit, in der die Kommunen das Elberfelder System der Armenfürsorge etablierten, begannen sie auch mit der Entfaltung von daran angelagerten Bereichen auf freiwilliger Grundlage sowie überhaupt mit der Schaffung von Einrichtungen und Maßnahmen der kommunalen Daseinsvorsorge.[1] Aufbauend auf medizinisch-wissenschaftliche Fortschritte wandelten sich alte, schon bestehende und neu eingerichtete Spitäler zunehmend zu modernen (kommunalen) Krankenhäusern, die der Heilbehandlung dienten, auch wenn noch lange Zeit weitere Personengruppen wie Alte, Sieche und

---

1   Grundlegend zur Begrifflichkeit: Forsthoff 1938, kritisch hierzu: Grottrup (1976: insbes.: 63-79).w   31

behinderte Menschen dort untergebracht blieben. Ebenfalls schon vor der Ausrufung des Deutschen Kaiserreiches schufen manche Kommunen zudem gesundheitsfürsorgerische Angebote zugunsten besonders gefährdeter Gruppen oder zur Bekämpfung von Volkskrankheiten wie etwa Tbc (grundlegend: Labisch/Tennstedt 1985; Jütte 1997). Mit all dem gewann die kommunale Sozialverwaltung an Umfang und Binnenkomplexität.

3. Die Zeit des Deutschen Kaiserreichs (1871-1918)

In der Zeit des Deutschen Kaiserreichs erfuhr die kommunale Sozialverwaltung wie die kommunale Selbstverwaltung im Allgemeinen bezüglich ihrer Rechtsgrundlagen sowie ihrer praktischen Ausgestaltung weitreichende Veränderungen. Die Kommunen hatten einerseits neue Pflichtaufgaben (s.u.) zu erfüllen und sie realisierten darüber hinaus auf freiwilliger Grundlage eine umfassende Ausgestaltung der seinerzeit noch nicht so genannten Daseinsvorsorge oder Leistungsverwaltung. Dazu gehörten: Abwasserentsorgung, Badeanstalten, Kanalisation, Müllabfuhr, Gas-, Strom- und Wasseranschlüsse für alle Haushalte, Straßenbau und Straßenbeleuchtung, Schlachthöfe, Parks, Museen, Theater, öffentlicher Personennahverkehr und städtischer Wohnungsbau, um nur einige Bereiche anzuführen (vgl. von Blume 1923; Blotevogel: 1990 u. Gröttrup 1976: 13-22). Die „sociale Ausgestaltung der Fürsorge" und damit der Ausbau der kommunalen Sozialverwaltung erfolgten im selben Zug. Das städtische Bürgertum schuf mit all dem im Rahmen der kommunalen Selbstverwaltung die moderne Stadt im heutigen Sinne. Mit dem Wirksamwerden der in den 1880er Jahren von Bismarck eingeführten Arbeiterversicherung erfuhr die kommunale Fürsorge erhebliche finanzielle Entlastungen. Die Soziale Sicherung erhielt damit auch eine zweite, vorgelagerte Säule neben der Armenpflege. In Verbindung mit der in den 1890er Jahren einsetzenden Hochindustrialisierung und einem lang anhaltenden Wirtschaftsaufschwung bescherte dies den kommunalen Selbstverwaltungskörperschaften die finanzielle Möglichkeit zur Aufgaben- und Ausgabenexpansion (vgl. Gröttrup 1976: 13-18; von Unruh 1984: 561; Hoffmann 1984: 583; Aner/Hammerschmidt 2010). Die Personal- und Sachausgaben der Gemeinden stiegen zwischen 1870 und 1913 um das elffache (die der Staaten um das fünffache) und der Steueranteil der Kommunen am Gesamtsteueraufkommen erreichte etwa in Preußen beachtliche 72,2% (Gröttrup 1976: 13-18; von Unruh 1984: 561; Hoffmann 1984; 583). In den 110 preußischen Städten beschäftigten die kommunalen Selbstverwaltungen 45.000 Kommunalbeamte, denen etwa 37.000 Ehrenbeamte zur Seite standen (Bogumil/Holtkamp 2006: 19).

Mit dem am 6. Juni 1870 verabschiedete „Gesetz über den Unterstützungswohnsitz" (UWG) erhielt die kommunale Armenfürsorge neue Rechtsgrundlagen. Das UWG übertrug das preußische Unterstützungswohnsitzprinzip sowie den Dualismus eines örtlichen (OAV) und überörtlichen (LAV) Leistungsträgers des preußischen Armenrechts von 1842 zunächst auf das Gebiet des Norddeutschen Bundes und ab 1871 auf das Deutsche Reich.[2] Die nähere Ausgestaltung der Armenpflege, ihre Organisation und ihr Maß behielt das UWG gemäß § 8 der Landesgesetzgebung vor. In Preußen erfolgte dies durch das „Gesetz, betreffend die Ausführung des Bundesgesetzes über den Unterstützungswohnsitz, vom 8. März 1871" (GS: 130 ff.; vgl. Sachße/ Tennstedt/Roeder 2000). Zur Verpflichtung der Ortsarmenverbände gehörten demnach die Gewährung von „Obdach, der unentbehrliche Lebensunterhalt, die erforderliche Pflege in Krankheitsfällen" und ein „angemessenes Begräbnis" (§ 1). In geeigneten Fällen sollte die Hilfe mittels Unterbringung in einem Armen- oder Krankenhaus erfolgen (ebd.). Das Leistungsniveau sowie die örtliche Organisation blieb nach wie vor weitgehend Sache der Gemeinden. Landesrechtlich verankert war aber das obligate Ehrenamt: Wahlberechtigte Gemeindemitglieder waren verpflichtet (§ 4), für drei Jahre „eine unbesoldete Stelle in der Gemeinde-Armenverwaltung zu übernehmen". Eine Weigerung ohne anerkannten Grund führte – wie schon in der Städteordnung von 1808 – zum Verlust des Gemeinde-Wahlrechts und erhöhten kommunalen Abgaben (§ 5).

Die organisatorische Umsetzung erfolgte zunächst weiterhin nach dem Elberfelder System, das in einigen Städten auch noch eine lange Zeit mit einer recht hohen Anzahl Ehrenamtlicher praktiziert werden konnte. Doch das konnte nicht darüber hinwegtäuschen, dass seit den 1880er Jahren die Voraussetzungen des Elberfelder Systems zunehmend erodierten: Die sozialen Verhältnisse waren dynamisch und die Fluktuation und sozialräumliche Segregation nahmen mit der Großstadtentwicklung zu. Der häufige Wechsel von Arbeits- und Wohnort in der armen Arbeiterbevölkerung erschwerte den Aufbau kontinuierlicher Interventionsverhältnisse zwischen einem Armenpfleger und „seinem" Klienten nach dem Quartiersprinzip. Hinzu kam, dass angesichts zunehmender und vorrangiger öffentlicher Ansprüche als Folge der Arbeiterversicherung der Aufwand an Ermittlung und die Anforderun-

---

2   Zunächst mit Ausnahme der süddeutschen Staaten, von denen Baden und Württemberg das Gesetz in den 1870er Jahren und Bayern erst 1916 übernahmen (BGBl. S. 360 f., hier nach Arnoldt 1872: 613) (erläuternd: ebd.: 613-615, vgl. auch die Instruktion des preuß. Innenministers hierzu in: ebd.: 809-823, insbes.: 819). Der Gesetzestext ist dokumentiert in: Sachße/Tennstedt/Roeder 2000; S. 263 ff. Hier finden sich auch eine Fülle weiterer Dokumente zur Herausbildung des UWG sowie zur Umsetzung und Fortentwicklung wie etwa die Ausführungsgesetze der einzelnen Staaten. Eine knappe Gegenüberstellung des preußischen bzw. Reichsfürsorgerechts mit dem bayerischen: Hammerschmidt 2005, ausführlich: Redder 1993.

gen an Fachlichkeit stiegen. Auch Erkenntnisse aus den Sozialwissenschaften fanden Eingang in die kommunale Sozialpolitik und verlangten nach fachlichen Begründungen für Interventionsanlässe und -formen. Die Konsequenz daraus wurde umfassend 1905 im „Straßburger System" gezogen, das die administrativen Aufgaben geschulten Verwaltungskräften übertrug. Die Hilfesuchenden hatten sich fortan zunächst an das mit hauptamtlichem Personal tätige Armenamt zu wenden, das den ehrenamtlichen Armenpflegern ihre Klienten zuwies. Die größtmögliche räumliche Nähe der Armenpfleger zu ihren Klienten war fortan nachrangig gegenüber der vom Armenamt festzustellenden „Geeignetheit" des Armenpflegers für einen bestimmten Armen. Dementsprechend war der Armenpfleger nicht mehr für alle Armen in „seinem" kleinen Quartier zuständig, sondern für passende Arme in größeren Bezirken. Ihre Tätigkeit beschränkte das Straßburger System zudem auf beratende und betreuende Hilfeleistungen, Entscheidungen über Art und Höhe der Unterstützungsleistungen standen dem Armenpfleger nicht mehr zu; darüber entschieden nun die Bezirkkommissionen im Rahmen von „Sätzen" (Fürsorgerichtsätze), die vom Armenamt festgelegt wurden. (knapp: Hammerschmidt/Tennstedt 2005; ausführlich und grundlegend: Sachße 1986; Sachße/Tennstedt 1988 b; Schwandter 1905).

Im Rahmen einer sich entfaltenden kommunalen Sozialpolitik erfolgte aus den Ansätzen der 1860er Jahre heraus eine Ausweitung und Differenzierung der kommunalen Armenpflege. Die Städte verstanden die althergebrachte Armenpflege nunmehr zunehmend als Universalfürsorge, neben der sie – je nach örtlichen Problemen und Reformpotenzialen – ergänzende Gesundheits-, Jugend-, Wohnungs-, Erwerbslosenfürsorge und Arbeitsvermittlung etablierten. Die nun aufgebauten Einrichtungen und Dienste bildeten eine neuartige soziale Infrastruktur, die Angebote und Dienstleistungen offerierten, die sich erheblich von der tradierten repressiven Armenfürsorge unterschieden, und eine ungeheure Breitenwirkung entfalteten. Am dynamischsten und innovativsten für die Entwicklung war hierbei die *Gesundheitsfürsorge*, die aus den Forderungen der wissenschaftlichen Hygiene und Bakteriologie abgeleitet wurde. War auch der revolutionäre Elan der Ärzte der 1848er-Generation verflogen, so waren und blieben die Ärzte der wohl zivilgesellschaftlich agilste Teil des Bürgertums (Jütte 1997; Nitsch 1999: 425-442; Labisch/Tennstedt 1985: 22-32; Hammerschmidt/Tennstedt 2005). Der enorme Ausbau der öffentlichen Wohlfahrtspflege verlief parallel zur Ausweitung der Privatwohltätigkeit des Bürgertums (sowie der konfessionellen Kräfte). Zwischen der öffentlichen und privaten Wohlfahrtspflege bestand kein Substitutions-, sondern ein Komplementärverhältnis (Sachße 2000: 79f.).

Die Entfaltung der kommunalen Gesundheitsfürsorge geschah ohne spezifische Rechtsgrundlagen, bei der Kinder- und Jugendfürsorge war

Schaubild 3: Das Straßburger System der Armenpflege

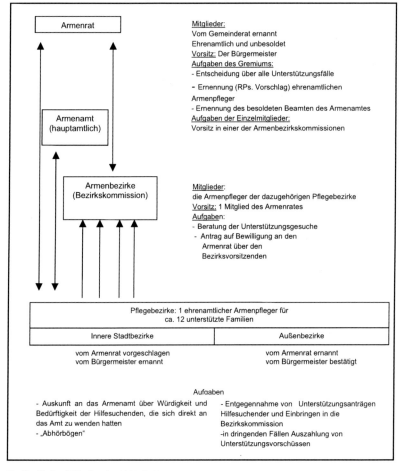

Quelle: Hering/Münchmeier 2000; S. 32

dies überwiegend anders. Im Rahmen ihrer Zuständigkeit für Armenfürsorge zeichneten die Kommunen selbstredend auch für arme Kinder verantwortlich. Schon zu Beginn des 19. Jahrhunderts waren einige Städte dazu übergangen, Waisenkinder nicht mehr in ihren Armenhäusern, sondern in gesonderten Waisenhäusern zu versorgen. In den 1870er Jahren setzte sich ergänzend die Praxis der Familienpflege durch, das heißt, die Armenverwaltungen suchten mittels ehrenamtlicher Kräfte geeignete Familien, die gegen ein Pflegegeld solche Kinder aufnahmen (vgl. Böhmert 1886; Münsterberg 1910; Klumker 1923). Nachdem zuvor schon viele Gemeinden die rechtliche Möglichkeit nutzten, aufgrund ortsstatutarischer Regelung den

35

„automatischen" Eintritt der Armenamtsvormundschaft herbeizuführen, gingen einige Großstädte ab den 1880er Jahren dazu über, hauptamtliche (Berufs-)Vormünder und Pfleger einzustellen. Ein entsprechender Einfluss auf einen speziellen Teil des Pflegekinderwesens, auf die Zieh- und Haltekinder – sie wurden im Auftrag der Erziehungsberechtigten gegen Entgelt betreut – war den Kommunen zunächst versagt. Das änderte sich mit der preußischen Vormundschafts-Verordnung vom 5. Juli 1875, mit der die (ehrenamtliche) Gemeinde-Waisenräte einzurichten waren. Mit der Einführung des BGB (1900) galt diese Regelung für das gesamte Deutsche Reich. Diese Waisenräte nutzten ihre Kontrollbefugnisse und beseitigten die viel beklagten Mißstände (Verwahrlosung, Ausbeutung, hohe Sterblichkeit). Mancherorts bestallten die Gemeinden auch für diesen Bereich hauptamtliche Berufsvormünder (vgl. Münsterberg 1910: 835; Klumker 1923: 658; Hammerschmidt 2010b: 861 f.). Daneben entfalteten die Gemeinden je nach örtlichen Gegebenheiten freiwillig eine Reihe weiterer fürsorgerischer Aktivitäten zugunsten von Kindern und Jugendlichen. Besonders erwähnenswert sind hier die Einrichtung von Kindergärten und -horten sowie die ab 1870 vielerorts durchgeführten Schulspeisungen (Klumker 1923).

Zur Bewältigung dieser Aufgaben entstanden hierarchisch strukturierte, professionelle, fachlich differenzierte Bürokratien mit Hunderten Beschäftigten. Das gilt in erster Linie für Groß- und Industriestädte, aber auch für die überörtlichen Träger der Armenpflege, die in Preußen mit dem Gesetz über die erweiterte Armenpflege[3] von 1893 zur Anstaltsunterbringung von Geisteskranken, Idioten, Taubstummen, Siechen und Blinden angehalten (später verpflichtet) und denen mit Gesetzen zur Zwangserziehung ab den späten 1870er Jahren bzw. Fürsorgeerziehungsgesetzen um die Jahrhundertwende zusätzlich Pflichtaufgaben zugewiesen wurden.[4] Es gilt nur eingeschränkt für die Landkreise, die ab 1873 in Preußen, später auch

---

3 Das Gesetz vom 11. Juli 1891 führte nach Inkrafttreten am 1. April 1893 zur starken Ausweitung der Anstaltspflege. Von der mit Abstand größten Gruppe der erweiterten Armenpflege, den als geisteskrank und idiotisch bzw. irre klassifizierten Menschen, waren im Jahre 1913 in Preußen fast 98.000, im gesamten Reichgebiet rund 240.000 in Heil- und Pflegeanstalten untergebracht (Laehr 1923: 511; Hammerschmidt 2003; insbes. S. 28-35). Insgesamt erfolgte seit den 1880er Jahren ein starker Anstieg der Anstaltsfürsorge. Waren etwa 1885 mehr als 288.000 Personen von den Fürsorgeträgern (davon 266.000 von den Ortsarmenverbänden und 22.000 von den Landarmenverbänden) in der Anstaltsfürsorge untergebracht, so vervielfachten sich diese Werte auf annährend 1,8 Mio. im Jahre 1928 (davon mehr als 1,3 Mio. durch die Bezirksfürsorge- und rund 478.000 durch die Landesfürsorgeverbände (Hammerschmidt 2003, S. 418).

4 So befanden in Preußen im Jahre 1882 auf Grundlage des preußischen Zwangserziehungsgesetzes von 1878 ca. 5.000 Kinder und Jugendliche in der Zwangserziehung. Nach der rechtlichen Neuregelung von 1900 mit dem BGB und den darauf bezogenen Landesgesetzen, in denen eine solche staatliche Maßnahme auch zur Verhütung von Verwahrlosung angeordnet werden konnte, erfuhr die nunmehr Fürsorgeerziehung genannte Zwangserziehung eine enorme Ausweitung. Alleine in Preußen befanden sich im Jahre 1917 mehr als 63.000 junge Menschen in dieser Fürsorgemaßnahme (Peukert 1986: 328; Hammerschmidt 2003: 49 f.; 2006).

in weiteren Staaten des Deutschen Reiches, kommunale Selbstverwaltungs-rechte und damit auch Pflichten erhielten (von Unruh 1984: 560-571).

4. Die Zeit der Weimarer Republik

In der aus der November-Revolution hervorgegangen Weimarer Repub-lik erfolgten gravierende Veränderungen in und für die kommunale Sozi-alverwaltung. Die Weimarer Reichsverfassung (WRV) vom 11. August 1919 verankerte den Wohlfahrtsstaat als politischen Kompromiss und räumte dem Reich umfassende rechtliche und finanzielle Gestaltungsmöglichkei-ten ein. Die neue Republik avancierte damit zur wohlfahrtspolitischen Zen-tralinstanz, während sich die Kommunen durch die Erzbergische Finanzre-form von 1920 vom „teilautonomen Steuersouverän zum Zuschussempfän-ger" (Bogumil/Holtkamp 2006: 24) entwickelten und mit dem vom Reich geschaffenen neuen Fürsorgerecht bis dato unbekannt detaillierten Vor-gaben zu entsprechen hatten. Gleichzeitig veränderten sich die politischen Konstellationen in der kommunalen Wohlfahrtspolitik. Diese veränder-ten Konstellationen werden im Folgenden skizziert, bevor dann die neuen Rechtsgrundlagen vorgestellt und die Organisationsstrukturen der kom-munalen Sozialverwaltung beschrieben werden.

Garantierte bis zum Ende des Kaiserreichs das kommunale Dreiklas-senwahlrecht dem Bürgertum die politische Dominanz in den Kommu-nen, so führte das allgemeine und gleiche Wahlrecht der Weimarer Reichs-verfassung (Art. 17) zu starken kommunalpolitischen Kräfteverschiebun-gen. Vor allem in den Groß- und Industriestädten errangen die Arbeiterpar-teien Mehrheiten in den Vertretungskörperschaften. Direkte Veränderun-gen für das Verwaltungshandeln der Gemeinden folgten daraus allerdings noch nicht, denn die Gemeinden arbeiteten auf der mittleren, zum Teil auch auf der unteren Ebene mit Kommunalbeamten auf Lebenszeitstel-len und das für viele Jahre (6–12) bestallte Personal der Leitungsebene (Bür-germeister, Beigeordnete bzw. Magistratsmitglieder) verblieb ganz über-wiegend (zumindest zunächst) in seinen Positionen. Dennoch: Die kom-munale Selbstverwaltung war fortan nicht mehr die Bastion des Bürger-tums wider die Arbeiterbewegung und ihre Parteien auf der einen und dem herrschenden Adel auf der anderen Seite (Aner/Hammerschmidt 2010: 85 f.). Anstelle dieser alten (Konflikt-)Konstellation schien eine neue Konfron-tationslinie zu treten: die zwischen der kommunalen, öffentlichen Wohl-fahrtspflege und der privaten, freigemeinnützigen. Neben der öffentlichen hatte sich verstärkt in den Jahrzehnten nach der Revolution von 1848 auch eine private, später so genannte freie Wohlfahrtspflege entfaltet. Getragen wurden die freien Einrichtungen und Maßnahmen durch eine Fülle von Akteuren, vor allem aber von bürgerlichen Sozialreformern und (sonstigen) humanistisch-philanthropisch gesinnten Bürgern und Bürgerinnen sowie konfessionellen Kräften (Caritas und Innere Mission/Diakonie). Zum Teil gestaltete sich das Verhältnis der öffentlichen zur privaten Wohlfahrt als unverbundenes Nebeneinander, teilweise als mehr oder weniger bewusste und gewollte Konkurrenz, häufiger aber als mehr oder weniger enge Koordination und Kooperation, die bis zur Personalunion reichen konnte.

Die wirtschaftlichen Folgen des Ersten Weltkrieges zerstörten weitgehend die finanzielle Basis der freien Wohlfahrtspflege und die sozialen Folgen, der Niedergang des gehobenen und Bildungsbürgertums, unterminierten das soziale Ehrenamt und damit einen erheblichen Teil ihrer personellen Basis. Über ein vergleichsweise stabiles personelles Rückgrat verfügten lediglich die christlichen Organisationen mit ihrem konfessionellen Personal. Angesichts gravierender Versorgungsengpässe insbesondere in der Anstaltsfürsorge infolge der Hyperinflation Ende 1922 beschloss der Reichstag erstmals, Gelder zugunsten der (öffentlichen und freien) Wohlfahrtspflege auszuschütten. Das von der katholischen Zentrumspartei kontrollierte und für die Wohlfahrtspflege federführende Reichsarbeitsministerium nutzte dies, um in erster Linie die bestehenden christlichen Wohlfahrtsverbände Caritas und Innere Mission auf- und auszubauen. Die Wohlfahrtsverbände avancierten damit zu Verteilungsinstanzen öffentlicher Mittel und mit dann auf Dauer gestellten Subventionen zu schlagkräftigen Anbietern und Lobbyorganisationen. Sie schufen flächendeckende Binnenstrukturen innerhalb von mehr oder weniger geschlossenen und abgeschotteten Weltanschauungsverbänden. Auch in den Folgejahren blieb die Förderkulisse auf die Interessen der konfessionellen Organisationen zugeschnitten. Ziel dieser Politik des Reichsarbeitsministeriums, zu der dann wenig später auch die Verankerung des Subsidiaritätsprinzips im Fürsorgerecht gehörte, war es, die sozial-konservativen Milieus zu stabilisieren und die Wohlfahrtsverbände als Gegengewicht zur kommunalen Wohlfahrtspflege zu installieren, die nunmehr ja sozialdemokratischen Einflüssen zu unterliegen schien (Hammerschmidt 2003: 76-92; Aner/Hammerschmidt 2010: 88-91). Der Weimarer Wohlfahrtsstaat wurde so zum „dualen Wohlfahrtsstaat", der seine Entwicklungs- und Expansionsdynamik nicht zuletzt aus dieser Konkurrenzsituation erhielt. Soviel zu den veränderten kommunalpolitischen Grundkonstellationen, weitere erhebliche Veränderungen ergaben sich aus dem Weimarer Fürsorgerecht.

Mit dem 1922 verabschiedeten Reichsjugendwohlfahrtsgesetz (RJWG) schuf der Reichstag ein gänzlich neues Gesetz, dessen Kernaufgaben sich indes schon vorher in der Fürsorgepraxis herausgebildet und/oder als zerstreute rechtliche Einzelregelungen existiert hatten. Neu war das programmatisch formulierte Recht des Kindes auf Erziehung (§ 1) und der Versuch, alle bis dato bestehenden besonderen sozialen Regelungen für Minderjährige in einem einheitlichen Gesetz zusammenzufassen sowie die Gewährleistungsverantwortung einer gesonderten Organisation (Jugendamt) zu übertragen. Unter dem Oberbegriff Jugendwohlfahrt fasste das Gesetz die Jugendpflege und Jugendfürsorge zusammen. Jugendpflege meinte Maßnahmen zur Förderung und Unterstützung der Erziehung Minderjähriger, die keine Erziehungsdefizite aufwiesen; für diese präventiven Aufgaben enthielt das RJWG keine detaillierten Vorgaben. Anders bezüglich der Jugendfürsorge, die Eingriffscharakter trug. Hierzu zählten insbesondere das Pflegekinder- (§§ 19-31) und Vormundschaftswesen (§§ 32-48), die (Erziehungs-)Beistandschaft (§ 46) und die Schutzaufsicht (§§ 56-61) gemäß RJWG sowie die im Reichsjugendgerichtsgesetz (RJGG) definierten Aufgaben der Jugendgerichtshilfe sowie schließlich die Fürsorgeerziehung (§§ 62-76 RJWG). Wie hinsichtlich der Fürsorgeerziehung übernahm das RJWG vielfach den preußischen Rechtsstand. Für eine umfassende Erfüllung der ambitionierten Aufgaben des Gesetzes fehlten den Kostenträgern jedoch die Mittel. Das zeigte sich schon vor dem Inkrafttreten des RJWG am 1. April 1924. Per Ermächtigungsgesetz suspendierte die Reichsregierung im Februar 1924 kostenträchtige Regelungen, so etwa die „wirtschaftliche Jugendwohlfahrt", mit der Minderjährige aus der allgemeinen Armenfürsorge herausgenommen werden sollten. Andere Bereiche, wie die der Jugendpflege, galten nicht mehr als Pflichtaufgaben. Letztlich trat das RJWG als Organisationsgesetz in Kraft. Es schrieb die Einrichtung von Jugendämtern und Landesjugendämtern zur Durchführung der RJWG-Aufgaben vor. Die Kommunen (Städte/Landkreise) fungierten in der Regel als örtliche Träger, die überörtliche Trägerschaft (Landesjugendämter und Fürsorgeerziehungsbehörden), war landesrechtlich unterschiedlich geregelt. Hatten vordem schon viele Großstädte Jugendämter geschaffen, so erfolgte nun ein flächendeckender Ausbau: 1928 bestanden 1.251 Jugendämter mit 11.705 hauptberuflichen und ca. 45.000 ehrenamtlich tätigen Kräften (Sachße/Tennstedt 1988 b: 99-114; Hammerschmidt/Tennstedt 2005: 82; Hammerschmidt 2003: 223 f., 390).

Anders als das RJWG wurde die Reichsfürsorgepflicht-Verordnung (RFV) nicht vom Reichstag verabschiedet, sondern als Notverordnung von der Reichsregierung erlassen. Sie löste das Unterstützungswohnsitzgesetz von 1870 ab und integrierte darüber hinaus eine Reihe von Personengruppen, für die wenige Jahre zuvor gesonderte Fürsorgegesetze geschaffen worden waren, namentlich die Fürsorge für Kriegsgeschädigte und -hinterbliebene, für Rentenempfänger der Invaliden- und Angestelltenversicherung, für Kleinrentner und ihnen Gleichgestellte (§ 1 RFV). Aufgabe der Fürsorge war es demnach, Hilfsbedürftigen den notwendigen Lebensunterhalt zu gewäh-

ren (§ 1). Die „Grundsätze über die Voraussetzung, Art und Maß öffentlicher
Fürsorgeleistungen" vom März 1924 (RGr) ergänzten die RFV und konkretisieren die staatlichen Vorgaben für die öffentliche Wohlfahrtspflege. Hiernach hatte die Fürsorge „rechtzeitig ein[zu]setzen" und „der Notlage nachhaltig entgegen[zu]wirken" (§ 2); sie hatte auch „vorbeugend ein[zu]greifen" (§ 3).
Gleichzeitig unterschieden die Reichsgrundsätze vier Gruppen von Hilfsbedürftigen: (a) die „normale" Klientel der bisherigen Armenfürsorge, sie erhielten den nunmehr weiter gefassten „notwendigen Lebensunterhalt", (b) Klein-,
Sozialrentner und ihnen Gleichstehende, bei deren Leistungsbemessung
ihre früheren Lebensverhältnisse berücksichtigt werden sollten (§§ 14-17),
(c) Kriegsgeschädigte und -hinterbliebende, sie sollten wenigstens die Rück-
sichten erfahren, die auch den Kleinrentnern gewährt wurden (§§ 18 ff.), und
(d) „Arbeitsscheue" und Menschen, die sich „offenbar unwirtschaftlich verhalten", bei diesen sollten die Leistungsvoraussetzung aufs Strengste geprüft
und nur „das zur Fristung des Lebens Unerläßliche" zugestanden werden. Insgesamt formulierte der Gesetzgeber einen umfangreichen Aufgabenkatalog
und bis dato ungewöhnlich detaillierte Vorgaben, die die Entscheidungsspiel-
räume für die Selbstverwaltung einschränkten. Gleichzeitig wälzte das Reich
die Verantwortung für eine große Zahl hilfsbedürftiger Personen – die unter
(b) und (c) aufgezählten, für der Staat mit den oben genannten gesonderten Fürsorgegesetzen in der Finanzverantwortung stand – und dementspre-
chende Fürsorgekosten auf die Kommunen ab (Sachße/Tennstedt 1988b: 142-
152, 173-184; Hammerschmidt/Tennstedt 2005: 82 f.). Der schon im UWG verankerte Dualismus zwischen örtlichem (Ortsarmenverband) und überörtlichem Fürsorgeträger (Landarmenverband) blieb erhalten. Wichtig für den
Ausbau der kommunalen Sozialverwaltung und die dann erfolgende flächendeckende Schaffung von sozialen Einrichtungen und Diensten insbesondere
in den ländlichen Gebieten war dabei, dass in der Regel die leistungsfähigeren
kreisfreien Städte und Landkreise als Bezirksfürsorgeverbände (BFV), so die
neue Terminologie, also als örtliche Fürsorgeträger fungierten (ebd.).

Die RFV schrieb keine besondere Verwaltungsbehörde vor. Gleichwohl
setzte sich in den kommunalen Selbstverwaltungen verstärkt nun die seit
den 1880er Jahren eingesetzte Tendenz zur Schaffung besonderer Ämter fort.
Wo vormals Armenämter existierten, firmierten sie fortan unter dem Namen
Fürsorgeamt oder Wohlfahrtsamt, wobei die letzte Bezeichnung auch schon
im Kaiserreich verwendet worden war. Dabei konnten sich hinter diesen
Bezeichnungen sowohl einfache Ausführungsbehörden für die Pflichtaufgaben gemäß RFV/RGr als auch große und differenzierte Verwaltungsappa-
rate verbergen, die für sämtliche soziale Aufgaben der Kommunen verantwortlich zeichneten (Roth 1999: 45-51, 92-109). Die Gesundheitsfürsorge, um

das Bild abzurunden, erhielt während der Weimarer Zeit keine analoge Verrechtlichung. Gleichwohl war und blieb die Gesundheitsfürsorge ein großer und wichtiger Arbeitsbereich der Kommunen, für den auch immer mehr Großstädte Gesundheitsämter einrichteten (Labisch/Tennstedt 1985: 361 u. passim.). Typisch für die Organisation der kommunalen Sozialverwaltung in den Großstädten wurde damit die Existenz der Ämtertrias von Fürsorge-, Jugend- und Gesundheitsamt, wie die schematische Darstellung (Schaubild 4) veranschaulicht. Mancherorts bestanden daneben noch weitere soziale Ämter etwa Wohnungs- oder Erwerblosenfürsorgeämter.

Schaubild 4: Organisation der kommunalen Fürsorge

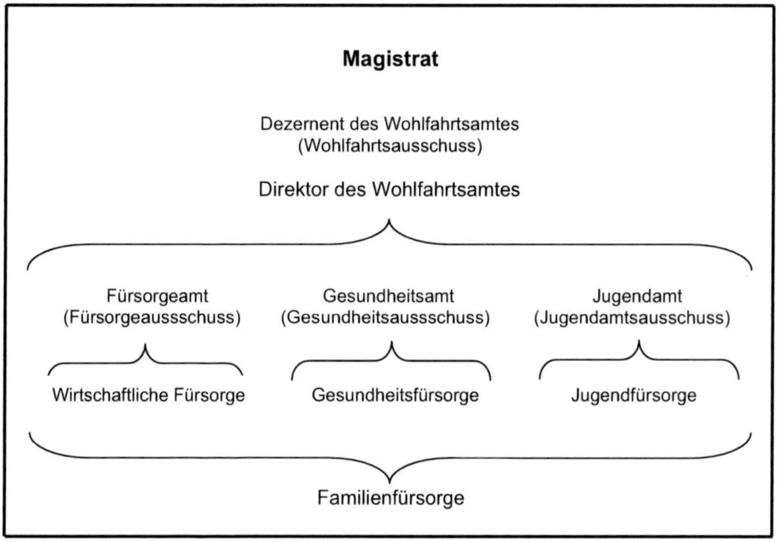

Magistrat

Dezernent des Wohlfahrtsamtes
(Wohlfahrtsausschuss)

Direktor des Wohlfahrtsamtes

Fürsorgeamt
(Fürsorgeaussschuss)

Gesundheitsamt
(Gesundheitsaussschuss)

Jugendamt
(Jugendamtsausschuss)

Wirtschaftliche Fürsorge

Gesundheitsfürsorge

Jugendfürsorge

Familienfürsorge

Quelle: Wex 1929, S. 82

Um das Bild der kommunalen Sozialverwaltung in der Zeit der Weimarer Republik zu vervollständigen, ist hier noch knapp auf die sozialen Ausschüsse und etwas ausführlicher auf die Familienfürsorge zu verweisen. Wie im vorstehenden Schaubild 4 ausgewiesen, waren den sozialen Ämtern vielfach Ausschüsse (auch unter den Bezeichnungen Beiräte oder Deputationen) zugeordnet. Sie sollten den jeweiligen Betroffenengruppen erlauben, auf die Tätigkeit der Behörden und insbesondere die Ausgestaltung der Hilfen Einfluss zu nehmen, die sie selbst betrafen. Doch Verbandslobbyisten vor allem der Wohlfahrtsverbände verdrängten die unmittelbar Betroffenen schon recht bald aus diesen Partizipationsgremien (Sachße/Tennstedt 1988b, S. 188 u. 194, Roth 1999, S. 83f.).

Mit dem oben skizzierten Ausbau der kommunalen Sozialverwaltung und insbesondere mit der Ausdifferenzierung von mehreren kommunalen **41**

Ämtern mit sozialen Aufgaben erwuchsen für die Verwaltungsorganisation neue Abgrenzungs- und Schnittstellenprobleme, zumal das Gros der Fürsorgeklientel von zwei oder mehr kommunalen Ämtern gleichzeitig zu betreuen war (Baum 1927, S. 47; Hammerschmidt 2012). Die verwaltungsorganisatorische Antwort auf diese Probleme war in den 1920er Jahren die flächendeckende Einrichtung der Familienfürsorge (FaFü). Die FaFü (siehe Schaubilder 4 und 5) fungiert als gemeinsamer Außendienst mehrerer kommunaler, sozialer Ämter und als (erste) Anlaufstelle für alle Fürsorgeklienten. Die Einbindung der FaFü in die kommunale Sozialverwaltung erfolgte meist in die regelmäßig ausgebauten regionalisierten Strukturen unterhalb der zentralen Ämter. Kreisstellen oder Bezirksämter waren häufige Bezeichnungen dafür (vgl. Schaubild 5). Diese Kreisstellen umfassten, je nach Größe der Stadt und Anzahl der Kreisstellen selbst, regelmäßig mehrere Bezirke (oder Quartiere/Reviere), wobei für jeden Bezirk eine, manchmal auch zwei Familienfürsorgerinnen (Bezirksfamilienfürsorgerinnen oder kurz: Bezirksfürsorgerinnen) eingesetzt wurden. Mancherorts – wie etwa in Düsseldorf – verfügte die FaFü über einen eigenen „Verwaltungsüberbau", also oberhalb der jeweiligen Basisstrukturen über eine Abteilung in der Wohlfahrtsverwaltung oder ein eigenständiges Amt, das dann mit den übrigen Ämtern gleichgeordnet war. Wo dieser Überbau nicht existierte, unterstand die FaFü einem oder mehreren der sozialen Ämter (Fürsorgeamt, Gesundheitsamt oder Jugendamt). Mit der FaFü als „Einheitsfürsorge" – die aber nicht die existierenden Spezialfürsorgen ersetzten, sondern sie ergänzte – und den hier tätigen Familienfürsorgerinnen traten abermals mehr professionelle Kräfte neben die ehrenamtlichen Armenpfleger, wobei sich die Tendenz durchsetzte, die ehrenamtlichen Mitarbeiter auf Hilfs- und Zuarbeiten für die Familienfürsorgerinnen zu beschränken (vgl. Sachße/Tennstedt 1988, S. 190 u. passim.).

5. Schlussbetrachtung

Am Beginn der kommunalen Sozialverwaltungen Anfang des 19. Jahrhunderts standen „unbürokratische" ehrenamtliche Armendeputationen, die nur wenigen rechtlichen und organisatorischen Vorgaben zu folgen hatten und die weniger einen staatlichen, als vielmehr zivilgesellschaftlichen Charakter trugen. In den folgenden Jahrzehnten änderte sich all dies grundlegend. Eine erhebliche Aufgaben- und Ausgabenexpansion aufgrund staatlicher Vorgaben, aber auch auf freiwilliger Grundlage waren zu verzeichnen und gingen mit Entwicklungen einher, die sich schlagwortartig als Bürokratisierung, Professionalisierung, Verrechtlichung und Verstaatlichung der kommunalen Sozialverwaltung bestimmen lassen. Was zunächst für die Sozi-

Schaubild 5: Die Organisation der Sozialverwaltung der Stadt Düsseldorf um 1927

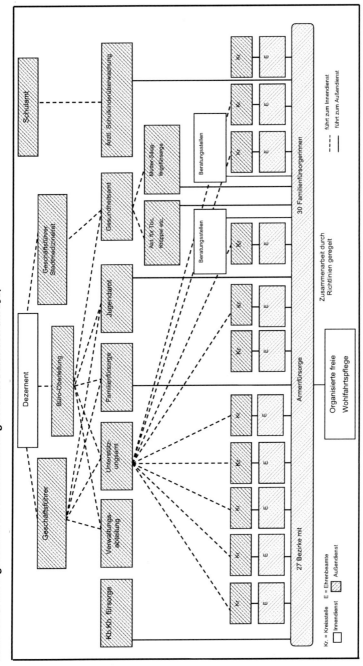

Quelle: Baum 1927, S. 58

alverwaltungen der Groß- und Industriestädte ab den 1880/1890er Jahre typisch wurde, setzte sich in der Zeit der Weimarer Republik sozusagen flächendeckend durch, nämlich die Existenz der kommunalen Sozialverwaltungen als ausgebaute, fachlich differenzierte, hierarchisch gesteuerte („weberianische") Bürokratien, die zweck- und konditionalprogrammiert (vgl. dazu den Beitrag von Ortmann in diesem Band) mit Hunderten, vielfach auch Tausenden Beschäftigten arbeiteten. Die „kommunale Apparatur der öffentlichen Hilfe" (Vogel 1966) umfasste neben den zentralen sozialen Ämtern (Fürsorge-, Jugend- und Gesundheitsämtern) kleinräumigere Regionalstrukturen mit der Familienfürsorge als erster Anlaufstelle und „Einheitsfürsorge" (zu den ehrenamtlichen Kräften in dieser Konstellation siehe den Beitrag von Roth in diesem Band) sowie spezialisierte Einrichtungen und Dienste (Spezialfürsorge). Eine umfassende Ergänzung fand diese öffentliche Fürsorge oder Wohlfahrtspflege durch die dann hochorganisierten Angebote und Maßnahmen der freien Wohlfahrtspflege, die auf Grundlage des im Weimarer Fürsorgerechts kodifizierten Subsidiaritätsprinzips mit den kommunalen Sozialverwaltungen als Gewährleistungsträger kooperierten.

Dabei bestanden während der Zeit der Weimarer Republik und mehr noch in den Jahrzehnten davor durchaus erhebliche Unterschiede bezüglich Ausgestaltung, Umfang und Schwerpunktsetzung der Sozialverwaltungen der einzelnen Kommunen, was wegen der kommunalverfassungsrechtlich verankerten Organisationshoheit der Städte und Gemeinden nicht verwundern mag. Erklärungsbedürftig ist vielmehr, dass sich – bei allen unleugbaren Unterschieden – dennoch eine evidente strukturelle Ähnlichkeit der kommunalen Sozialadministrationen durchzusetzen vermochte (vgl. dazu den Beitrag von Roth in diesem Band). Ein wichtiger Grund dafür ist im Wirken wohlfahrtspolitischer Fachverbände zu finden, die durch die Organisation von wohlfahrtspolitischen Fachdiskursen nachhaltigen Einfluss auf die Problemwahrnehmung und auf die Problembearbeitung nahmen. Das gilt besonders für den 1880 gegründeten Deutschen Verein für Armenpflege und Wohltätigkeit (ab 1920: Deutscher Verein für öffentlichen und private Fürsorge; vgl. Sachße/Tennstedt 2005), der auch als korporatistische „Clearingstelle" und Moderator zwischen Kommunen, Staat und Wohlfahrtsverbänden wirkte. Er beeinflusste nicht nur deutlich die Setzung und mehr noch die Umsetzung des Sozialverwaltungsrechts, sondern er propagierte auch Organisationsformen wie das Elberfelder und später das Straßburger System sowie schließlich die Familienfürsorge.

Eine nähere Betrachtung offenbart dabei, dass diese Systeme oder Modelle der Fürsorge selten in „Reinform" übernommen wurden. Ihre Übernahme erfolgte regelmäßig unter Anpassung an die jeweiligen örtlichen Gegebenheiten, nicht selten auch als bloßes Etikett. Der Verweis auf anderorts erfolgreich praktizierte Modelle, die rational, wirtschaftlich und zeitgemäß seien, diente (um-)gestaltungswilligen Akteuren der Kommunen zur Durchsetzung eigener Vorstellungen zur Verwaltungsmodernisierung gegen nicht selten fiskalisch motivierte Widerstände. In der historischen Perspektive zeigen sich zwei Sachverhalte deutlich. Zum einen lässt sich in der Retrospektive feststellen, dass dieses Agieren recht erfolgreich war, und zum anderen, dass zumindest die kommunale Sozialverwaltung in Deutschland keineswegs dem Klischee einer starren, unbeweglichen und reformresistenten Organisation entsprach (vgl. Ellwein 1994: 38, 83 u. passim; Blanke 2011: XVI). Im Gegenteil: „Der zeitgemäße Ausbau der kommunalen Sozialverwaltung" – oder die Verwaltungsmodernisierung, wie wir heute sagen –, war ein permanenter Prozess, der mehr inkrementell als durch plötzliche, radikale Wechsel vollzogen wurde; worüber auch die Rede von Modellen nicht hinwegtäuschen darf. In professionstheoretischer Perspektive ist noch zu ergänzen, dass die so geschaffenen bzw. „modernisierten" kommunalen Sozialverwaltungen „modernes" Personal und „moderne" Sozialarbeit, verstanden als personenbezogene, fachlich qualifizierte und beruflich ausgeführte Dienstleistung mit fürsorglicher Intention,[5] benötigten. So gesehen lässt sich formulieren: Soziale Arbeit im heutigen Verständnis ist Ergebnis der Modernisierung der kommunalen Sozialverwaltung.

Der Ausbau der kommunalen Sozialverwaltungen wie der Daseinvorsorge erfolgte als Reaktion auf die Anforderungen durch die Industrialisierung und Urbanisierung sowie als Antwort auf soziale Probleme wie insbesondere die „Soziale Frage" (Hammerschmidt 2011; Hammerschmidt/ Sagebiel 2011). Dabei ist jedoch zu bedenken, dass aus Sachverhalten an sich noch keine Anforderungen oder Probleme resultieren, sondern dass diese, wie die wissenssoziologische Problemtheorie lehrt, Ergebnisse von voraussetzungsvollen gesellschaftlichen Definitionsprozessen sind. Für die Problematisierung spielen die jeweiligen Interessenslagen der Akteure eine ausschlaggebende Rolle. Für den hier untersuchten Gegenstand ist als Ausgangspunkt das Spannungsverhältnis zwischen dem aufstrebenden Bürgertum und dem monarchistischen Obrigkeitsstaat anzuführen. Schloss der Adel das Bürgertum von den zentralen staatlichen Macht- und Entscheidungszentren aus, so fand es mit der kommunalen Selbstverwaltung einen (zunächst noch: zivil-) gesellschaftlichen Entscheidungs- und Gestaltungsbereich, auf den sich die bürgerliche Sozialreformbewegung dann auch konzentrierte. Die kommunale Ebene wurde damit auch Experimentierfeld für Gesellschaftsreformen im Kleinen, die die Überlegenheit bür-

---

5   Vgl. Hammerschmidt/Tennstedt 2002. Speziell zur Frauenbewegung und ihrem Einfluss auf die Verberuflichung der Sozialen Arbeit: Hammerschmidt 2010. Zum weiteren Kontext des sozialen Engagements des Bürgertums siehe: Aner/Hammerschmidt 2010.

gerlicher Ordnungsvorstellungen demonstrieren sollten. Die kommunale Selbstverwaltung und die hier verankerte Sozialverwaltung war vor dem Hintergrund dieser gesellschaftlichen Grundkonstellation eine hochpolitische Angelegenheit. Das Bürgertum als Akteur und Träger der kommunalen Selbstverwaltung indes verleugnete diesen Charakter aber spätestens ab dem Zeitraum, ab dem sich der politische Charakter noch verstärkte, als sich nämlich um die Mitte des 19. Jahrhunderts für das Bürgertum eine Zweifrontenkonfrontation gegenüber dem Adel einerseits und der Arbeiterschaft andererseits herausbildete. Es verstand und präsentierte die kommunale Selbstverwaltung als Garantin und Gestalterin des „Sozialen" und des „Gemeinwohls". Die im Interesse des Bürgertums liegende Schaffung von „vernünftigen", „zeitgemäßen" Verhältnissen, die Zurückdrängung adliger Machtansprüche sowie die Bearbeitung und Befriedung der Sozialen Frage wurden als Allgemeininteressen formuliert. Konkurrierende Interessen und Vorstellungen kritisierte die kommunale Selbstverwaltung als unangemessene, sachfremde Politisierung.

Dieses im Kaiserreich gefestigte Selbstverständnis der Kommunalverwaltung blieb während der Weimarer Republik – und weit darüber hinaus – erhalten. Was mit dem Sturz der Monarchie entfiel, war die Konfrontation des Bürgertums mit dem Adel und damit eine wichtige Antriebsfeder für die Ausgestaltung der Kommunalpolitik und der Sozialverwaltung. Was blieb und mit der November-Revolution für das Bürgertum bedrohlich evident erschien, war die nach wie vor ungelöste Soziale Frage sowie sozialistische Macht- und Gestaltungsansprüche, die zusammen mit einer neuen Konfliktlinie, die zwischen der kommunalen Sozialverwaltung und der nunmehr konkurrierend positionierten verbandlich organisierten freien Wohlfahrtspflege verlief, für eine hinreichende neue Dynamik zur „Modernisierung" der kommunalen Sozialverwaltung ausreichten. Wie sich vor diesem Hintergrund die kommunale Sozialverwaltung weiterentwickelte, bleibt hier außer der Betrachtung; das ist Gegenstand des folgenden Beitrages von Günter Roth in diesem Band.

Literatur

Aner, Kirsten/ Hammerschmidt, Peter: Zivilgesellschaftliches Engagement des Bürgertums vom Anfang des 19. Jahrhundert bis zur Weimarer Republik. In: Olk, Thomas/ Klein, Ansgar/ Hartnuß, Birger (Hg.): Engagementpolitik. Die Entwicklung der Zivilgesellschaft als politische Aufgabe. VS Verlag, Wiesbaden 2010; S. 63-96

Arnoldt, Friedrich: Die Freizügigkeit und der Unterstützungswohnsitz. Berlin 1872

Blanke, Bernhard: Verwaltungsreform als Aufgabe des Regierens – Einleitung. In: ders. u.a. (Hg.): 2011; S. XIII-XXI

Blotevogel, Hans Heinrich (Hg.): Kommunale Leistungsverwaltung und Stadtentwicklung vom Vormärz bis zur Weimarer Republik. Köln, Wien 1990

Blume, W[ilhem] von: Gemeinden (sozialpolitische Aufgaben). In: Elster, Ludwig/ Weber, Adolf/ Wieser, Friedrich (Hg.): Handwörterbuch der Staatswissenschaften. 4. Aufl. Jena 1927; S. 770-783

Bogumil, Jörg/ Holtkamp, Lars: Kommunalpolitik und Kommunalverwaltung. Wiesbaden 2006

Böhmert, Victor: Das Armenwesen in 77 deutschen Städten. Dresden 1886

Bruch, Rüdiger vom (Hg.): Bürgerliche Sozialreform in Deutschland vom Vormärz bis zur Adenauer Ära. München 1985

Forsthoff, Ernst: Die Verwaltung als Leistungsträger. Stuttgart, Berlin 1938

Gröttrup, Hendrik: Die kommunale Leistungsverwaltung. Stuttgart u.a. 1976

Hammerschmidt, Peter/ Tennstedt, Florian: Der Weg zur Sozialarbeit: Von der Armenpflege bis zur Konstituierung des Wohlfahrtsstaates in der Weimarer Republik. In: Thole, Werner (Hg.): Grundriss Soziale Arbeit. – 2. Aufl.- Wiesbaden 2005; S. 63-76

Hammerschmidt, Peter: Geschichte der Rechtsgrundlagen der Sozialen Arbeit bis zum 20. Jahrhundert. In: Thole, Werner (Hg.): Grundriss Soziale Arbeit. – 2. Aufl.- Wiesbaden 2005; S. 637-646

Hammerschmidt, Peter: Finanzierung und Management von Wohlfahrtsanstalten 1920 bis 1936. Stuttgart 2003

Hammerschmidt, Peter: Jugendhilfe vor dem Paradigmenwechsel? – ein historischer Rückblick. Zeitschrift für Sozialpädagogik, Heft 3/2006; S. 305-321

Hammerschmidt, Peter: Zur Rolle der Caritas bei der Neuformulierung des Subsidiaritätsprinzips im Bundessozialhilfegesetz und im Jugendwohlfahrtsgesetz von 1961. Zeitschrift für Sozialpädagogik, H. 2/2005 b; S. 185-204

Hammerschmidt, Peter: Die bürgerliche Frauenbewegung und die Entwicklung der sozialen Arbeit zum Beruf. In: Engelfried, Constance/ Voigt-Kehlenbeck, Corinna (Hg.): Gendered Profession. Wiesbaden 2010 a; S. 23-40

Hammerschmidt, Peter: Geschichte der Rechtsgrundlagen der Sozialen Arbeit bis zum 20. Jahrhundert. In: Thole, Werner (Hg.): Grundriss Soziale Arbeit. – 3. Aufl.- Wiesbaden 2010 b; S. 855-865

Hammerschmidt, Peter/ Sagebiel, Juliane: Einführung. Die Soziale Frage zu Beginn des 21. Jahrhunderts. In: dies. (Hg.): Die Soziale Frage zu Beginn des 21. Jahrhunderts. Neu-Ulm 2011; S. 9- 20

Hammerschmidt, Peter: Kommunale Selbstverwaltung und kommunale Sozialpolitik – ein historischer Überblick. In: Dahme, Heinz-Jürgen/ Wohlfahrt, Norbert (Hg.): Handbuch kommunale Sozialpolitik. Opladen 2011; S. 21-40

Hammerschmidt, Peter/ Uhlendorff, Uwe: Zur Entstehungsgeschichte des ASD – von den Anfängen bis in die 1970er Jahre. In: Merchel, Joachim (Hg.): Handbuch ASD, (Manuskriptfassung). München, Basel 2012; i.E.

Hofmann, Wolfgang: Aufgaben und Struktur der kommunalen Selbstverwaltung in der Zeit der Hochindustrialisierung. In: Jeserich, Kurt G.A./ Pohl, Hans/ Unruh, Georg Christoph von (Hg.): Deutsche Verwaltungsgeschichte. Bd. 3: Das Reich bis zum Ende der Monarchie. Stuttgart 1983; S. 578-644

Jeserich, Kurt G.A./ Pohl, Hans/ Unruh, Georg-Christoph von (Hg.): Deutsche Verwaltungsgeschichte. Bd. 3, Das Reich bis zum Ende der Monarchie. Stuttgart 1983

Jeserich, Kurt G.A.: Kommunalverwaltung und Kommunalpolitik. In: Jeserich, Kurt G.A./ Pohl, Hans/ Unruh, Georg-Christoph von (Hg.): Stuttgart 1985; S. 487-524

Jütte, Robert: Die Entwicklung des ärztlichen Vereinswesens und des organisierten Ärztestandes bis 1871. In: ders. (Hg.): Geschichte der deutschen Ärzteschaft. Köln 1997

Klumker, Christian Jasper: Kinderfürsorge. In: Handwörterbuch der Staatswissenschaften. 4. Aufl., Bd. 1; Jena 1923; S. 654-677

Koselleck, Reinhart: Preußen zwischen Reform und Revolution. Allgemeines Landrecht, Verwaltung und soziale Bewegung von 1791 bis 1848. München 1989 [1967]

Krebsbach, August: Die Preußische Städteordnung von 1808. Textausgabe, 2. erg. Aufl., Köln 1970

Labisch, Alfons/ Tennstedt, Florian: Der Weg zum „Gesetz über die Vereinheitlichung des Gesundheitswesens" vom 3. Juli 1934. Entwicklungslinien und -momente des staatlichen und kommunalen Gesundheitswesens in Deutschland. Düsseldorf 1985

Laehr, Hans: Irrenwesen. In: Handwörterbuch der Staatswissenschaften. 4. Aufl., Bd. 5; Jena 1923; S. 508-515

Ellwein, Thomas: Das Dilemma der Verwaltung. Verwaltungsstruktur und Verwaltungsreformen in Deutschland. Mannheim 1994

Mäding, Erhard: Entwicklung der öffentlichen Aufgaben. In: Jeserich, Kurt G.A./ Pohl, Hans/ Unruh, Georg-Christoph von (Hg.): Stuttgart 1985; S. 92-110

Münsterberg, Emil: Das Elberfelder System. Festbericht aus Anlass des fünfzigjährigen Bestehens der Elberfelder Armenordnung. [Schriften des Deutschen Vereins für Armenpflege und Wohltätigkeit, Bd. 63]. Leipzig 1903

Münsterberg, Emil: Kinderfürsorge. In: Handwörterbuch der Staatswissenschaften. 3. Aufl., Bd. 5. Jena 1910; S. 824-847

Nitsch, Meinolf: Private Wohltätigkeitsvereine im Kaiserreich. Berlin, New York 1999

Peukert, Detlev J.K.: Grenzen der Sozialdisziplinierung. Aufstieg und Krise der deutschen Jugendfürsorge 1878-1932. Köln 1986

Redder, Ute: Die Entwicklung von der Armenpflege zur Fürsorge in dem Zeitraum von 1871 bis 1933. Eine Analyse unter Aufgabe-, Ausgaben- und Finanzierungsaspekten am Beispiel der Länder Preußen und Bayern [Bochumer wirtschaftswissenschaftliche Studien 133] Bochum 1993

Reulecke, Jürgen: Von der Fürsorge über die Vorsorge zu totalen Erfassung. Etappen städtischer Gesundheitspolitik zwischen 1850-1939. In: ders. (Hg.): Die Stadt als Dienstleistungszentrum. St. Katharinen 1995; S. 395-416

Roth, Günter: Die Institution der kommunalen Sozialverwaltung. Berlin 1999

Rumpelt [Anselm] /Luppe, H[ermann]: Arbeitshaus. In: Handwörterbuch der Staatswissenschaften. 4. Aufl., Bd. 1; Jena 1923; S. 742-746

Sachße, Christoph: Mütterlichkeit als Beruf. Frankfurt 1986

Sachße, Christoph: Freiwilligenarbeit und private Wohlfahrtskultur in historischer Perspektive. In: Zimmer, Annette/ Nährlich, Stefan (Hg.): Engagierte Bürgerschaft. Traditionen und Perspektiven. Opladen 2000; S. 75-103

Sachße, Christoph/ Tennstedt, Florian: Bettler, Gauner und Proleten. Armut und Armenfürsorge in der deutschen Geschichte. Frankfurt 1998 a

Sachße, Christoph/ Tennstedt, Florian: Fürsorge und Wohlfahrtspflege 1871 bis 1929 [Geschichte der Armenfürsorge Bd. 2] Stuttgart, Berlin und Köln 1988 b

Sachße, Christoph/ Tennstedt, Florian: Vom Spätmittelalter bis zum 1. Weltkrieg. [Geschichte der Armenfürsorge Bd. 1], Stuttgart, Berlin und Köln 1998 a

Sachße, Christoph/ Tennstedt, Florian/ Roeder, Elmar (Bearb.): Armengesetzgebung und Freizügigkeit. Quellensammlung zur Geschichte der deutschen Sozialpolitik 1867–1914, I. Abt. 7. Bd., Darmstadt 2000

Sachße, Christoph/ Tennstedt, Florian: Der Deutsche Verein von seiner Gründung bis 1945. In: Deutscher Verein für öffentliche und private Fürsorge (Hg.): Forum für Sozialreform. 125 Jahre Deutscher Verein für öffentliche und private Fürsorge. Berlin 2005; S. 17-115

Salden, Adelheid von: Rückblicke. Zur Geschichte der kommunalen Selbstverwaltung. In: Wollmann, Helmut/ Roth, Roland (Hg.): Kommunalpolitik. Opladen 1999

Schinkel, Harald: Armenpflege und Freizügigkeit in der preußischen Gesetzgebung vom Jahre 1842. In: Vierteljahrschrift für Sozial- und Wirtschaftsgeschichte. 50. Bd. Wiesbaden 1963; S. 459-479

Schwandter, [Rudolf]: Bericht über die Neuordnung der Hausarmenpflege. Im Auftrag des Armenrates erstattet durch den Beigeordneten Dr. Schwandter. Straßburg 1905

Silbergleit, Heinrich: Armenstatistik der Armenverwaltungen von 108 deutschen Städten. [Schriften des deutschen Vereins für Armenpflege und Wohlthätigkeit, 61. Heft] Leipzig 1902

Tennstedt, Florian: Sozialgeschichte der Sozialpolitik. In: Deutschland. Vom 18. Jahrhundert bis zum Ersten Weltkrieg. Göttingen 1981

Thamer, Hans-Ulrich: Der Citoyen und die Selbstverwaltung des 19. Jahrhunderts. In: Zimmer/ Nährlich (Hg.) 2000; S. 289-302

Thole, Werner (Hg.): Grundriss Soziale Arbeit. Ein einführendes Handbuch. -2. Aufl.- Wiesbaden 2002

Unruh, Georg-Christroph von: Die normative Verfassung der kommunalen Selbstverwaltung. In: Jeserich, Kurt G.A./ Pohl, Hans/ Unruh, Georg-Christoph von (Hg.): Deutsche Verwaltungsgeschichte. Bd. 3, Das Reich bis zum Ende der Monarchie. Stuttgart 1984; S. 560-578

Vogel, Martin Rudolf: Die kommunale Apparatur der öffentlichen Hilfe. Stuttgart 1966

Zielinski, Heinz: Kommunale Selbstverwaltung im modernen Staat. Opladen, Wiesbaden 1997

Zimmer, Annette/ Nährlich, Stefan (Hg.): Engagierte Bürgerschaft. Traditionen und Perspektiven. Opladen 2000

Günter Roth

Die Entwicklung der kommunalen Sozialverwaltung von der Weimarer Republik bis Mitte der 1990er Jahre

ABSTRACT

Der Beitrag analysiert die organisatorische Entwicklung der kommunalen Sozialverwaltung von der Weimarer Republik bis ca. Mitte der 1990er Jahre. Im Zentrum steht das theoretisch interessante klassische Wechselspiel von Organisation und Aufgaben und damit die Frage nach „Entkopplungen" sowie Eigendynamik. Dabei wird auch das Phänomen erstaunlicher organisatorischer Isomorphie und Beharrungskraft der kommunalen Sozialverwaltung als Institution diskutiert, welches primär dem Wirken der „institutionellen Umwelt" mit ihren Regeln, Leitbildern und Mythen geschuldet ist – darunter unter anderem eben die These, soziale Probleme rational zu bearbeiten oder gar zu lösen.

1. Einführung

Der Blick auf die historische Entwicklung der Sozialverwaltung erfordert zunächst Orientierungspunkte auf diesem aus der Sicht der Sozialen Arbeit höchst ambivalenten, konfliktreichen Feld (Olk 2008). Traditionell entstand zunächst die Aufteilung in einen bürokratischen „Innendienst" und einen „fürsorgerischen Außendienst", wobei Ersterer mit der Ablösung „Ehrenamtlicher" durch meist männliche Verwaltungsbeamte die Führung übernahm, Letzterer primär praktisch erzieherisch helfend und eher weiblich. Sozialarbeiterinnen bevorzugen bis heute meist konkrete, praktische Hilfen, zum Beispiel als „Street Worker" „draußen", im vermeintlich wirklichen, prallen Leben. „Bürokratie" gilt dagegen als gräulich trocken, langweilig, überkompliziert, träge und leistungsschwach, ja ungerecht oder abgehoben usw. (Grunow/Strüngmann 2008), kaum noch als technisch überlegene, legale und rationale Herrschaft vom Büro aus wie noch bei Max Weber (Weber

1980). Indes ist Soziale Arbeit heute selbstverständlich durch Büro- und Verwaltungsarbeit geprägt, die alten Trennungen in „Innen-" und „Außen-dienst" sind seit den 1960er/70er Jahre in Auflösung, zugunsten dezentraler „Teams" oder einheitlicher Fallbearbeitung in „one stop agencys" wie Sozial-bürgerhäusern. Andererseits steigen mit der Hierarchie und je mehr „Appa-raturen" (bürokratischer, rechtlicher oder technischer Art) im Spiel sind Ent-scheidungskompetenzen und Einfluss, Prestige und Einkommen, und man ist weniger direkt mit Not, Elend, Leid oder Ärger konfrontiert und belastet.

Ob nun bürokratisch verwaltend oder praktisch klientenbezogen, Soziale Arbeit soll vor allem „soziale Probleme" lösen:

"The social work profession promotes social change, problem solving in human relationships and the empowerment and liberation of people to enhance well-being. Utilising theories of human behaviour and social systems, social work intervenes at the points where people interact with their environments. Princi-ples of human rights and social justice are fundamental to social work."[1]

Soziale Probleme stellen Abweichungen von gesellschaftlichen Normen und Störungen der sozialen Integration und Ordnung dar, womit neben die Hilfe im Interesse von Betroffenen ein öffentlicher Normalisierungs-und Kontrollauftrag tritt (Peters 2002), wie er zum Beispiel bei der Arbeit mit jugendlichen Gewalttätern, Drogensüchtigen oder der Hilfe bzw. „Akti-vierung zur Arbeit" zum Ausdruck kommt. Soziale Hilfe muss begrenzt werden, denn, so Georg Simmel, *„fußte die Hilfe bloß im Interesse des Hilfs-bedürftigen, so wäre dem Prinzip nach gar keine Grenze gegeben"* (1908: 349); zudem gebe man dem Armen nicht um seiner selbst willen, vielmehr zum Schutz und zur Förderung des Gemeinwesens, wodurch der Arme Teil der Gesellschaft werde (Simmel 1908: 345 ff.).

Genau darin liegt ein Kern des Problems der „Bürokratie" oder „Verwal-tung des Sozialen" als – so Weber – legale und rationale Herrschaft. Dabei fällt die zielgerichtete und effiziente Steuerung der Hilfen im rationalen „Anstaltsstaat" (Weber) oder Sozial- oder Wohlfahrtsstaat schwer, es gibt kaum gute Gründe gegen mehr Bemühen um soziale Integration, Gleich-heit und Wohlfahrt, das Prinzip der „Inklusion" ist auf selbstreferentielle Expansion angelegt (Luhmann 1981). So scheint jedenfalls mit Blick auf die Entwicklung der Beschäftigtenzahlen kaum eine *„Lösung"* sozialer Prob-leme oder die berühmte „Hilfe zur Selbsthilfe" zu gelingen, oder es wachsen ständig immer mehr Probleme als gelöst werden.

Die Zahl der Beschäftigten der Sozialen Sicherung wuchs seit gut hundert Jahren enorm – und das trotz oder wegen ständiger Klagen, dass Geld und Personal fehlten. Bei Bund, Ländern und Gemeinden arbeite-

---

1 International Federation of Social Workers: http://www.ifsw.org/.

ten im Bereich Sozialer Sicherung im Jahr 2008 ca. 700 Tausend Beschäftigte (fast 16 % der öffentlich Bediensteten).[2] Der Großteil der Sozialverwaltung findet sich aber bei den *Kommunen*, wo ca. 300 Tausend für Soziale Sicherung, vor allem im Sozial- und Jugendamt und in der Sozial-, Jugend-, Eingliederungshilfe oder Altenhilfe, tätig waren. Die Zahl der hier Beschäftigten verdoppelte sich in etwa zwischen 1950 und 1995, bezogen auf Westdeutschland von ca. 52 Tsd. auf 104 Tsd. Vollbeschäftigte. Der erste größere Wachstumsschub der kommunalen Sozialverwaltung erfolgte in der Weimarer Republik, als von 1925 bis 1931 etwa eine Verdopplung des hauptamtlichen Personals in der großstädtischen Wohlfahrtsverwaltung stattfand. Damit gingen der Anteil und die Kompetenzen des früher fast *ausschließlich* „ehrenamtlichen Personals" (so die frühere Bezeichnung) zurück, auf deren Mithilfe man nach dem 2. Weltkrieg bald verzichtete.

Nicht zu vergessen (gewissermaßen als „outgesourcte Sozialverwaltung") sind im übrigen die Wohlfahrtsverbände, die formal privat, jedoch weitgehend öffentlich finanziert sind und infolge ihrer „Staatsnähe" erstaunlich ähnlich organisiert sind wie die Sozialverwaltung (Chevalier 2004): Hier arbeiteten 2008 ca. 1,5 Mio. Beschäftigte, vor allem in der Altenhilfe (26 %), Kranken- oder Gesundheitshilfe (24 %), Behindertenhilfe (19 %) und der Jugendhilfe (21 %).[3] Auch bei diesen ehemals rein ehrenamtlichen Organisationen gibt es freiwillige und unentgeltliche Hilfen meist nur noch für marginale oder neue Problemlagen und Klientel, wofür keine oder nur wenig öffentliche Finanzen bereitstehen.

Damit stellt sich die *Frage*, inwiefern die Entwicklung der Sozialverwaltung (oder Sozialer Organisationen) durch Soziale Probleme und Aufgaben bestimmt wird oder ob nicht eher ein Wechselspiel vorliegt, weil Sozialorganisationen auch selbst immer mehr soziale Probleme und Aufgaben suchten und aufwändiger bearbeiteten, das heißt sich *auch* eigendynamisch, *relativ* entkoppelt von Aufgaben und Sozialen Problemlagen entwickelten. Naturgemäß haben Organisationen und ihre Mitarbeiter Eigeninteressen und tendieren ganz selbstverständlich zur Aufgaben-, Macht- und Budgetausweitung. Dazu kommt, dass bei sozialen Problemen, Diensten und Hilfen, Bedarfe und Zielerreichung nur schwer objektiv zu bewerten sind und Prozesse oft unklar bleiben. Bei der politisch geprägten Wahrnehmung oder Konstruktion sozialer Probleme, der Entwicklung von Lösungskonzepten,

---

2   Ohne Gesundheit und Bildung, vgl. Statistisches Bundesamt, Fachserie 14, Personal im öffentlichen Dienst einschließlich Sozialversicherung und Eigenbetriebe.

3   Statistik der Bundesarbeitsgemeinschaft der ‚Freien Wohlfahrtspflege': http://www.bagfw.de/uploads/media/GS_BAGFW_091221_web_01.pdf. So haben Caritas und Diakonie insgesamt jeweils fast 500 Tsd. Beschäftigte, auch wenn deren dezentrale Struktur mit formal eigenständigen regionalen Gliederungen berücksichtigt werden muss.

rechtlicher Regelungen und organisatorischer Modelle spielen deshalb vor allem Fachverbände wie der 1880 gegründete Deutsche Verein für öffentliche und private Fürsorge (DV), der Deutsche Städtetag oder die Kommunale Gemeinschaftsstelle für Verwaltungsmanagement (KGSt) eine entscheidende Rolle, die wiederum eng mit den korporatistisch eingebundenen Wohlfahrtsverbänden und ihren Einrichtungen verflochten sind.

Im Folgenden werden nach einem Abriss des theoretischen Hintergrunds und der Determinanten der organisatorischen Entwicklung[4] Grundzüge der Entwicklung der kommunalen Sozialverwaltung (primär des Sozialamtes) in Relation zum Problem- und Aufgabendruck, der institutionellen Umwelt, ergänzend Interessen und Konflikte, skizziert, und zwar von der Institutionalisierung in den 1920er Jahren bis ca. 1995 (ab 1945 Westdeutschland). Dieses basiert auf – hier nur auszugsweise, exemplarisch und kursorisch wiederzugebenden – Analysen fachlicher Diskurse, organisatorischer Entwicklungen und statistischer Daten (soweit verfügbar), mit einer vertiefenden Studie der Stadt Nürnberg (ausführlich: Roth 1996; Roth 1999b).[5]

2. Theoretischer Hintergrund

Helfen kommt zustande, soweit es erwartet werden kann, das heißt in Strukturen wechselseitiger sozialer Erwartungen (Luhmann 1973: 21). Dazu dominieren zunächst in archaischen Gesellschaften *informelle* Normen der Gabe und des Opfers (Mauss 1968), wie es in Familien der Fall ist, wo Helfen oder Pflege selbstverständlich scheint, in einer sublimen, diffusen Mischung aus Ehre, Verpflichtung, Reziprozität und enger Beziehungen, Kontrolle und Abhängigkeit (Bourdieu 1993; Bourdieu 1998). Infolge der zunehmenden Arbeitsteilung kapitalistischer Märkte, Verstädterung und Industrialisierung und mit dem entstehenden Wohlfahrtsstaat setzte sich immer mehr eine leistungsfähigere *organisierte* Solidarität durch (Durkheim 1992) mit vertraglich, entgeltlich und beruflich erbrachten sowie öffentlich finanzierten sozialen Diensten, deren Überlegenheit vor allem in ihrer Zuverlässigkeit liegt, die das Unerwartbare erwartbar machen (Luhmann 1973: 32).

Helfen ist nun weniger eine Sache des Herzens, der Moral oder der Gegenseitigkeit, sondern der *formalen Organisation* oder Bürokratie, das heißt der methodisch geschulten, nüchternen Auslegung von Tatbestand und Anwendung von Programmen, Recht und Geld, in einer begrenzten und bezahlten

---

4   Zu Theorien der Verwaltungsentwicklung: Roth 1994; Roth 1996.

5   Eine durchgängige quantitative Analyse ist mangels Daten zum Personal in der kommunalen Sozialverwaltung nicht möglich. Lediglich für die Weimarer Republik (ca. 1925-1931) und die Bundesrepublik (ca. 1974-1986) lagen dafür einigermaßen vergleichbare Daten aus Großstädten vor.

Arbeitszeit (Luhmann 1973: 33 ff.). Damit wird zweimal über Hilfe entschieden, politisch über Programme, Organisationen und Finanzen und bei der Anwendung im Einzelfall. Das dem zugrunde liegende *rational-funktionale* Modell geht also bezüglich der Verwaltungsentwicklung davon aus, dass organisatorische Strukturen, Personal, Sachmittel und Arbeitsprozesse auf die formal gesetzten Ziele und Aufgaben ausgerichtet sind, dass also Sozial- und Jugendämter, Erziehungseinrichtungen, Alten- oder Behindertenheime soziale Probleme und Aufgaben effektiv und effizient bearbeiten oder lösen (Kieser/Kubicek 1992; Kieser/Ebers 2006). In dieser Logik liegt es somit auch, dass in der Regel mehr Organisation mit zusätzlichem Personal erforderlich ist, wenn neue Aufgaben auftauchen oder bestehende Aufgaben sich wandeln oder anspruchsvoller erledigt werden sollen.

Andererseits verhalten sich Organisationen nicht nur wie gut geölte Maschinen, vielmehr sind sie auch lebendige Gebilde menschlichen Verhaltens, mit persönlichen Interessen, Emotionen und Auseinandersetzungen um Anerkennung, Bedeutung und Macht.[6] So wurde bei Schulen und Schulreformen entdeckt, dass angesichts der schwierigen, tendenziell uferlosen Problem- und Aufgabenlage und unklarer Technologien ständig neue oder auch alte wieder aufgelegte Ideen, Konzepte und Lösungen kursieren, die eher zufällig mit Problemen, Personen und Entscheidungssituationen verknüpft werden, so das Mülleimermodell der Entscheidung oder „organisierter Anarchie" (Cohen et al. 1972; Weick 1976; Meyer/Rowan 1977). Verwaltungsstrukturen folgen demnach weniger oft unklaren Aufgaben und diffusen technischen Anforderungen (auch weniger den Ressourcen) denn Regeln und Leitideen, Vorbildern sowie Routinen, Ritualen und Mythen einer *„institutionellen Umwelt"*. Diese versteht Scott weit gefasst als *„[...] including the rules and belief systems as well as the relational networks that arise in the broader societal context"* (Meyer/Scott 1992: 14).[7] Zentral sind vor allem staatliche, aber auch professionelle oder korporatistische, quasi staatliche Institutionen, die eine regulierende Kraft entwickeln (wie paradigmatisch im Gesundheitswesen vonseiten der Ärzteschaft). Nicht zuletzt fungiert das Modell der rational-funktionalen Organisation selbst als moderner Mythos und bietet Orientierung und Stabilität – trotz Ineffizienz oder Scheitern (DiMaggio/Powell 1983; Meyer/Zucker 1989; Scott 2008).

---

6   Als Überblick zur Organisationslehre z.B: Staehle 1999; zum Eigenleben der Verwaltung mit historischen Bezügen: Ellwein 1994; zu Theorien der Verwaltungsentwicklung: Roth 1994.

7   Institutionen sind mächtige, relativ auf Dauer gestellte, durch Internalisierung verfestigte Verhaltensmuster und Sinnbilder mit regulierender und orientierender Funktion, sie sind personenunabhängig, symbolisch mit einem Eigenwert aufgeladen, womit sie entlastend, konfliktmindernd und sinnstiftend wirken und zu einem relativ gleichförmigen, habituellen, ritualisierten Verhalten und einem Überdauern auch unabhängig von Erfolgen (vgl. Göhler 1994b: 22; Göhler 1994a) führen.

Wie Schulen haben auch Sozialverwaltungen mit komplizierten, gesellschaftlich wie politisch brisanten und persönlich oft nahe gehenden Aufgaben sowie „Technologieproblemen" zu kämpfen, weil oft unklar ist, welche Strukturen, Prozesse oder Interventionen welche Wirkungen erzielen, zumal Erfolge schwer erreichbar sind und Misserfolge nicht unbedingt ein Versagen der Hilfen oder Organisation darstellen, da diese personenbezogen, „uno actu" erfolgen und die Unterstützung durch die Klienten oder das Umfeld erfordern (vgl. Arnold 2003; Bouckaert 2006; Nullmeier 2005).

Angesichts der kommunalen Organisationshoheit, enormen Unterschieden eines komplexen Problemdrucks sowie wechselnden politischen und ökonomischen Bedingungen, ja Krisen, ist eher die Existenz und (hier nicht näher zu belegende) Ähnlichkeit der lose gekoppelten örtlichen Sozialverwaltungen (auch im Zeitverlauf) als Institution ein weithin unerkanntes Phänomen. Die oft betonten Unterschiede der Organisationsstrukturen der kommunalen Sozialverwaltung (vgl. z.B. Dahme et al. 2008) müssten nämlich noch viel größer sein, in großen und kleinen, armen und reichen Kommunen usw. Ähnliches gilt für die – trotz des Wachstums und Wandels – enorme Beharrungskraft der kommunalen Sozialverwaltung als Institution, die angesichts der im 20. Jahrhundert turbulenten sozialen Problemlagen und Krisen erstaunt.

Hierbei muss auch eine Eigengesetzlichkeit dieses politisch-administrativen Feldes in Rechnung gestellt werden, weniger aber infolge egoistischer Budgetmaximierung durch Sozialpolitiker und Bürokraten mit Kontrolldefiziten wie es Ansätze von Public oder Rational Choice behaupten (Niskanen 1971; Dunleavy 1991). Vielmehr bilden sich eben relativ autonome *institutionelle Felder* mit besonderen Ein- und Ausschlussprinzipien, Regeln und Strukturen, mit Experten, Berufspolitikern und Beamten hier und den eher inkompetenten Laien als Publikum dort, die politisch tendenziell enteignet oder entmündigt werden (Bourdieu 2001: 47). Ungeachtet politischer Konflikte teilen die Angehörigen des jeweiligen Feldes ein gemeinsames Anliegen und den Glauben an das Feld und seine Werte, Spielregeln und Einsätze (als „doxa" oder „illusio") wie ihre Verbundenheit gegenüber den Außenstehenden als Laien (Bourdieu 2001) – hier: den Glauben an die rationale Lösung sozialer Probleme.

Bei der Verwaltung, Bearbeitung und Beherrschung sozialer Probleme spielen aber *auch* Aspekte der *Macht, Interessen und Konflikte* durchaus eine wichtige Rolle. Dabei ist die Macht, Konflikt- und Organisationsfähigkeit der betroffenen Klientel (Arme, Arbeitslose, Alte, Kranke, Behinderte oder benachteiligte Jugendliche) schwach, im Gegensatz zur streikfähigen und besser organisierten Arbeiterschaft. So blieb die Armutsklientel und -politik beherrscht durch Sozialverwaltung und Wohlfahrtsverbände und quasi entpolitisiert im Schatten der im Vordergrund stehenden Sozialpolitik als *Arbei-terpolitik* per korporatistischer Sozialversicherung. Die Wohlfahrtsverbände und Sozialverwaltung kooperierten entsprechend im kommunalen Korpora-tismus (Thränhardt 1981) bzw. im Deutschen Verein lange relativ reibungs-los, entwickelten gemeinsam Regelungen moderat, „pfadabhängig" weiter, zum Beispiel bis Mitte der 1980er den so genannten „Warenkorb" zur Fest-legung der Regelsätze der Sozialhilfe. Die kommunale Sozialverwaltung und das System der individuellen, nachrangigen Hilfe zur Selbsthilfe für beson-dere Notlagen blieb so erhalten und von der Sozial*politik* unterschieden.

Hierbei wirkt auch die Tradition einer eher unpolitischen kommunalen „Selbstverwaltung", die sich als fachlich neutrale, ehrenamtliche „Geschäfts-führung" von Bürgern für Bürger versteht und sich gegen „Staatseingriffe" wie auch Parteienstreit richtet (Naßmacher/Naßmacher 1999; Bogumil/ Holtkamp 2006; Hammerschmidt 2011). Erst infolge der konservativ-libe-ralen Spar- und Umbaupolitik des Sozialstaats seit Anfang der 1980er einer-seits und der sich regenden Selbsthilfe-, Sozialhilfe- und Arbeitslosen-initiativen andererseits entdeckten insbesondere die Wohlfahrtsverbände ihre „Anwaltschaftsfunktion" (Pabst 1996). Und auch die Vertreter der Kom-munen wehrten sich nun oft mit diesen gegen Sparzwänge und Überlas-tungen, weshalb sie die zunehmenden sozialen Problemzonen in Groß-städten oder Bedarfe älterer pflegebedürftiger Menschen betonten und vor allem finanzielle Entlastungen forderten. Dadurch kam es quasi mittelbar zur Politisierung und zu Konflikten, weil institutionelle Eigeninteressen berührt waren, womit aber auch weitere Verlagerungen von Kompetenzen auf die Bundesebene folgten – unter anderem mit der Pflegeversicherung oder den jüngsten Arbeitsmarktreformen.

3. Institutionalisierung und Wachstum der kommunalen Sozialverwaltung in der Weimarer Republik

Die Institutionalisierung einer hauptberuflichen kommunalen Wohlfahrts-verwaltung beginnt Anfang des 20. Jahrhunderts mit dem in der Fachwelt wie dem Deutschen Verein propagierten „Straßburger System", einer Weiter-entwicklung des ehrenamtlichen „Elberfelder Systems" (mit v.a. Handwerks- oder Gewerbetreibenden und Rentiers als Betreuer in Bezirken und entschei-denden Bezirksausschüssen; vgl. Hammerschmidt in diesem Band). Durch Berufskräfte, einheitliche Richtsätze und die in zentrale Wohlfahrtsämter ver-lagerte Kompetenz versprach man sich eine wirksamere, planvolle, präven-tive, erzieherische Fürsorge anstelle eher willkürlicher Hilfe, so der Begründer Robert Schwander 1905 (Roth 1999b: 42): *„Wir geben dem Armen, daß er gerade* *nicht schreit und öffentlich Ärgernis macht, doch geben wir nicht so viel und derart, daß wir hoffen können, außer diesem negativen auch ein positives Ziel mit unserem Tun zu erreichen.*" Dabei sollten mit der reklamierten „Überparteilichkeit" der bürokratisch-professionellen Hilfe soziale und politische Konflikte eingedämmt werden, weshalb der Deutsche Verein schon 1905 nicht nur eine einheitliche rechtliche Regelung verlangte, sondern auch einen Rechtsanspruch auf Fürsorge ernsthaft diskutierte. Dieses gelang mit der Verordnung über die Fürsorgepflicht von 1924 und dem im bürokratischen Innenverhältnis wirkenden Gebot einer antragsunabhängigen, präventiven Hilfe nur ansatzweise, ein *einklagbarer* Rechtsanspruch wurde erst 1954 durch das Bundesverwaltungsgericht in Auslegung des Grundgesetzes anerkannt (BVerwGE 1, 159) und *dann* in das Bundessozialhilfegesetz (BSHG) von 1961 übernommen.

Der Ausbau der hauptamtlichen kommunalen Wohlfahrtsverwaltung wurde auch durch den 1. Weltkrieg und die vom Reich finanziell getragene „Kriegsfürsorge" gefördert, mit Massen verarmter Kriegsopfer, auch bürgerlicher „Klein- und Sozialrentner", denen gehobene Leistungen gewährt wurden, ohne dass sie wie in der Armenfürsorge das Wahlrecht einbüßten. Schon vor der Weimarer Republik galten Ehrenamtliche angesichts komplizierter werdender Verhältnisse, der Mobilität von Hilfsbedürftigen, zunehmender Regelungen und Verrechnungen mit Kostenträgern als überfordert und es erschien sinnvoll, Daten zentral zu sammeln und auszuwerten. Neben juristischen und verwaltungstechnischen Kenntnissen waren hygienisch-medizinische Kompetenzen gefragt, um Krankheiten und Ansteckungen sowie die Säuglingssterblichkeit zu bekämpfen (vgl. Hammerschmidt/Tennstedt 2005). Deshalb bildeten sich auch *separate Gesundheitsämter* unter der Leitung von Ärzten. Dazu kamen *Jugendämter*, in denen eher psychologisch-pädagogische Kenntnisse und Spezialbehandlungen für bedürftige Kinder und Jugendliche reklamiert wurden. Mit diesen organisatorischen Fragen waren Machtinteressen verknüpft, wobei vor allem die Medizin und Ärzteschaft Vorbild des entstehenden Helfens als Beruf war, weshalb sich das Gesundheitsamt ohne gesetzliche Vorgaben, früher und stärker verselbstständigte als das Jugendamt (trotz Reichsjugendwohlfahrtsgesetz von 1922). Allerdings blieb auch das Gesundheitsamt meist in die Wohlfahrtsämter integriert, denn mit der Spezialisierung befürchtete man eine Zersplitterung, ein Neben- und Gegeneinander mehrerer Helferinnen in einer Familie, weshalb die Zentralisierung im Wohlfahrtsamt mit Familienfürsorge (als einheitlicher „Außendienst") dominierte. Spezialisierung und Zentralisierung bedingten sich aber und förderten den als notwendig erachteten Ausbau der hauptamtlichen Sozialverwaltung.

Dabei galt die bürokratisch-professionelle Wohlfahrtsverwaltung als kostensparend (Roth 1999b: 79 ff.), so der Berliner Stadtrat und spätere Vorsitzende des Deutschen Vereins, Hans Muthesius: *„Daß die Zahl der Beamten und Angestellten ausreichend sein muß, ist selbstverständlich. Es kann sogar der Fall eintreten, daß im Interesse der Rationalisierung, der zweckentsprechenderen Verwendung der Fürsorgemittel die Beamtenzahl erhöht werden muß."* (1926, zit. n. ebd.) So konnten in Berlin durch neu eingestellte Berufskräfte und Kontrollen ca. 10 % der Fälle abgelehnt werden. Berufskräfte prüften offenbar strenger, verhinderten Doppelunterstützungen, lehnten Anträge eher ab, zogen Unterstützungspflichtige heran oder verordneten kommunale Arbeitsprogramme (nach § 19 u. 20 der RFV; bei sittlichem Verschulden drohte die Anstaltsunterbringung). Dieses und die Verlagerung der Entscheidungskompetenzen über Unterstützungen zu den Hauptamtlichen stieß vielfach bei den weichherzigeren Ehrenamtlichen auf Widerstand und Konflikte.

Dazu unterstreichen die hier nicht weiter auszuführenden statistischen Analysen, dass der durch die Fachwelt und die „Experten" der Verwaltung vor Ort vorangetriebene Ausbau der hauptamtlichen Wohlfahrtsverwaltung in der Weimarer Republik nur zum Teil mit dem zunehmenden *quantitativen* Aufgabendruck oder der Finanzlage korreliert (ausführlich: Roth 1999b: 92-109). Im Mittel deutscher Großstädte wurden 1931 bei ca. 53 *laufenden* Unterstützungsfällen pro 1000 Einwohnern ca. 111 hauptamtlich Beschäftigte pro 100.000 Einwohner gemeldet, bei gut 31 % Hauptamtlichen des gesamten Personals der Fürsorgeverwaltung.[8] Der Ausbau der Verwaltung schritt aber – trotz prekärer Finanzen – schneller voran als der Anstieg der Fallzahlen und es gab eine starke Angleichung und „Isomorphie" der Sozialverwaltungen (ausführlich: ebd.).

Trotz der Überlastung mit Massenarmut, Arbeitslosigkeit und finanziellen Krisen beharrte die Fachwelt und Sozialverwaltung zudem auf dem Ausbau der individualisierenden, disziplinierenden Fürsorge und Bearbeitung sozialer Probleme vor Ort, eine „große" sozialpolitische Lösung und Verlagerung von Zuständigkeiten auf die staatliche Ebene wurde abgelehnt, so auch die 1927 eingeführte Arbeitslosenversicherung (weil eine organisatorische Zersplitterung und Kostensteigerungen, aber auch Kompetenzverluste, erwartet wurden). Die Fürsorgevertreter hielten trotz Krise am System

---

8   Die vom Städtetag berichteten Daten sind Stichtagsdaten und nicht mit jenen der Stadt Nürnberg lt. Verwaltungsberichten, Haushalts- und Stellenplänen vergleichbar; auch letztere sind zueinander und von Jahr zu Jahr mitunter in Summe und Differenzierung abweichend, also mit Vorsicht zu interpretieren. Laut Stadt Nürnberg kamen 1931 auf ca. 42 Tsd. lfd. Unterstützte ca. 17 Tsd. vorübergehende Fälle (bei 416 Tsd. Einwohnern); ca. 27 Tsd. waren Erwerbslose; dazu kamen in Anstalten Untergebrachte: ca. 20-25 Tsd. Obdachlose und Wanderer sowie ca. 10 Tsd. in Arbeitsanstalten (Roth 1999b: 116 ff.); lt. Stadt Nürnberg waren insgesamt 540 Beamte und Angestellte in der Fürsorgeverwaltung beschäftigt, im Jugendamt waren 81 in der Zentrale, ges. 100 beschäftigt, wobei separat noch 46 bei Kindergärten und Jugendhorten geführt wurden; im Gesundheitsamt wurden 141 Beschäftigte gemeldet, davon 45 im Amt, 96 in Einrichtungen der Jugend- und Gesundheitsfürsorge (ebd. 406).

der individualisierenden, eher repressiven Fürsorge fest, bis hin zu den Leit-gedanken „Sozialer Hygiene": So sprach man von „sozialer Krankheit", „sozi-aler Diagnose" und „Heilplan" sowie „Unschädlichmachung" und Helene Simon (SPD) äußerte 1922 (Roth 1999b: 74): *„Eine kaum noch angeschnit-tene Aufgabe des Gesundheitswesens ist die Unschädlichmachung unheilbar Kranker und sittlich minderwertiger oder schwachsinniger Personen. Neben der Verhütung der Ansteckung und der Mißhandlung Angehöriger ist der Fort-pflanzung unzurechnungsfähiger Personen durch dauernde Unterbringung zu begegnen"*, denn, hier handle es sich um *„verderblichen Volkszuwachs"* (1922: 8 f.). Und: *„Dem Ausbau der Wohlfahrtspflege mit dem Ziel ihrer ein-heitlichen Regelung in einem Reichswohlfahrtsgesetz ist gliedweise vorzuar-beiten, unter den immer gleichen Leitmotiven: Vorbeugung oder Verhütung, Heilung, Versorgung, Unschädlichmachung"* (1922: 22). An solche Leitmotive knüpfte dann die nationalsozialistische „Wohlfahrtspolitik und -verwal-tung" und ihre Radikalisierung der Internierung und Vernichtung unter anderem von „Asozialen" an (Ayaß 1995), worauf nicht näher eingegangen werden soll; allerdings muss auch die bei aller Radikalisierung erstaunliche Kontinuität betont werden; neben den Gesetzen blieb ein Großteil der per-sonellen und organisatorischen Strukturen erhalten, die sich zudem noch stärker anglichen (Roth 1999b: 128-168).

4. Restitution, Reform und Ausbau nach dem 2. Weltkrieg

Am Ende des 2. Weltkriegs funktionierte die Verwaltung zunächst erstaun-licherweise inmitten von Zerstörung und Not einigermaßen gut weiter, es wurden weiter Steuern erhoben, Schüler unterrichtet, Fürsorgeunterstützun-gen gewährt usw., im Großen und Ganzen mit dem vorhandenen Personal und in den bestehenden Strukturen (Ellwein 1997: 399 ff.). So wurde zwar zum Beispiel in Nürnberg etwa ein Viertel des Personals aus politischen Gründen entlassen, davon aber ein Drittel später wieder eingestellt. Am meisten fürch-teten Fürsorgeexperten wie Wilhelm Polligkeit und Hans Muthesius im rasch rekonstituierten Deutschen Verein (trotz deren Verstrickungen im National-sozialismus, die erst in den 1980er Jahren thematisiert wurde) Unordnung, Verwahrlosung und Gefahren für den „gesunden Volkskörper", so auch Marie Baum und viele andere auf dem Fürsorgetag von 1947, selbst die Verwahrung „sittlich Verwahrloster" blieb ein Thema; und: *„dank der militärischen Besat-zung [...] sind uns politische Unruhen erspart geblieben, wie wir sie 1919 erleben mussten"*, so Polligkeit 1947 (Roth 1999b: 180). Unter dem Druck der Alliier-ten setzte sich in Westdeutschland in den 1950er Jahren rasch die „Westori-entierung" eines liberal-demokratischen kapitalistischen Antikommunismus durch, mit einem liberalen Grundgesetz eines sozialen und demokratischen Bundesstaats. Dank der 5 %-Hürde und dem Verbot verfassungsfeindlicher „radikaler" Parteien (u.a. der KPD) erfolgte eine Konzentration und „Stabilisierung" des Parteiensystems, wobei vor allem die CDU/CSU den Weg zur scheinbar ideologiefreien „Volkspartei" voranging, indem sie bürgerliche konservativ-liberale, aber auch arbeitnehmerorientierte Strömungen konfessions-, klassen- oder milieuübergreifend sammelte. Nachdem die CDU ihre Öffnung zur Arbeiterschaft erfolgreich machte (sie hatte in ihrem Ahlener Programm von 1947 eine Sozialisierung von Schlüsselindustrien propagiert und später die „Soziale Marktwirtschaft" durch Vermögensbildung in Arbeitnehmerhand), folgte die SPD 1959 mit ihrem Godesberger Programm und der Absage an sozialistische Ziele.

Insgesamt setzte sich eine Haltung der Restauration und evolutionären Weiterentwicklung durch, die sich beispielsweise an der Novellierung des Reichsjugendwohlfahrtsgesetzes (1953) zeigte, welche im Prinzip die Fassung von 1922 wiederherstellte (gegenüber der 1924 per Notverordnung gestutzten Fassung). Die angesichts der Massennot nach dem Krieg überlastete kommunale Fürsorgeverwaltung wurde durch staatliche Soforthilfe- und Ausgleichsmaßnahmen sowie -ämter zur Bewältigung der Kriegsfolgen per Versorgung und Entschädigung entlastet, die häufig in Personalunion mit den Fürsorgeämtern geführt wurden. Die zunehmenden „Staatsrentner" und dahin gehende Erwartungen der Bevölkerung wurden im Deutschen Verein indes als Bedrohung und Politisierung der Fürsorge *abgelehnt*, in der Diskussion um grundlegende Sozialreformen des ständisch zersplitterten Systems sozialer Sicherheit wurde der Vorrang der Selbstverantwortung und die Erhaltung der Fürsorge gefordert (Roth 1999b: 171).

Dazu kamen moderate Weiterentwicklungen mit der besagten Gewährung eines Rechtsanspruchs auf Fürsorge in der Reform des Bundessozialhilfegesetzes von 1961. Angesichts der raschen wirtschaftlichen Erholung, dem Verschwinden von Arbeitslosigkeit und stark rückläufiger Zahlen von Hilfsbedürftigen orientierten sich die Fürsorgeexperten stärker an persönlichen, sozialpädagogischen Hilfen in „besonderen Lebenslagen". Mit dem BSHG setzten sich einerseits symbolische und programmatische Abgrenzungen zur Armenfürsorge durch, mit der Ausrichtung der „Sozialhilfe" auf die Menschenwürde und ausgeweiteten Zielen der sozialen Integration, unter anderem für ältere Menschen als Altenhilfe in § 75: *„Alten Menschen soll außer der Hilfe nach den übrigen Bestimmungen dieses Gesetzes Altenhilfe gewährt werden. Sie soll dazu beitragen, Schwierigkeiten, die durch das Alter entstehen, zu überwinden und Vereinsamung im Alter zu verhüten"* – ein dem Anspruch nach kühne Ausweitung staatlicher Aufgaben, auch wenn dieser so nie realisiert wurde (dazu: Hammerschmidt 2010). Andererseits blieben restriktive Maßnahmen gegen Arbeitsscheue und „sozial Gefährdete", mit der Möglichkeit der Internierung Erwachsener, *„die aus Mangel an innerer Festigkeit kein geordnetes Leben in der Gemeinschaft führen können, wenn 1. der Gefährdete besonders willensschwach oder in seinem Triebleben besonders hemmungslos ist und 2. der Gefährdete verwahrlost oder der Gefahr der Verwahrlosung ausgesetzt ist"* (§ 72 ff. BSHG, damalige Fassung).

Generell blieb die Fürsorge in der Bundesrepublik Aufgabe kommunaler Selbstverwaltung bei Aufrechterhaltung der gemeindlichen Organisationshoheit. Auch die organisatorischen Regelungen der Weimarer Zeit blieben erhalten oder wurden wieder hergestellt. Dabei firmierte das Fürsorgeamt nunmehr unter Sozialamt, die Zweigliedrigkeit des Jugendamtes (mit der Jugendamtsverwaltung und dem Jugendhilfeausschuss, in dem auch Vertretern der privaten Jugend- und Wohlfahrtspflege vertreten waren) wurde wieder hergestellt und die während der NS-Zeit teilweise vollzogene Verstaatlichung des Gesundheitsamtes wurde in den meisten Bundesländern wieder zurückgenommen (Ausnahmen: Baden-Württemberg, Bayern, Rheinland-Pfalz und Saarland). Weiter gestärkt wurden der Grundsatz der „Subsidiarität" und die Vorrangstellung der privaten Wohlfahrtsverbände (vgl. Hammerschmidt 2005) gegenüber öffentlichen Trägern – wobei im Nationalsozialismus Caritas und Diakonie sowie Rotes Kreuz im Gegensatz zur Arbeiterwohlfahrt oder Jüdischen Wohlfahrtspflege weitgehend intakt blieben und so Startvorteile genossen. Eine wesentliche Neuerung war nicht zuletzt, dass Hilfen durch ausgebildete *Fachkräfte* geleistet werden sollten (§ 102 BSHG). Damit gelang die Verberuflichung der Fürsorge oder sozialen Hilfe und Arbeit – die bereits entmachteten ehrenamtlichen Mitarbeiterinnen in der kommunalen Sozialverwaltung verschwanden zusehends.

Die Zeichen waren für die Sozialverwaltung also weiter auf Wachstum und Differenzierung der professionellen Organisationen gestellt, bei stark rückläufigen Fallzahlen im Fürsorge- oder Sozialamt. Zum Beispiel sank die Zahl der *laufend* unterstützten Fälle im Fürsorgeamt der Stadt Nürnberg von ca. 6500 (1949) auf 3300 (1961), die Zahl der Beschäftigten stieg von 215 (1951) auf 223 (1961), die Fallzahl pro Beschäftigten sank damit deutlich. Insgesamt stieg in Nürnberg die Zahl der Stellen für Soziales und Jugend von 643 (1951) auf 926 (1961), wobei eine Verlagerung der Aufgabenwahrnehmung zu personalintensiven sozialen Diensten (vor allem für Kinder und Jugendliche sowie Alte) stattfand, der Anteil der Personalausgaben an den Fürsorgeausgaben stieg von 10 % (1947) auf 40 % (1960).[9]

---

9 Im Einzelnen waren dies die folgenden Stellenzahlen, jeweils 1951 und 1962: im Fürsorge-amt/ Sozialamt 186 und 194 (plus Anstalten, jeweils 29); im Jugendamt (Verwaltung) 77 und 86; in Anstalten des Jugendamtes 124 und 186; im Gesundheitsamt 60 und 68; in Anstalten des Gesundheitsamts (ohne Krankenanstalten, also z.B. Gesundheitsüberwachung, Kindergenesungsheime

Zwar nahmen seit den 1950er Jahren Organisationsanalysen zu, unter anderem der KGSt, das Vorbild blieb aber eine gut *ausgebaute* Verwaltung: Laut einer Umfrage zur Arbeitsbelastung (NDV 7/1951) streute die Fallzahl in Fürsorgeämtern von 100 (Frankfurt) bis 700 in der „Stadt B" (wobei Leitungskräfte nicht einbezogen wurden). Obwohl die Stadt B effizienter scheint, hieß es (zit. n. Roth 1999b: 184): „Dabei darf [...] angenommen werden, dass die sehr weit getriebene Organisation in Frankfurt a.M. dem oben dargelegten organisatorischen Hauptgrundsatz sehr viel mehr entspricht als die Organisation in B.". Indes wehrte man sich in der Sozialen Arbeit gegen solche Vergleiche, denn: *„Da bekanntlich jedes menschliche Schicksal, mit dem die Sozialarbeiterinnen in Berührung kommt, etwas Lebendiges und deshalb nie Vorausberechenbares ist, läßt sich von einer solchen Aufzählung gar nichts ablesen"* (Rocholl, NDV 4/1959: 100) – obwohl die Objektivierung abgelehnt wurde, behauptete man eine „objektive Wirkung" der Sozialen Arbeit (z. n. Roth 1999b: 184 f.).

5. Blüte im „goldenen Zeitalter" des Wohlfahrtsstaats der 1960er/70er Jahre

Die 1960er bis Mitte der 1970er Jahre bilden das so genannte „goldene Zeitalter" des expandierenden Wohlfahrtsstaats in einer boomenden Wirtschaft mit Vollbeschäftigung, so dass nicht nur in Deutschland umfassendere soziale Teilhaberechte und Gleichheit durchgesetzt werden konnten. Die sozialpolitischen Weichenstellungen wurden hierzulande in einer typischen großen sozialpolitischen Koalition des „mittleren Wegs" (Schmidt 1999) im Konsens, oft im Wettlauf von CDU/CSU und SPD und „pfadabhängig" weiterentwickelt. Die sechziger und frühen siebziger Jahre waren gesellschaftspolitisch durch eine Aufbruchstimmung und Liberalisierung geprägt, unter Orientierung an freiheits- und konsumorientierten Lebensstilen sowie Jugendkulturen der USA.

In dieser Zeit wuchsen neben der Sozialversicherung und Transfers wie Kindergeld und Wohngeld auf der Ebene der kommunalen Sozialpolitik insbesondere die – personal- und ausgabenintensiven – Einrichtungen und Dienste der Sozialen Arbeit, vor allem für Ältere, Behinderte sowie Kinder und Jugendliche.[10] Zudem wurden endlich die repressiven Züge der „Gefähr-

---

oder schulärztlicher Dienst) 54 und 82; in der Familienfürsorge 71 und 77 und in der Altersversorgung 31 und 66 (Roth 1999b: 413).

10   In Nürnberg stieg die Zahl der Stellen für Soziales und Jugend von 1963-1980 von 921 auf 1448; im Sozialamt u. allg. Verw. konstant 200; Familienfürsorge: 78-106; Jugendamt: 90-127; Anstalten des Jugendamts: 201-517; Gesundheitsamt: 50-91, ges.: 159-139; Altersversorgungsanstal-

detenfürsorge" mit der Möglichkeit der Internierung sittlich Gefährdeter, Verwahrloster oder Arbeitsscheuer aufgehoben. Die wachsenden Angebote sozialer Dienste und Einrichtungen dienten nun nicht nur armen Bedürftigen, sondern allen Bürgern. Der Ausbau sozialer Dienste steht vor allem im Zusammenhang mit der Abnahme familiärer Selbsthilfen aufgrund unvollständiger Familien, wozu der Wandel der Familien- und Geschlechterbeziehungen mit der wachsenden sozialen und politischen Teilhabe (u.a. der Berufstätigkeit) von Frauen beitrug, woraus wiederum der Bedarf für die Betreuung von Kindern oder Älteren wuchs.

Es kam aber auch ein Wechselspiel des lange *vor* dem sozialen Wandel der 1960er Jahre durch Fachverbände geforderten und staatlich geförderten *Angebots* sozialer Dienste und der dadurch oft erst geweckten Nachfrage zum Tragen. Die Bereitschaft zur Förderung sozialer Einrichtungen war indes sehr unterschiedlich, zum Beispiel blieb man in Nürnberg 1970/72 rigide bei der Modernisierung oder dem Ausbau von Einrichtungen für Wohnungs- oder Obdachlose, *weil* eine „Nachfrageexplosion" befürchtet wurde. Dagegen gab die geringe Auslastung eines Altenheims Anlass zur Modernisierung, *um* die Nachfrage zu steigern; zugleich trieb man den Ausbau der Altenhilfe mit Verweis auf die Landesaltenplanung voran (Roth 1999b: 216). Die Förderung und der Bau samt Einweihung von Altenheimen, Krankenhäusern usw. waren kommunal- wie auch landespolitische Zugpferde und förderten die lokale Wirtschaft (v.a. die Bauwirtschaft). Die Expansion sozialer Einrichtungen geschah unter dem Eindruck des wirtschaftlichen und sozialen Aufbruchs in den 1960er/1970er Jahre zunächst ohne Folgekosten zu bedenken. Dabei wirkte zudem das vor allem von Wohlfahrtsverbänden durchgesetzte „Selbstkostendeckungsprinzip" kostentreibend, das heißt. die nachträgliche Erstattung der nachgewiesenen Kosten von Einrichtungen (ausführlich: Hammerschmidt 2003). Mit dieser Expansion setzte sich die Professionalisierung und Anfang der 1970er Jahre auch die Akademisierung der Sozialen Arbeit durch, wobei die Bedingungen eines weitgehend „geräumten" Arbeitsmarkts und der in der Fachwelt diskutierte Fachkräftemangel betont werden müssen.

Dieses führte zur Emanzipation des fürsorgerischen (weiblichen) „Außendienstes" und zu einem Machtgewinn gegenüber dem (meist männlichen) Verwaltungsinnendienst, wobei Entscheidungen immer stärker dezentralisiert wurden oder in Gruppenarbeit unter Aufhebung dieser Trennung getroffen wurden, wie zum Beispiel im „Trierer Modell" (Roth 1999b: 222). Es entfaltete sich eine Diskussion um eine „*Neuorganisation*" der kommunalen

---

ten: 82-338; 1983 wurde erstmals ein ambulanter sozialer Hilfsdienst mit einer Stelle eingerichtet; dagegen sank die Zahl der Stellen im Ausgleichsamt (Kriegsopfer) von 266 auf 101 (Verwaltungsberichte und Haushaltspläne der Stadt Nürnberg, Roth 1999b: 414 f.).

Sozialverwaltung, die insbesondere auf die Dezentralisation und Stärkung der „Fachlichkeit" zielte. So sollten dezentrale „Teams", ähnlich der Familienfürsorge und als Vorläufer des „Allgemeinen Sozialdienstes" (ASD) (dazu: Hammerschmidt/Uhlendorff 2012) eine räumlich differenzierte, fachübergreifend gemeinsame „ganzheitliche" Fallbearbeitung, von der Ermittlung bis zur Entscheidung, wahrnehmen. Der ASD wurde nach den Empfehlungen der KGSt und infolge der Tendenz zur Stärkung des Sozialpädagogischen immer häufiger beim prosperierenden Jugendamt angesiedelt, wogegen das ehemals starke Gesundheitsamt, aber noch mehr das Sozialamt an Ansehen und Bedeutung weiter verloren. Damit verbunden war auch eine stärkere Trennung und Spezialisierung der jeweiligen Ämter. Zudem wurden von den selbstbewusster, gesellschaftskritischer und institutionenkritischer werdenden Vertretern der Sozialen Arbeit fachliche Weiterentwicklungen und neue Aufgaben wie die Gemeinwesenarbeit und Sozialplanung thematisiert. Diese traten nun auch als autonome Fach-, Berufs- und Interessengruppe, losgelöst von Institutionen der Sozialverwaltung oder Wohlfahrtsverbände auf. Dazu wurde der Kreis der Zielgruppen und Aufgaben der Sozialen Arbeit ausgeweitet, auf alle Bürger und alle Lebensbereiche, mit immer neuen Problemen, Verhaltensstörungen oder „Sozialpathologien".

Dabei zeigen die Diskussionen um die Neuorganisation Sozialer Dienste der 1970er Jahre, die Forderungen nach mehr Kompetenzen, weniger bürokratischer Bevormundung und Entscheidungsfreiheit, geringere Fallzahlen, Aufgabenausweitungen usw. auch einen „selbstreferentiellen" Zug. Deshalb wurde die „Modellbewegung" der Neuorganisation sozialer Dienste und der Sozialverwaltung auch als „Spielwiese" für kritische Sozialarbeiterinnen bezeichnet (m.w.N. Roth 1999b: 225). Obwohl die Reorganisationen mit dem Ziel der stärkeren Klientenorientierung legitimiert wurde, zeigte sich bei den wenigen Analysen, dass sogar oft eher das Gegenteil der Fall war: So konnte festgestellt werden, dass in einer Stadt, in der ein Allgemeiner Sozialdienst eingerichtet worden war, der gegenüber den anderen Ämtern eine stärkere Eigenständigkeit besaß als bisher, am *seltensten* Kontakte (im Vergleich mit anderen Städten) in Form von Sprechstunden oder Hausbesuchen mit Klienten hatte; Dabei war die Einrichtung des Allgemeinen Sozialdienstes damit begründet worden, dass man mehr Einzelfallhilfe leisten, weniger Akten für andere Ämter bearbeiten, also insgesamt mehr Zeit für die Klienten haben wolle (Grunow, D./Lempert, J. 1980: 163, n. Roth 1999b: 225 f.). Nach der Analyse der Reorganisationen in Duisburg, Dortmund, Trier, Bremen und Berlin standen vor allem Veränderungen der Kooperations- und Koordinations- sowie Leitungsstruktur und das Streben nach mehr Kompetenz und Status der Sozialarbeit im Vordergrund, während zur Begründung Verbesserungen für die Klienten und Aufgabenbewältigung behauptet wurden.

Den Bemühungen um Dezentralisierung stehen aber auch gegenläufige Tendenzen und neue hierarchische Stellen von Gruppenleitungen, Koordinatoren, Supervisoren usw. gegenüber – und damit eine Steigerung der Komplexität, der Ausbau der Sozialverwaltung, wie es durch die KGSt moniert wurde. Der Anspruch auf eine zentrale Leitung, Koordination, Kontrolle und Verantwortung gegenüber Politik und Öffentlichkeit blieb bestehen, sodass an der Verwaltungsspitze auch weiterhin juristisch geprägte Beamte gefragt waren. Am Ende der Reorganisationen drohten so Doppelstrukturen wie sie zum Beispiel als hyperkomplexe Matrix-Organisation in Bremen mit 140 Arbeitsgruppen auf fünf Ebenen geplant waren; in einem Stadtbezirk waren nicht weniger als 28 Arbeitsgruppen vorgesehen, sieben zielgruppenspezifische Arbeitsgruppen in vier Stadtteilen. Daneben schuf man noch verschiedene zielgruppen- und stadtteilübergreifende Gruppen. Durch die Zielgruppen und die Stadtteilorientierung wurde eine doppelte Struktur mit „einem hohen Aufwand an Kooperation und Kommunikation", das heißt ein „extrem arbeitsteiliges und kompliziertes Konferenzmuster" geschaffen (o.V. 1980: 76; zit. n. Roth 1999b: 235). Dabei wurde es von den Protagonisten in der Sozialverwaltung Bremens abgelehnt, die Organisation *überhaupt* am Aufgabenbedarf zu orientieren, vielmehr sollte *zuerst* eine flächendeckende Organisation realisiert werden, um dann Aufgaben mit den Betroffenen zu suchen und bestimmen. Dazu forderte man eine deutliche Aufstockung des Personals, von Räumen und Sachmittel, Handlungsspielräumen und Entscheidungsbefugnissen für die Mitarbeiter in den regionalen Arbeitsgruppen und Fortbildungen für alle Betroffenen als Bedingung des Erfolgs der Reorganisation (Leppin/Terstegen 1980, zit. n. Roth 1999b: 235 f.). Von vornherein wurde betont, dass die Frage der Leistungsverbesserungen für die Adressaten von vielen Faktoren abhänge und nicht vorherbestimmbar seien (ebd.). Im Übrigen waren vergleichende Organisationsanalysen und Wirkungsuntersuchungen weiterhin eher die Ausnahme und die Bezirksgrößen der zu betreuenden Einwohner pro Sozialarbeiterin schwankten sehr stark (von ca. 2-15 Tsd. Einwohner).

6. Krisen und Reformen der kommunalen Sozialverwaltung in den 1980er und 1990er Jahren

Seit Ende der 1960er, spätestens ab Mitte der 1970er Jahre verschlechterten sich die ökonomischen Rahmenbedingungen vor allem für den „Faktor Arbeit", die Arbeitslosigkeit sowie Armut nahmen wieder zu und damit auch der Problem- und Aufgabendruck in der kommunalen Sozialverwaltung. Während die Fallzahlen vor allem in der Hilfe zum Lebensunterhalt stark anstiegen (bis Ende der 1980er Jahre auf fast 4 Mio.), war der rasante Anstieg der Ausgaben der Sozialhilfe (auf ca. 30 Mrd. DM) primär eine Folge des Ausbaus personalintensiver sozialer Dienste der Alten-, Jugend- oder Behindertenhilfe, wobei hier die Fallzahlen nur kaum oder in relativ geringem Ausmaß stiegen.

Infolgedessen setzte eine bis heute andauernde Diskussion um die Überlastung der Kommunalfinanzen durch Sozialausgaben (die ca. ein Viertel der Gesamtausgaben ausmachen) ein und eine *Spar- und Reformpolitik*.[11] Letztere begann ab ca. Mitte der 1970er Jahre und vor der konservativ-liberalen Wende, verschärfte sich aber in den 1980er Jahren. Die Sparpolitik auf der Ebene der kommunalen Sozialverwaltung konzentrierte sich zuerst auf Kürzungen bei freiwilligen Hilfen und leichter disponiblen wie jenen zum Lebensunterhalt *außerhalb* von Einrichtungen, weniger auf die mit organisierten Interessen und korporatistisch involvierten Wohlfahrtsverbänden verbundenen sozialen Einrichtungen. Zudem setzte man sich bei Kommunen, Deutschem Verein und Wohlfahrtsverbänden für eine Verlagerung sozialer Lasten von „Standardrisiken" auf die Sozialversicherung bzw. Bund und Länder ein, so die kostenträchtige Hilfe zur Pflege.

Letzteres gelang mit der *Pflegeversicherung* von 1994, die nach ca. 20 Jahren des Drängens und Vorschlägen von Deutschem Verein, Kommunen, Wohlfahrts- und Fachverbänden im Konsens politischer Parteien beschlossen wurde und eine für den Sektor sozialer und gesundheitlicher Dienste wegweisende „Reform" mit neoliberalem Akzent brachte (Roth 1999b; zur Entstehung: Haug/Heinz 1996). Zwar blieb das Hauptargument sozialpolitischer Natur, weil bis ca. 80 % der Bewohner in Altenheimen auf Sozialhilfe angewiesen waren (nach einem meist arbeits- und entbehrungsreichen Leben).[12] Real waren aber finanzpolitische Ziele vorrangig, die Entlastung der kommunalen Finanzen einerseits, die Reform des Systems der Finanzierung und Steuerung sozialer Dienste andererseits. So stellt die Pflegeversicherung nur eine „Grundsicherung' dar, welche erst bei Schwerstpflegebedürftigkeit standardisierte und „gedeckelte" Budgets bietet (Rothgang 1997; Rothgang 2009). Darüber hinaus sind neoliberale Regime des *New Public Management* realisiert worden, das heißt Wettbewerb, Kostenbegrenzung (mit dem Abschied vom Selbstkostendeckungsprinzip) und Qualitätsmanagement. Dieses brach mit Traditionen des konservativen Wohlfahrtsstaats und dem kommunalen

---

11   Der Begriff der Reform bedeutet an sich eine Rückbesinnung auf einen früheren, als ideal begriffenen Zustand (Wolgast 1984), in Bezug auf den Wohlfahrtsstaat also reaktionäre Konnotationen, auch wenn Reformen als ‚zukunftssichernd' gewendet werden.

12   Zwar wurde deren Anteil auf etwa 160 Tsd. (35 % der Heimbewohner) (1998) gesenkt, damit aber das noch weitergehende Ziel verfehlt (Roth/Rothgang 2001); zudem stieg die Fallzahl – u.a. aufgrund der ‚Deckelung' der Leistungen – seitdem wieder an, von ges. ca. 322 Tsd. (1998) auf ca. 400 Tsd. (2008) (www.destatis.de).

Korporatismus, womit auch die Kompetenzen der Länder- und Kommunalverwaltungen sowie die Vorrangstellung der Wohlfahrtsverbände gemindert und mit Pflegekassen, Medizinischen Diensten der Krankenkassen (als „Türwächter" und Kontrolleure der Qualität) sowie „privaten gewerblichen' Anbietern neue Kräfte ins Spiel kamen (Roth 1999a).

Aber auch auf der Mikroebene folgten Diskussionen um die *„Binnenmodernisierung"* der Sozialverwaltung mit ökonomisch geprägten Konzepten „Neuer Steuerung", vor allem seit den 1990er Jahren. Indes gab es schon seit den 1970er Jahren eine wachsende Staats- und Bürokratiekritik (Grunow/ Strüngmann 2008) und Bemühungen um Verwaltungsreformen, mehr „Bürgerfreundlichkeit" sowie bessere und kostengünstigere Leistungen auf der kommunalen Ebene. Dazu trugen die seit den späten 1960er Jahren wachsende antiinstitutionelle Selbsthilfe- und Alternativbewegung bei, welche kritisch gegen Großinstitutionen und -technologien sowie professionelle Einrichtungen wie Kliniken, Heime, Psychiatrie usw. eintraten, mit prominenten Autoren wie Ivan Illich etc. (Roth 1999b: 307 f.). Diese antiinstitutionellen Kräfte propagierten die Dezentralität und kleinräumige kollektive Selbstbestimmung in nicht oder wenig hierarchischen Organisationsformen bis zu endlosen Diskussionszirkeln und einem oft dilettantischen Selbermachen und Ausprobieren aller Art. Hier waren kritische Vertreterinnen der Sozialen Arbeit stark mit von der Partie, die zum Teil jegliche professionelle Intervention und Klassifizierung als Stigmatisierung ablehnten und damit die mühselig erreichten Ansätze beruflicher Anerkennung infrage stellten (Olk 1986: 206 ff.). All dieses kam durchaus konservativen und liberalen Kritiken an Sozialbürokratien und Wohlfahrtsstaat und deren Intentionen der Wiederbelebung von Selbsthilfe, bürgerschaftlichem Engagement usw. entgegen und auch finanziell motivierten Slogans von „ambulant vor stationär". Und auch im „Neuen Steuerungsmodell" standen ja Dezentralisierung, flache Hierarchien sowie „Teams" auf der Agenda – Konzepte, die auch vonseiten der Sozialen Arbeit gefordert wurden (s.o.) (Kühn 1995 43, zit. n. Roth 1996: 319). Dazu kam aber auch ein wachsendes selbstreflexives Moment auch als Folge der Verwissenschaftlichung der Sozialen Arbeit (trotz der Dominanz rein praxis- und ausbildungsorientierter Fachhochschulen in Deutschland, wo kaum empirische Forschung stattfindet). Insgesamt wuchs so die kritische Betrachtung der Organisation Sozialer Arbeit und Verwaltung in den 1980er und Anfang der 1990er Jahre, wobei die Organisations-, Management- und Verwaltungswissenschaften sowie ökonomische Fragen der Effizienz in den Vordergrund traten, beispielsweise durch Untersuchungen der KGSt oder von Unternehmensberatungen. Mit den stark wachsenden sozialen Lasten und der finanziellen „Krise" der kommunalen Ebene waren die Forderungen nach Einsparungen und Effizienzsteigerung von durchschlagender Kraft.

Dabei lässt sich *statistisch* durchaus eine Zunahme organisatorischer Effizienz vermuten oder untermauern: So wuchs seit Mitte der 1970er Jahre die Korrelation und Kopplung von stark wachsenden Empfängerzahlen der Sozialhilfe und der nicht im gleichen Maße ausgebauten Personalbesetzung der Sozialämter in zwanzig Städten zwischen 1976 und 1986, so dass nunmehr Aufgaben (operationalisiert als Fallzahlen) und Organisationsgrößen (Personal- und Verwaltungsausgaben) relativ stark und signifikant korrelierten (bei einer erklärter Varianz von ca. 20-70 %, je nach Operationalisierung; ausführlich: Roth 1997).[13] Die Sozialverwaltung wurde offenbar effizienter, die Frage ihrer Effektivität floss jedoch weiter kaum in die häufiger werdenden Organisationsanalysen ein. Zur Effizienzsteigerung trugen nicht zuletzt technische Neuerungen wie die elektronische Datenverarbeitung bei, welche interkommunale Vergleiche sowie organisatorische Analysen erleichterten. In der statistischen Betrachtung der Entwicklung der Sozialverwaltung blieb aber auch die „Pfadabhängigkeit" von überragender Bedeutung: So bestimmte der Ausgangsstand der Größe der Sozialämter im Jahr 1976 sehr stark auch jene im Jahr 1984 (r^2=0,798) (Roth 1997). Dagegen hatte übrigens die Finanzkraft der Städte kaum einen Einfluss auf die Größe der Sozialverwaltungen (ausführlich: Roth 1999b).

Die Entwicklungen und Veränderungen der Sozialverwaltung infolge des NPM können hier nicht näher aufgezeigt werden (ausführlich: Roth 1999b und weitere Beiträge in diesem Band). Es fällt aber eine Diskrepanz auf zwischen sehr weitreichenden, oft vollmundigen Ankündigungen „Neuer Steuerung" mit einem radikalen Umbau zum „Konzern Stadt" und der – erneut wenig evaluierten – meist schleppenden oder partiellen, primär von der Verwaltung gesteuerten Umsetzung (Bogumil/Kuhlmann 2006; Kuhlmann 2004). So wurden zwar eifrig Aufgaben- in „Produktkataloge" umgearbeitet und versucht, diese stärker auf Ziele auszurichten – die Orientierung am Gesetz blieb aber ebenso wie das herrschende Haushalts- und Dienstrecht zunächst unangetastet, zudem standen enorme Widerstände beim Personal und die Problematik der Bewertung der Zielerreichung sozialer Dienste allzu fundamentalen Änderungen im Weg. Auch passen offenkundig weder die Konzepte von „Kunden" noch des „Marktes", weil bei öffentlichen Diensten

---

13 In Augsburg, Braunschweig, Dortmund, Essen, Frankfurt/M., Hannover, Karlsruhe, Kassel, Köln, Kiel, Ludwigshafen, Lübeck, Mainz, Mannheim, München, Nürnberg, Osnabrück, Saarbrücken, Stuttgart und Wiesbaden wurden im Mittel 1976 ca. 42, 1984 ca. 63 Sozialhilfeempfänger (außerhalb und in Einrichtungen) pro 1000 Einwohner berichtet; die Verwaltungsausgaben im Sozialamt (Personalzahlen fehlen) betrugen 1976 im Mittel 24 Tsd. DM pro Einwohner, 1984 waren es 30 Tsd. (in Preisen von 1976). In Nürnberg stieg die Zahl der Stellen im Bereich Soziales und Jugend von 1981-1995 von 1482 auf 1967; Sozialamt: 184-318; Altenversorgung/Seniorenamt: 352-465; Familienhilfe: 112-129; Lastenausgleichsamt: 101-69; Jugendamt: 134-151; Einrichtungen des Jugendamts: 537-766; Gesundheitsamt: 100-85; Gesundheit (ohne Krankenanstalten) ges.: 151-156 (Roth 1999b: 431 f.).

oder Gütern eben nicht nur die unmittelbar beteiligten Klienten, sondern *alle* Bürger „Kunden" sind und Märkte tendenziell versagen. Damit entstanden neue rationale Mythen wie methodisch zweifelhafte Befragungen zur Zufriedenheit von „Kunden" als „Evaluation" verkauft werden, ohne dass diese eine objektive Ergebnisqualität sozialer Dienste ausdrücken (Kromrey 2000). Ähnliches gilt für die Stilisierung von Kunden- oder Fallzahlen, dem „Qualitätsmanagement" usw. Insgesamt dominierten in der sozialen Fachwelt skeptische Haltungen bezüglich der „neuen Steuerung": *„...dass mit einem Großteil der Diskussion um Fachlichkeit und neue Steuerungsmodelle, mehr heiße Luft als sonst was produziert werde. Dass nämlich die meisten der demnächst eingeführten Produktbeschreibungs- und Controlling-Systeme weder zu Kosteneinsparungen noch zu Qualitätsverbesserungen, noch zu output-orientierter Steuerung führen werden, sondern nur zu erhöhtem bürokratischen Aufwand bei der Mittelvergabe, also aufwendigerer Steuerung des „inputs', ohne positive Steuerungseffekte für die Qualität der Leistungen."* (Müller, B.K. 1995: 19, zit. n. Roth 1999b: 329;).

7.   Fazit

Das zu erklärende Phänomen bei der Entwicklung der kommunalen Sozialverwaltung besteht weniger in den erwartbaren Unterschieden denn einer erstaunlichen Isomorphie und „Pfadabhängigkeit" seit der Weimarer Zeit – angesichts organisatorisch weitgehend souveräner Kommunen, extrem unterschiedlicher örtlicher Bedingungen und diverser sozialer, ökonomischer und politischer Krisen. Diese Entwicklungen sind kaum allein funktional erklärbar, vielmehr durch eine *„institutionelle Umwelt"* oder *„organisationale Felder"* – eine Analyse und These, die hier nur kursorisch skizziert und exemplarisch untermauert werden konnte (ausführlich: Roth 1999b). Hierbei waren vor allem fachliche Leitsätze und Vorbilder der Organisation und Aufgabenwahrnehmung mit eher sanften Zwängen zur Anpassung wirksam, darunter auch rationale Mythen, die von Fachverbänden wie dem Deutschen Verein, Städtetag oder KGSt entwickelt, diskutiert und verbreitet wurden, via Tagungen, Fachliteratur etc.

Im Kern bildeten sich so die Hauptzweige des Sozial-, Jugend- und Gesundheitsamtes schon weitgehend *ohne* gesetzliche Programmierung vor der Weimarer Republik, zu-nächst noch primär *ehrenamtlich* und in enger Verbindung mit privaten Wohlfahrtsverbänden. Mit und nach der Institutionalisierung der Sozialverwaltung wuchs aber die Zahl und der Anteil Hauptamtlicher rasch und *schneller* als die Zahl der Hilfsbedürftigen – und das auf dem Höhepunkt der Krise der Weimarer Republik. Nach dem

2. Weltkrieg wurde sogar trotz der zunächst großen sozialen Not bald auf die Mithilfe von Ehrenbeamten in der kommunalen Sozialverwaltung verzichtet, die schon länger – nicht ohne Konflikte – entmachtet worden waren und sich deshalb auch selbst zurückzogen.

Funktionale Anforderungen, Soziale Probleme und Aufgaben blieben aber nicht ohne Einfluss auf die Entwicklung der Organisation der Sozialverwaltung, es lag meist ein Wechselspiel von Organisation, Aufgabendruck und Art der Aufgabenwahrnehmung vor. Indes ist die relative Entkopplung von Aufgaben und Organisation gewissermaßen funktional, denn es geht eben weniger um die straffe, technisch klar zu organisierende *„Lösung"* sozialer Probleme wie Armut oder Devianz als um die Beherrschung und Begrenzung der Folgen für die soziale Ordnung und politische Herrschaft. Dabei wurden von den Fachvertretern angesichts komplizierter und konfliktreicher werdender sozialer Verhältnisse die überlegene Problembewältigung durch die bürokratisch-professionelle Rationalität betont, deren Berechenbarkeit, Planmäßigkeit, Zuverlässigkeit, Gleichmäßigkeit und Gerechtigkeit der Hilfe, wobei jedoch der „Charme" der Sozialbürokratie eben auch in der größeren Strenge und repressiven Kontrolle oder Disziplinierung bestand. Durch die Sozialbürokratie sollten sogar Kosten eingespart werden, ob das aber letztlich der Fall und inwiefern die Qualität der Hilfen und der „outcome" besser waren, konnte und brauchte meist gar nicht belegt werden.

Infolgedessen konnte sich *auch* eine *Eigendynamik* der Sozialverwaltung und sozialer Organisationen entfalten, die insbesondere in den „goldenen Zeiten" des Wohlfahrtsstaats der 1960er und 1970er Jahre zum Tragen kam. Aufgrund der wirtschaftlichen Blüte wurden Aufgaben und Organisation ausgeweitet und personalintensiver sowie professioneller (ohne Ehrenbeamte) wahrgenommen, vor allem im Bereich der Jugend-, Alten- und Behindertenhilfe. Gleichzeitig traten repressive Züge der Sozialverwaltung als Ordnungsverwaltung in den Hintergrund zugunsten einer sozialpädagogischen Ausrichtung und dem Blick auf die soziale Teilhabe oder „Inklusion" für tendenziell *alle* Bürger. Dass bei diesen Entwicklungen auch politische und gesellschaftliche Kräfte und Bewegungen mit im Spiel waren, soll nicht unerwähnt bleiben, obwohl diese nur vermittelt über die korporatistisch eingebundenen Organisationen wirkten, im Rahmen eines großen sozialpolitischen Konsenses des „mittleren Wegs" und angesichts einer unorganisierten, durchsetzungsschwachen Klientel. Schließlich herrschte in der kommunalen Sozialverwaltung seit den 1960er Jahren auch ein Trend zur Spezialisierung und Dezentralisierung, mit Verlagerung von Kompetenzen zu sozialen Fachleuten und in Gruppenarbeit. Nicht selten waren aber aufwändige Doppelstrukturen die Folge, weil die Kontrollbedürfnisse der Zentrale und öffentliche Verantwortung nicht außer Kraft zu setzen sind.

Ab etwa Mitte/Ende der 1970er Jahre kam es indes zu einer Wahrnehmung der „Krise" der kommunalen Sozialverwaltung, damit zu Sparmaßnahmen und mehr oder weniger tief greifenden ‚Reformen', vor allem aufgrund der zunehmenden Arbeitslosigkeit, Armut, des Kostenwachstums sozialer Dienste (wie der Hilfe zur Pflege, Eingliederungshilfe, Jugendhilfe), prekärer öffentlicher Finanzen und einer allgemeinen Legitimationskrise staatlicher Bürokratien. Diese wurden zunehmend als ausgeufert, leistungsschwach oder abgehoben und bürgerunfreundlich kritisiert, was sich unter anderem in einer antiinstitutionellen Selbsthilfebewegung und in Bemühungen um mehr „Bürgernähe" ausdrückte, die bei Vertreterinnen der Sozialen Arbeit Anklang fanden. Dazu kamen reaktive Kostendämpfungen und Kürzungen, primär bei Empfängern von Hilfe zum Lebensunterhalt außerhalb von Einrichtungen, und Bemühungen um die Verlagerung sozialer Lasten auf die Bundesebene, was 1994 mit der Pflegeversicherung und 2003 mit der Arbeitsmarkt- und Sozialhilfereform gelang. Dieses steht in Zusammenhang mit den seit etwa Mitte der 1990er Jahre begonnenen Umbau des deutschen Wohlfahrtsstaats nach neoliberalen, marktwirtschaftlich ausgerichteten Leitideen des „New Public Management". Entsprechend sollte auf der kommunalen Ebene ein Umbau zum „Konzern Stadt" erfolgen, „Produkten" (statt der Erledigung von „Aufgaben") im *Wettbewerb*, per Kontraktmanagement und „kundenorientiert" „hergestellt" werden, flankiert durch Qualitätsmanagement und „Controlling". Trotz der Einführung von Märkten für Soziale Dienste mit dem Abschied vom Selbstkostendeckungsprinzip und korporatistischer Steuerung (vor allem bei der Pflege, weniger bei Jugendhilfe und kaum bei der Eingliederungshilfe), gab es auch bei der „Neuen Steuerung" große Umsetzungshindernisse und Widerstände, rechtliche und politische Barrieren und oft eher pfadabhängige, moderate Weiterentwicklungen. Zudem drohen auch weitere selbstreferentielle Differenzierungen und Komplexitässsteigerungen, durch Kennzahlen, Controlling, Evaluation oder Qualitätsmanagement und neue wie alte Mythen des „Sozialmanagements". Ob dadurch bessere „outcomes" für die Betroffenen erreicht wurden, darf weiter bezweifelt werden.

Literatur

Arnold, Ulli: Qualitätsmanagement in sozialwirtschaftlichen Organisationen. In: Arnold, Ulli/ Maelicke, Bernd (Hg.): Lehrbuch der Sozialwirtschaft. Baden-Baden 2003; S. 236-275

Ayaß, Wolfgang: „Asoziale" im Nationalsozialismus. Stuttgart 1995

Bogumil, Jörg/ Kuhlmann, Sabine: Wirkungen lokaler Verwaltungsreformen: Möglichkeiten und Probleme der Performanzevaluation. In: Jann, Werner/ Röber, Manfred/ Wollmann, Hellmut (Hg.): Public Management. Grundlagen, Wirkungen, Kritik. Wiesbaden 2006; S. 349-371

Bogumil, Jörg/ Holtkamp, Lars: Kommunalpolitik und Kommunalverwaltung: Eine policyorientierte Einführung. Wiesbaden 2006

Bouckaert, Geert: Renewing public sector performance measurement. In: Jann, Werner/ Röber, Manfred/ Wollmann, Hellmut (Hg.): Public Management: Grundlagen, Wirkungen, Kritik (Festschrift für Christoph Reichard zum 65. Geburtstag). Berlin 2006; S. 119-131

Bourdieu, Pierre: Sozialer Sinn. Kritik der theoretischen Vernunft. Frankfurt am Main 1993

Bourdieu, Pierre: Praktische Vernunft. Zur Theorie des Handelns. Frankfurt am Main 1998

Bourdieu, Pierre: Das politische Feld: Zur Kritik der politischen Vernunft. Konstanz 2001

Chevalier, Klaus: Auf den Schultern der Schwachen: Wohlfahrtsverbände in Deutschland (hrsg. vom Institut der deutschen Wirtschaft). Köln 2004

Cohen, Michael D./ March, James G./ Olsen, Johan P.: A garbage can model of organizational choice. Administrative science quarterly Vol. 17, No. 1, 1972; p. 1-25

Dahme, Heinz-Jürgen./ Schütter, Silke/ Wohlfahrt, Norbert: Lehrbuch Kommunale Sozialverwaltung und Soziale Dienste: Grundlagen, aktuelle Praxis und Entwicklungsperspektiven. Weinheim [u.a.] 2008

DiMaggio, P.J./ Powell, W.W.: The iron cage revisited: Institutional isomorphism and collective rationality in organizational fields. American sociological review 48, 1983; p. 147-160

Dunleavy, Patrick: Democracy, bureaucracy and public choice: economic explanations in political science. New York [u.a.] 1991

Durkheim, Émile: Über soziale Arbeitsteilung: Studie über die Organisation höherer Gesellschaften. Frankfurt am Main 1992

Ellwein, Thomas: Das Dilemma der Verwaltung: Verwaltungsstruktur und Verwaltungsreformen in Deutschland. Mannheim 1994

Ellwein, Thomas: Der Staat als Zufall und als Notwendigkeit: Die jüngere Verwaltungsentwicklung in Deutschland am Beispiel Ostwestfalen-Lippe. Band 2: Die öffentliche Verwaltung im gesellschaftlichen und politischen Wandel 1919-1990. Opladen 1997

Göhler, Gerhard (Hg.): Die Eigenart der Institutionen: Zum Profil politischer Institutionentheorie. Baden-Baden 1994a

Göhler, Gerhard: Politische Institutionen und ihr Kontext. Begriffliche und konzeptionelle Überlegungen zur Theorie politischer Institutionen. In: ders. (Hg.): Die Eigenart der Institutionen. Baden-Baden 1994b; S. 19-46

Grunow, Dieter/ Strüngmann, Daniela: Bürokratiekritik in der öffentlichen und veröffentlichten Meinung: Impulse für Verwaltungsreformen? der moderne staat - Zeitschrift für Public Policy, Recht und Management 1, 2008

Hammerschmidt, Peter: Finanzierung und Management von Wohlfahrtsanstalten 1920 bis 1936. Stuttgart 2003

Hammerschmidt, Peter: Zur Rolle der Caritas bei der Neuformulierung des Subsidiaritätsprinzips im Bundessozialhilfegesetz und im Jugendwohlfahrtsgesetz von 1961. Zeitschrift für Sozialpädagogik 2, 2005; S. 185-204

Hammerschmidt, Peter (2010): Soziale Altenhilfe als Teil der Sozialhilfepolitik. In: Aner, Kirsten/ Karl, Ute (Hg.): Handbuch Soziale Arbeit und Alter. Wiesbaden 2010; S. . 19-31

Hammerschmidt, Peter: Kommunale Selbstverwaltung und kommunale Sozialpolitik – ein historischer Überblick. In: Dahme, Heinz-Jürgen/ Krummacher, Michael/ Wohlfahrt, Norbert (Hg.): Handbuch kommunale Sozialpolitik. Opladen 2011

Hammerschmidt, Peter/ Uhlendorff, Uwe: Zur Entstehungsgeschichte des ASD – von den Anfängen bis in die 1970er Jahre. In: Merchel, Joachim (Hg.): Handbuch ASD, (Manuskriptfassung). München, Basel 2012

Hammerschmidt, Peter/ Tennstedt, Florian: Der Weg zur Sozialarbeit: Von der Armenpflege bis zur Konstituierung des Wohlfahrtsstaates in der Weimarer Republik. In: Thole, Werner (Hg.): Grundriss Soziale Arbeit. – 2. Aufl.– Wiesbaden 2005; S. 63-76

Haug, Karin/ Heinz, Rothgang: Die gesetzliche Absicherung des Pflegefallrisikos. Eine Untersuchung der Konsensbildungsprozesse und Wirkungen einer Pflegeversicherung (Endbericht Forschungsprojekt unter der Leitung von Winfried Schmähl und Claus Offe), Universität Bremen - Zentrum für Sozialpolitik, Humboldt-Universität Berlin. Berlin/Bremen 1996

Kieser, Alfred/ Ebers, Mark (Hg.): Organisationstheorien. Stuttgart 2006

Kieser, Alfred/ Kubicek, Herbert: Organisation. Berlin [u.a.] 1992

Kromrey, Helmut: Fallstricke bei der Implementations- und Wirkungsforschung sowie methodische Alternativen. In: Müller-Kohlenberg, Hildegard/ Münstermann, Klaus (Hg.): Bewertung von Humandienstleistungen: Evaluation und Qualitätsmanagement in Sozialer Arbeit und Gesundheitswesen. Opladen 2000; S. 19-58

Kuhlmann, Sabine: Evaluation lokaler Verwaltungspolitik: Umsetzung und Wirksamkeit des Neuen Steuerungsmodells in den deutschen Kommunen. Politische Vierteljahres-schrift 45, 2004; S. 370-394

Luhmann, Niklas (1973): Formen des Helfens im Wandel gesellschaftlicher Bedingungen. In: Otto, Hans-Uwe/ Schneider, Siegfried (Hg.): Gesellschaftliche Perspektiven der Sozialar-beit. Neuwied 1973; S. 21-43

Luhmann, Niklas: Politische Theorie im Wohl-fahrtsstaat. München [u.a.] 1981

Mauss, Marcel: Die Gabe: Form und Funktion des Austauschs in archaischen Gesellschaften. Frankfurt am Main 1968

Meyer, John W./ Rowan, Brian: Institutionalized organizations: Formal structure as myth and ceremony. The American Journal of Sociology 83, 1977; p. 340-363

Meyer, John W./ Scott, W. Richard (Hg.): Organi-zational environments: Ritual and rational-ity Sage. Newbury Park, Calif. 1992

Meyer, Marshall W./ Zucker, Lynne G.: Perma-nently failing organizations. Newbury Park Calif. 1989

Naßmacher, Hiltrud/ Naßmacher, Karl-Heinz: Kommunalpolitik in Deutschland. Opladen 1999

Niskanen, William A.: Bureaucracy and represen-tative government. Chicago, Ill. [u.a.] 1971

Nullmeier, Frank: Output-Steuerung und Perfor-mance Measurement. In: Blanke, Bernhard et al. (Hg.): Handbuch zur Verwaltungsre-form. Wiesbaden 2005; S. 431 - 444

Olk, Thomas: Abschied vom Experten: Sozialar-beit auf dem Weg zu einer alternativen Pro-fessionalität. Weinheim 1986

Olk, Thomas: Soziale Arbeit und Sozialpolitik - Notizen zu einem ambivalenten Verhältnis. In: 8. Bielefelder Arbeitsgruppe (Hg.): Soziale Arbeit in Gesellschaft. Wiesbaden 2008; S. 287-298

Pabst, Stefan: Sozialanwälte: Wohlfahrtsver-bände zwischen Interessen und Ideen. Augsburg 1996

Peters, Helge: Soziale Probleme und soziale Kon-trolle. Opladen 2002

Roth, Günter: Theorien zur Verwaltungsentwick-lung – ein Überblick. In: Universität Kon-stanz (Fakultät für Verwaltungswissen-schaft) (Hg.): Beiträge zur Theorie der Ver-waltungsentwicklung (vorläufiger Ergebnis-bericht eines von Thomas Ellwein geleiteten Forschungsprojektes). Konstanz 1994

Roth, Günter: Kontinuität und Wandel: die Ent-wicklung von Aufgaben und Organisation kommunaler Sozialverwaltung und ihre institutionelle Bestimmung: quantitativ vergleichende und qualitativ vertiefende

Studien von der Zeit der Weimarer Republik bis zur Gegenwart. Konstanz 1996

Roth, Günter: "Lean" oder "Fat"? die Entwicklung der Sozialverwaltung im Städtevergleich. Archiv für Kommunalwissenschaften Nr. 2, 1997; S. 309 - 327

Roth, Günter: Auflösung oder Konsolidierung korporatistischer Strukturen durch die Pfle-geversicherung. Zeitschrift für Sozialreform Vol. 45, No. 5, 1999a; S. 418-446

Roth, Günter: Die Institution der kommuna-len Sozialverwaltung: die Entwicklung von Aufgaben, Organisation, Leitgedanken und Mythen von der Weimarer Republik bis Mitte der neunziger Jahre. Berlin 1999b

Roth, Günter/ Rothgang, Heinz: Sozialhilfe und Pflegebedürftigkeit: Analyse der Zielerrei-chung und Zielverfehlung der Gesetzlichen Pflegeversicherung nach fünf Jahren. Zeit-schrift für Gerontologie + Geriatrie Vol. 34, No. 4, 2001; S. 292-305

Rothgang, Heinz: Ziele und Wirkungen der Pfle-geversicherung: eine ökonomische Analyse. Frankfurt am Main [u.a.] 1997

Rothgang, Heinz: Theorie und Empirie der Pflege-versicherung. Berlin [u.a.] 2009

Schmidt, Manfred G.: Immer noch auf dem "mittleren Weg"?: Deutschlands politische Ökonomie am Ende des 20. Jahrhunderts (ZeS-Arbeitspapier 7/99). Zentrum für Sozi-alpolitik. Bremen 1999

Scott, W.Richard: Approaching adulthood: The maturing of institutional theory. Theory and Society 37, 2008; p. 427-442

Simmel, Georg: Soziologische Untersuchungen über die Formen der Vergesellschaftung. Berlin 1908

Staehle, Wolfgang H.: Management: Eine ver-haltenswissenschaftliche Perspektive. München 1999

Thränhardt, Dietrich: Kommunaler Korporatis-mus: Deutsche Traditionen und moderne Tendenzen. In: Thränhardt, Dietrich/ Uppen-dahl, Herbert (Hg.): Alternativen lokaler Demokratie. Königstein/Ts 1981; S. 5-33

Weber, Max: Wirtschaft und Gesellschaft: Grundriss der verstehenden Soziologie (5. rev. Auflage, besorgt von Josef Winckel-mann). Tübingen 1980

Weick, Karl E. Educational organizations as loosely coupled systems. Administrative science quarterly 21. 1976; p. 1-19

Wolgast, E.: Reform, Reformation. In: Brunner, Otto/ Conze, Werner/ Kosélleck, Reinhart (Hg.): Geschichtliche Grundbegriffe Bd.5, Stuttgart 1984; S. 313-360

Heinz-Jürgen Dahme

Verwaltungsmodernisierung im Zeichen der KGSt – Voraussetzungen und Konsequenzen der neuen Steuerung in den kommunalen Sozialverwaltungen

Abstract

Der Begriff Neues Steuerungsmodell (NSM) steht für die deutsche Variante des New Public Management, das die Verwaltung durch (mikro)ökonomische, betriebswirtschaftliche und management-basierte Konzepte neu gestalten will. Ziel ist, Effizienzkriterien für den öffentlichen Sektor zu entwickeln und Wettbewerbselemente im Verwaltungshandeln zu verankern. Ursprünglich als Instrument zur Modernisierung der Kommunalverwaltungen entwickelt, wird das NSM von den Kommunen zunehmend auch als Instrument zur Steuerung von Akteuren, die öffentlich finanzierte Aufgaben wahrnehmen, genutzt.

1.   Einleitung: Modernisierung oder Reform?

Seit Beginn der 1990er Jahre wird in der Bundesrepublik Deutschland eine Debatte über die Reform der Verwaltung geführt, die unter der Bezeichnung *Neues Steuerungsmodell* bekannt geworden ist (vgl. Reichard/Wollmann 1996, Grunow/Wollmann 1998, Jann u.a. 2004, Bogumil u.a. 2007). Die Protagonisten dieses Projektes (Politiker, Verwaltungsmanager, Unternehmensberater) bezeichnen die Transformation der Verwaltung bevorzugt als Verwaltungsmodernisierung. Modernisierungsprozesse verschiedenster Art sind seitdem an der Tagesordnung. Die Verwaltung war erstes Objekt dieser Modernisierungsbewegung, die mittlerweile auch den Staat insgesamt, unter anderem das Rechtssystem, den Strafvollzug, das wohlfahrtsstaatliche Arrangement, die sozialen Sicherungssysteme, die sozialen Dienste und vieles mehr erreicht hat. Was meint der Modernisierungsbegriff, worauf bezieht er sich und welche Zielsetzungen sind damit verbunden?

Soziologen sprachen lange Zeit von Modernisierung, wenn sie evolutionär Prozesse der Höher- bzw. Weiterentwicklung, mithin grundlegende Transformationsprozesse thematisierten, beispielsweise die Theorie des Strukturfunktionalismus, die Modernisierungsprozesse als überlebensnotwendige Adaptionen des Gesellschaftssystems behandelt. Modernisierung ist ein Prozess, dessen Bedeutung sich meistens erst im Nachhinein erschließt, wie die Herausbildung und Verfestigung der Demokratie, die Entstehung und Leistungen des Wohlfahrtsstaates sowie seine Folgen für Freiheit und individuelle Autonomie. Der Begriff beschreibt empirisch rückblickend langfristige historisch-politische und sozio-ökonomische Transformationsprozesse, die im Lichte eines Fortschrittskonzeptes gedeutet werden und sich mehr oder weniger in Gesellschaften ähnlichen Typs früher oder später einstellen. Modernisierungspolitik kann diese Prozesse in zurückgebliebenen, unterentwickelten Gesellschaften auch anstoßen, um notwendige Modernisierungsprozesse in Gang zu setzen, wie beispielsweise die Industrialisierung, die Ausbildung eines Bildungssystems, Nationenbildung, die Einführung rechtsstaatlicher Standards oder wichtiger sozialer Sicherungssysteme. Dieser Modernisierungsbegriff war nicht frei von Wertungen, da er Modernisierungsprozesse nicht nur als notwendige gesellschaftliche Adaptionen an sich verändernde gesellschaftliche Rahmenbedingungen thematisiert, sondern auch als Fortschritt gegenüber dem früheren Zustand deutet. Die Übertragung von Modernisierungsergebnissen westlicher Gesellschaften auf so genannte Entwicklungsländer im Rahmen der Entwicklungspolitik war deshalb selten erfolgreich.

Die aktuelle Modernisierungsdebatte ist primär staatszentriert (vgl. Behrens u.a. 1995) und wissenschaftlich anders aufgeladen: Der aktuelle Modernisierungsbegriff, der alle staatlichen Institutionen auf den Prüfstand stellt, weil sich diese angeblich im Spannungsfeld „zwischen Pleite und Wirkungslosigkeit" bewegen (Behrens u.a. 1995: 9), ist ökonomisch fundiert und dementsprechend effizienzfokussiert. Staatliche Institutionen gelten im Lichte dieses Modernisierungsbegriffs als dysfunktional und ineffektiv, als ineffizient und verschwenderisch. Diese Sichtweise scheint sich parteienübergreifend durchgesetzt zu haben. Der vor der „Pleite" stehende Staat – so die Meinung – trägt dabei meistens selbst die Schuld an seinem Zustand. Die Modernisierung staatlicher Institutionen im Lichte ökonomischer Konzepte wird als Königsweg aus dem Dilemma des Staates gepriesen. Modernisierung ist gegenwärtig vor allem ein Begriff des aktiven politischen Gestaltens sozio-ökonomischer und politisch-administrativer Prozesse und Strukturen, um diese im Licht des Wissens um das ökonomisch Richtige zukunftsfest zu gestalten. Dass diese Umbauarbeiten mit Abrissarbeiten einhergehen, ist beabsichtigt, denn der Modernisierungsdiskurs ist Bestandteil der neoliberal gefärbten Kritik des angeblich ausufernden, generösen und überbordenden Wohlfahrtsstaates (Harvey 2007). Modernisierung ist mittlerweile zu einem normativen Begriff geworden, der die Effizienz staatlicher Institutionen zum obersten Maßstab politischen Handelns erhebt und damit einen Maßstab des Wirtschaftssystems auf das politisch-administrative System überträgt.

Modernisierung ist ein Begriff der politischen Semantik geworden. Soziologen, die sich heute dem Modernisierungsthema annehmen, scheinen ebenfalls dem Begriff diesen Sinn zuzusprechen, zum Beispiel Ulrich Beck und Anthony Giddens, die den Modernisierungsbegriff nicht mehr „im Doppelsinn von Richtungskonstanz und Strukturverbesserung" (Zapf 1994: 125) verwenden, sondern technizistisch als „Modernisierung moderner Gesellschaften", „Zweite Modernisierung" oder „Reflexive Modernisierung". Modernisierung ist die Technologie einer zur Dauerbaustelle gewordenen Moderne, die sich permanent modernisieren muss – entweder weil die Globalisierung und der damit einhergehende rasche Wandel der gesellschaftlichen, wirtschaftlichen und ökologischen Verhältnisse immer wieder neue politisch zu bearbeitende Risiken mit sich bringt oder weil Ineffizienzen staatlicher Institutionen angesichts sinkender Staatseinahmen oder eines schlechten Rankings durch die Rating-Agenturen des Finanzmarktes schnelle Reaktionen zur Sanierung und Stabilisierung der öffentlichen Haushalte erforderlich machen. Die Bedeutung von Modernisierung hat sich gewandelt und dementsprechend ist die Modernisierungssemantik durch ein neues Tempo und einen geänderten Rhythmus gekennzeichnet. Der Modernisierungsbegriff ist heute vor allem Bestandteil einer ökonomisch fundierten „innovations-theoretisch gehärteten Modernisierungstheorie" (Zapf 1994: 124). Innovationen werden dabei in Anlehnung an Schumpeters Theorie der Konjunkturzyklen definiert (Schumpeter 1912, Kap. 5) und als neue Maßnahmen und Wege beschrieben, die in wirtschaftlichen Stagnationsphasen von den Eliten auch gegen Widerstände und Blockaden durchgesetzt werden müssen. Diese Blockaden brechen wollende Denkfigur der Innovation ist Bestandteil des neuen wissenschaftlichen wie des politischen Modernisierungsdiskurses (vgl. Heinze 1998, Hombach 1998). Besonders erfolgreich ist diese Variante von Modernisierungstheorie auch, weil sie gut mit dem in der Management- und Organisationslehre dominant gewordenen „Managerialismus" harmoniert (vgl. Pollitt 1993, Clark/Newman 1997, Rüb 2004), der Veränderungen und Wandel vor allem auf endogene Kräfte zurückführt und durch „heroisches Management" (Baecker 1994) (v)erklärt: Zielgerichtetes und zweckrationales Handeln individueller oder kollektiver Akteure kann und muss Blockaden überwinden, so die managerielle Lehrmeinung; allein durch „schöpferische Zerstörung" (Schumpeter) lassen sich die überlebt habenden Institutionen auflösen. Zerstörung und Modernisierung sind demnach zwei Seiten einer Medaille, was jedoch in der politischen Semantik in Demokratien mit Blick auf die Wähler nicht in dieser radikalen Form thematisierbar ist. Dass Modernisierung Opfer erfordert, muss aus wahltaktischen Gründen unausgesprochen bleiben oder euphemistisch umschrieben werden. Lediglich in der evaluativen Betrachtung der Wissenschaft oder der Medien kommt dieser Sachverhalt vor, wenn beispielsweise Modernisierungsgewinner und Modernisierungsverlierer bilanziert werden[1].

Die Verwaltungsmodernisierung ist in Deutschland das erste politische Programm, das dieser Form von Modernisierungstheorie verpflichtet ist und politische Reformen radikalisiert. Der Begriff Reform steht traditionell – er ist deshalb auch mit dem älteren soziologischen Modernisierungsbegriff verwandt – für politische Handlungsprogramme, die für die schrittweise Verbesserung der Gegenwart unter Beibehaltung des Bewährten plädieren. Seit den 1970er-Jahren ist der Reformbegriff (nicht zuletzt wegen der gescheiterten makroökonomischen Steuerungsansätze des Keynesianismus) zunehmend in die Kritik geraten, da er zum einen inflationär gebraucht, zum „Modewort, das keinen Bereich mehr ausspart" (Wolgast 1984: 360), und dadurch zu einem „begrifflichen Verwirrspiel der Politik" wurde, was mittlerweile auch für den Modernisierungsbegriff gilt, der sich über die Rezeption des New Public Management (vgl. Scheller/Poeller 2006, McLaughlin u.a. 2003, Damkowski/Precht 1995) bei uns durchgesetzt hat.

2. Verwaltungsmodernisierung und das New Public Management

Das New Public Management, das sich aus der Institutionenökonomie ableitet (vgl. Lüder 1996, Schröter/Wollmann 2005), ist dem Schumpeterschen Innovationsbegriff verpflichtet, weil es die bürokratischen Strukturen der Verwaltung und die etablierten Grundprinzipien des Verwaltungshandelns zur Disposition stellt und einer Generalkritik unterzieht, hinter der sich auch eine radikale Staatskritik erkennen lässt. Das Neue Steuerungsmodell – entwickelt von der Kommunalen Gemeinschaftsstelle in Köln (KGSt), einem Dienstleistungsunternehmen der Städte, Gemeinden und Landkreise – strebt, ganz im Sinne des New Public Managements, die Ablösung der primär rechtlich geprägten, bürokratischen Organisationsform durch eine auf betriebswirtschaftlichen Instrumenten und managementwissenschaftlichen Methoden basierenden neuen Verwaltungsorganisa-

---

1 Schumpeters „schöpferische Zerstörung" und die daraus abgeleiteten Modernisierungsansätze ähneln Nietzsches elitärer Lehre über die Entstehung des Neuen im Zarathustra: „Was fällt, das soll man auch noch stoßen!"

tion an und verspricht – als Folge des neuen Steuerungs- und Organisationsmodells – mehr Effektivität und Effizienz im Verwaltungshandeln (vgl. Blanke u.a. 2005). Unter dem Druck der chronisch schlechten öffentlichen Haushaltslage ist die Mehrzahl der Kommunalverwaltungen schon Ende der 1990er-Jahre dazu übergegangen, ausgewählte Steuerungs-, Lenkungs- und Kontrollinstrumente des New Public Management zu implementieren, um damit zu experimentieren. Mittlerweile sind in allen Kommunen Elemente des Neuen Steuerungsmodells umzusetzen: Budgetierung, Controlling, Qualitätsmanagement, Kundenorientierung, Kosten-Leistungs-Rechnung, Outsourcing (Ausgründung), contracting out u.ä. sind mittlerweile zu festen Bestandteilen der Verwaltungsführung geworden, die seitdem durchgängig nur noch als Verwaltungsmanagement bezeichnet wird.

Der Begriff *Neues Steuerungsmodell* steht für die deutsche Variante des *New Public Management*. New Public Management ist eine Sammelbezeichnung für Ansätze, die die Verwaltung durch (mikro)ökonomische, betriebswirtschaftliche und managementbasierte Konzepte, die vor allem in Skandinavien, Großbritannien und den Niederlanden seit den 1980er-Jahren entwickelt wurden (vgl. Naschold/Bogumil 2000), neu erfinden wollen (vgl. Gabler/Osborne 1998). Dieser Anspruch, die Verwaltung neu erfinden zu wollen, lässt den radikalen Kern des Anliegens der Verwaltungsmodernisierung aufscheinen. Auf internationaler Ebene wurde das New Public Management auch im Rahmen des Um- und Abbaus des Wohlfahrtsstaates thematisiert, so zum Beispiel in den USA, Neuseeland, Australien und Großbritannien (vgl. Flynn 2007, Wegener 2002, Fellmeth/Rohhde 1999). Die Bewegung des New Public Management will für den öffentlichen Sektor ein neues professionelles Management in Anlehnung an die im privatwirtschaftlichen Sektor eingesetzten Managementtechniken entwickeln und folgt seitdem fast überall Leitbildern wie „Unternehmen Stadt", „Dienstleistungsunternehmen Stadt", „Konzern Stadtverwaltung", „Dienstleister Staat" oder auch „menschliche Verwaltung" (vgl. Schedler/Pröller 2006: 61). Ziel ist es, Effizienzkriterien für den öffentlichen Sektor zu entwickeln und Wettbewerbselemente im Verwaltungshandeln zu verankern. Durch die Einführung von Leistungsstandards und dazu passenden Steuerungsinstrumenten sollen Leistungsmessung, Ergebnis- und Wirkungskontrollen ermöglicht werden (vgl. Kuhlmann u.a. 2004). Konzeptioneller Bestandteil ist ferner die Verselbstständigung und Dezentralisierung von Verwaltungseinheiten, wie die Einführung der dazu gehörigen dezentralen Ressourcenverantwortung (vgl. Bieker 2004: 41ff.). Das Neue Steuerungsmodell wurde anfänglich für die Kommunalverwaltung entwickelt, wird aber auch eingesetzt zur Steuerung von Landesverwaltungen und anderer öffentlicher Institutionen (Gesundheits- und Sozialwesen, Hochschulen, Schulen sowie privater Leistungserbringer) sowie von Akteuren, die öffentlich finanzierte Aufgaben wahrnehmen (z.B. Wohlfahrtsverbände, Kinder- und Jugendverbände).

Insbesondere die Fokussierung auf den Wettbewerbsgedanken (vgl. Osborne/Gabler 1998, Flynn 2007: 201ff.) lässt das New Public Management wie auch das Neue Steuerungsmodell in einen neoliberalen Kontext rücken, da die Annahme, Märkte und Wettbewerb seien nicht nur die beste Form zur Koordinierung wirtschaftlichen Handelns, sondern auch zur Koordinierung von Handlungen in anderen, nicht profit-orientierten Bereichen bestens geeignet (vgl. auch Schedler/Pröller 2006), zentraler Bestandteil aller neuen Steuerungsansätze ist. Das Anliegen der neuen Steuerung war anfänglich noch von der Vorstellung getragen (besonders in den sozialdemokratisch geprägten skandinavischen Ländern), dass die Privatisierung öffentlicher Aufgaben und die Verwirklichung des Schlanken Staates kein Königsweg zu mehr Effektivität und Effizienz im politisch-administrativen Handeln seien. Das New Public Management wurde – trotz seines neoliberalen Kontextes – auch von sozialdemokratisch geführten Regierungen adaptiert, weil sie sich dadurch einen „besseren" Staat und eine „leistungsfähige Verwaltung" versprachen (Behrens u.a. 1995), die den Herausforderungen der Zukunft gewachsen sind und helfen, die Wettbewerbsfähigkeit der Wirtschaft zu verbessern. In Ländern mit sozialdemokratischer Tradition war anfänglich nicht der Schlanke Staat, ein Leitbild, das von konservativen Parteien und Regierungen besetzt war (vgl. Jann/Wewer 1998), Ziel der neuen Steuerung, sondern ein starker, leistungsfähiger Staat, der mittels Aktivierungspolitik Blockaden bricht, den Staat und seine Aufgaben sozialdemokratisch neu erfindet (vgl. Behrens u.a. 1995). Das New Public Management fand in sozialdemokratischen Kreisen Anklang, weil man es als Grundlage für das neue Leitbild *Aktivierender Staat* als geeignet einstufte. Die neuen Managementtechniken sollten helfen, die verloren gegangene Handlungsfähigkeit des Staates wiederherzustellen (Scharpf 1991). Nachdem sich die Sozialdemokratie in Europa in den 1980er Jahren schon der ökonomischen Angebotspolitik angenähert hatte (vgl. Scharpf 1987), war der Schritt hin zu den Prinzipien und Instrumenten des New Public Management kein allzu großer. Vor dem Hintergrund der Erfahrungen mit den Privatisierungsvorgängen des Schlanken Staates, dessen Versprechungen nicht trugen (z.B. kostengünstige, schnelle und unbürokratische Leistungserstellung), da sie zu Versorgungsmonopolen, Kostensteigerung, mehr Bürokratie und dem letztendlichen Verlust jedweder öffentlicher Kontrolle in der Aufgabendurchführung führten (vgl. Naschold/Bogumil 2000), sollten die Instrumente und Werkzeuge des New Public Management – trotz ihres neoliberalen Kontextes – zur Rettung und Neugestaltung des Sozialstaates beitragen, eine Entwicklung, die sich in allen OECD-Ländern nachweisen lässt (vgl. Dingeldey/Rothgang 2009).

New Public Management und Neues Steuerungsmodell sind – wenn man ihr Anliegen minimalistisch definiert – der Versuch, neue Methoden und Instrumente zur Leistungs- und Effizienzsteigerung bei der Erledigung öffentlicher Aufgaben einzuführen und unter Beweis zu stellen, dass Politik und Verwaltung den ihr verbleibenden Gestaltungsauftrag effizient erledigen können, wenn sie sich am Handeln der Wirtschaftsunternehmen orientieren. Vor dem Hintergrund der Erfahrungen mit Privatisierungsvorgängen und der Unflexibilität bürokratischer Organisationsformen wird allerdings der Grundgedanke ‚so viel Wettbewerb wie möglich' zum Hauptmotor der Modernisierungsvorgänge in der Öffentlichen Verwaltung (vgl. Osborne/Gabler 1998).

3. Schwächen bürokratischer Steuerung

Ausgangspunkt der Verwaltungsmodernisierung ist die Kritik der bürokratischen Steuerung. Das in der bürokratischen Behördenorganisation Vorherrschen von Hierarchien, langen Dienstwegen und insbesondere einer zentralisierten Ressourcenverantwortung und Ressourcenverwaltung führte zu einem Denken der an der Öffentlichen Verwaltung Beteiligten, das sich nur wenig am Ergebnis der Arbeit orientiert. Das System – so die Kritik – führe dazu, dass die Verwaltung primär ressourcenorientiert sei; das heißt, sollen neue Aufgaben erledigt werden, werde zuerst daran gedacht, dass das System einen Input benötige, also neue Ressourcen, um neues Personal zur Erledigung neuer Aufgaben anstellen zu können; das vorherrschende System motiviere nicht, nach Wegen zu suchen, wie man eine neue Aufgabe mit vorhandenen Ressourcen erledigen könne. Ziel der Verwaltungsmodernisierung müsse deshalb vorrangig sein, die vorherrschende Ressourcenorientierung – manchmal auch Inputorientierung genannt – zu einer Output- und Ergebnisorientierung umzupolen, um so den bürokratischen Zentralismus mit seiner „organisierten Verantwortungslosigkeit" zu überwinden (vgl. Banner 1991).

Zu Beginn der Debatte um die Entwicklung eines neuen Steuerungsmodells ging es primär um die Lösung binnenorganisatorischer Probleme der Verwaltung und weniger – im Vergleich zu anderen Ländern – um die Reduzierung sozialstaatlicher Aktivitäten (vgl. Jann 2005). Gesucht wurden neue Steuerungsinstrumente zur Lösung der Funktionsprobleme der Verwaltung. Die KGSt sah die Ursachen der Probleme in einer Vielzahl von Steuerungslücken und nannte insbesondere (vgl. Budäus 1994: 20ff., Jann 2005: 75):

- „Effizienzlücke: fehlende Anreize zur ständigen, effizienten Mittelverwendung
- Strategielücke: fehlende Orientierung an klaren, mittelfristigen Entwicklungszielen und Prioritäten

- Managementlücke: fehlender Zwang und fehlende Instrumente zur Leistungsverbesserung, zur Strukturanpassung, zu Ressourcenumschichtungen, zur Anpassung an Nachfrageänderungen
- Attraktivitätslücke: sinkende Attraktivität des öffentlichen Sektors für engagierte Mitarbeiter, unzureichende Nutzung der vorhandenen Bereitschaft zu Engagement und Kreativität
- Legitimitätslücke: Unfähigkeit nachzuweisen, dass Verwaltungsleistungen durchaus ihr Geld wert sind, fehlende kontinuierliche Rechenschaftslegung über Effizienz, Zielgenauigkeit und Qualität öffentlicher Leistungen und daher schwindende Akzeptanz in der Öffentlichkeit" (Jann 2005: 75).

Vor allem das Muster der Finanzierung öffentlicher Leistungen und die Logik der Geldbeschaffung und Mittelverwendung sollten mittels neuer Steuerung überwunden werden. Das alte Verfahren: Bedarf zurechtschreiben, Haushaltsanmeldung, Verabschiedung des Haushalts, neue Stellen zur Aufgabenerledigung schaffen, Arbeiten ohne Erfolgskontrolle (vgl. Hinte 1999) sollte durch das Neue Steuerungsmodell überwunden werden. An die Stelle der bürokratisch-zentralistischen Steuerung sollte eine dezentrale und ergebnisorientierte Steuerung treten. In groben Grundzügen dargestellt, will die KGSt mittels des Neuen Steuerungsmodells (vgl. Jann 2005):

statt	lieber
Steuerung über Regeln und Ressourcen	Steuerung durch Ergebnisse
ständiger Eingriffe ins Detail	Steuerung über Ziele
Zentralismus	Selbststeuerung dezentraler Einheiten
organisierter Unverantwortlichkeit	delegierte Ergebnisverantwortung
Orientierung an der Verwaltung	Orientierung am Bürger/Kunden
Abschottung gegen Veränderung	Wettbewerb
kameralistischer Haushaltsführung	Kosten- und Leistungstransparenz
Eigenerstellung von Leistungen	Konzentration auf Kernaufgaben
Leistungserbringung	Gewährleistung der Leistungserbringung
Personalverwaltung	Personalmanagement

4. Kontraktmanagement – das Kernstück der neuen Steuerung

Um in der Verwaltung eine stärkere Orientierung auf die Produkte, den Output und das Ergebnis der Arbeit zu erreichen (Ergebnisorientierung statt Ressourcenorientierung), sollen Ämter, Abteilungen und Personal durch Kontraktmanagement gesteuert werden. Kontraktmanagement ist Steuerung über Leistungs- und Zielvereinbarungen sowie die Vereinbarung eines dazu gehörigen Budgets für die Arbeit; die Einführung eines Controllingsystems zur Messung und Steuerung der Zielerreichung und der Ergebnisse ist ebenfalls Bestandteil des Kontraktmanagements (vgl. KGSt 4/1998). Das Controlling soll den gesamten Prozess der Zielfindung, Zielvereinbarung, Umsetzung und der Berichterstattung über die Zielerreichung (Rechenschaftsbericht) umfassen. Controlling ist ein Instrument der Dauerbeobachtung, das dabei hilft, Ziele zu formulieren und zu erreichen. Im Gegensatz zur bürokratischen Kontrolle, die eine Kontrolle der Rechtmäßigkeit der Mittelverwendung darstellt und zum Einsatz kommt, wenn die Mittel verausgabt sind, stellt das Controlling eine permanente Prozessbeobachtung dar.

Das Kontraktmanagement erweist sich bei genauerer Betrachtung als Zentralanliegen der neuen Steuerung, das von der KGSt nach Vorbildern aus den Niederlanden (sog. Tilburger Modell) entwickelt wurde. In den Niederlanden waren die Kommunen aufgrund einer chronisch angespannten Haushaltslage schon zu Beginn der 1980er Jahre zu massiven Sparanstrengungen gezwungen. Im Zuge der Sparmaßnahmen war die Frage unausweichlich, wie man unter Bedingungen sinkender Staatseinnahmen Arbeitsweise und Leistungsfähigkeit der Kommunalverwaltungen, insbesondere der von ihnen getragenen Sozialen Dienste, aufrechterhalten kann. Die niederländische Antwort war das Konzept: Konzern Stadtverwaltung. Dabei ging es darum, bürokratisches Verwaltungshandeln und die bürokratische Behördenstruktur durch Orientierung an Vorbildern aus der Privatwirtschaft zu reformieren, um mehr Effektivität und Effizienz des Verwaltungshandelns zu produzieren.

Kontrakte sind (so die Lehrmeinung) das Ergebnis von Aushandlungsprozessen zwischen den an der Leistungserbringung beteiligten Akteuren. Kontrakte beinhalten strategische Zielabsprachen zwischen den Akteuren, wobei der eine Vertragspartner sich verpflichtet, die vereinbarten strategischen Ziele zu erfüllen und Leistungen zu erbringen, wobei er den Weg zur Zielerfüllung selbst festlegen kann; der andere Vertragspartner verpflichtet sich im Gegenzug zur Bereitstellung vom Finanzmitteln (in Form von Budgets), mit denen der Kontraktnehmer im Rahmen der Leistungserbringung wirtschaften kann; auch wird ihm das Recht zuerkannt, im Rahmen eines Controlling das Leistungsgeschehen und die Zielerreichung des anderen zu beobachten und gegebenenfalls bei Abweichung von der Zielvereinbarung steuernd eingreifen zu können. In Anlehnung an das Tilburger Modell lassen sich mehrere Ebenen des Kontraktmanagements in den Kommunalverwaltungen unterscheiden (vgl. KGSt 1998: 34):

- Kontraktmanagement als Steuerungsmittel zwischen Politik und Verwaltung (Hauptkontrakt);
- Kontraktmanagement zwischen Verwaltung und Fachbereichen/ Betriebseinheiten (Fachbereichs- bzw. Amtskontrakt);

- Kontraktmanagement zwischen Verwaltung und internen oder externen Leistungserbringern (Servicekontrakt), beispielsweise zwischen Sozialverwaltung und Wohlfahrtsverbänden und/oder Sozialen Diensten;
- Kontraktmanagement zwischen Verwaltung und einzelnen Mitarbeiter (Zielvereinbarungen oder Mitarbeiterkontrakte).

Als *Vorteile* einer Steuerung durch Kontraktmanagement werden gewöhnlich genannt:

- im Gegensatz zur Privatisierung bleibt die Steuerungsfunktion durch die Öffentliche Verwaltung voll erhalten;
- klare Trennung zwischen Politik und Verwaltung;
- klare Aufgabentrennung zwischen Verwaltungsleitung und Fachbereichsleitung;
- Schaffung von Entscheidungsautonomie auf allen Ebenen;
- Schaffung einer neuen Aufbauorganisation in der Verwaltung, die nicht mehr vorrangig ressourcenorientiert, sondern outputorientiert/ergebnisorientiert ist;
- Auflösung der Querschnittsverwaltung, da die Ressourcenverantwortung bei den Leistungseinheiten liegt.

Aus dem Kontraktmanagement ergeben sich auch *Konsequenzen* für die Verwaltung:

- Ziele und Leistungen der Verwaltung und der Fachbereiche müssen genau beschrieben werden, das heißt, es kommt zur Produktbildung;
- Leistungstiefe muss geprüft werden;
- Produkte müssen klar definiert und messbar gemacht werden;
- Kostenrechnungen, in die alle Leistungen und Vorleistungen eingehen, werden unumgänglich;
- die Finanzierung der Arbeit erfolgt über Budgets.

5. Kontraktmanagement im Sozialbereich: Leistungsvereinbarungen zwischen öffentlichen und freien Trägern

Das Kontraktmanagement beschränkt sich schon seit längerem nicht nur auf die Binnensteuerung der Verwaltung. Relativ schnell – seit etwa 1995 – wurde es auch auf die Jugendhilfe ausgedehnt, so dass sich die freien Träger seitdem immer mehr durch die Verwaltung gesteuert erleben müssen. Seit 1999 sind Leistungsvereinbarungen in den meisten sozialpolitischen Handlungsfeldern durch den Sozialgesetzgeber verbindlich vorgeschrieben und Bestandteil aller neuen Sozialgesetzbücher geworden. Im Bereich der kommunalen Sozialpolitik ist das Zusammenwirken öffentlicher und freier Träger unabdingbar, da freie Träger (Kirchen, Wohlfahrtsverbände) aufgrund des sozialrechtlichen Subsidiaritätsprinzips einen Großteil der sozialen Leistungen auf kommunaler Ebene erbringen. Erfolg und Qualität der Arbeit hängen entscheidend vom Zusammenwirken beider Akteure ab. Die Ausweitung des Kontraktmanagements auf den gesamten Bereich Sozialer Dienste in den Kommunen (SGB II, VIII, XII) ist konsequent und liegt in der Logik des Neuen Steuerungsmodells, da auch diese Zusammenarbeit schon seit längerem als modernisierungsbedürftig eingestuft wurde. Durch Kontraktmanagement wird seitdem die Zusammenarbeit von kommunalen Kostenträgern und externen Leistungserbringern neu gesteuert, mit dem Ziel einer sowohl effektiveren als auch effizienteren Leistungserbringung. Dass das neue Zusammenwirken beider Seiten im Rahmen von Leistungsvereinbarungen nicht ohne Spannungen ist, haben Beobachtungen und empirische Studien mittlerweile belegt (vgl. Dahme/Kühnlein/Wohlfahrt 2005). Vor allem ist feststellbar, dass der durch das Kontraktmanagement eingeführte Quasi-Wettbewerb im Sozialbereich, wie der durch Ausschreibungsverfahren geschaffene Marktwettbewerb im Formenkreis des SGB II, das Subsidiaritätsprinzip transformiert hat: Die in § 17 SGB I geforderte partnerschaftliche Zusammenarbeit zwischen Kostenträger und Leistungserbringern ist zunehmend durch eine *Auftraggeber-Auftragnehmer-Beziehung* ersetzt worden (vgl. Schedler/Pröller 2006: 95f., 191ff., Dahme/Schütter/Wohlfahrt 2008: 68), die den sozialpolitischen Einfluss der freien Träger in den kommunalen sozialpolitischen Entscheidungsgremien deutlich reduziert hat. Die Logik dieses *purchaser-provider-split* (Le Grand 1991: 1257) zwingt die externen Dienstleister (bzw. die freien Träger), sich primär auf die im Kontrakt formulierten Ziele und die dazu notwendige Leistungserbringung zu konzentrieren. Die Entwicklung der freien Träger zu sozialwirtschaftlichen Akteuren, die als Folge dieser Entwicklung zunehmend andere traditionelle Aufgaben der Freien Wohlfahrtspflege (bspw. ihre anwaltschaftliche Funktion, ihre Werteorientierung wie ihre mitgliedschaftliche Funktion) vernachlässigen (müssen), ist nicht zuletzt Folge der Verwaltungsmodernisierung im Lichte der KGSt bzw. des New Public Management.

Die Steuerung der Leistungserbringung im Sozialbereich durch Leistungsvereinbarungen soll nach den Vorstellungen und Empfehlungen der KGSt zu einer fachlich fundierten und finanziell seriösen Steuerung der Leistungserbringung beitragen. Wie beim Kontraktmanagement zur Binnensteuerung der Verwaltung soll das Kontraktmanagement zwischen öffentlichen und freien Trägern auch dazu führen, die traditionell im Sozialsektor vorherrschende Input- bzw. Ressourcenorientierung auf eine Ergebnisorientierung umzuprogrammieren, die verstärkt Wirkungen und Qualität der Leistungen ins Auge fasst und verbessert. Dieses Ziel ist nicht erreicht worden, schaut man sich die durch das Kontraktmanagement geschaffenen neuen Produktionsbedingungen Sozialer Arbeit und anderer Sozialer Dienste an: Soziale Arbeit findet mittlerweile überwiegend als Teilzeitarbeit statt (vgl. BAGFW 2010), zeitbefristete Einstellungen und Leiharbeit sind auch im Sozialbereich verbreitet, die Einkommen der Fachkräfte sind rückläufig und unterscheiden sich stark nach Anstellungsträger und Handlungsfeld (vgl. Dahme/Trube/Wohlfahrt 2007 und Wohlfahrt in diesem Band). Der durch das Kontraktmanagement eingeführte Wettbewerb (sei er nun marktlich wie in den von Ausschreibungen geprägten Handlungsfeldern nach dem SGB II oder nur als Wettbewerbssurrogat organisiert wie im Bereich des SGB VIII und XII) hat die Soziale Arbeit nicht nur in den Sozialverwaltungen, sondern mehr noch bei den externen Leistungserbringern verändert. Will man die Professionalität Sozialer Arbeit in Folge der Verwaltungsmodernisierung neu bestimmen, lässt sich dies nicht mehr ohne Rekurs auf die durch die Verwaltungsmodernisierung geschaffenen Finanzierungs- und Leistungsstrukturen sowie die im Rahmen des Kontraktmanagements eingeführten Steuerungsinstrumente leisten (vgl. Dahme/Kühnlein/Wohlfahrt 2005, Dahme 2008; Butcher 2003: 122ff.).

6. Fazit: Kommunale Sozialverwaltung auf dem Weg zur Gewährleistungsverwaltung

Zusammenfassend kann man feststellen, dass die anfänglich hohen Ziele der Verwaltungsmodernisierung wie Steigerung der Mitarbeiterzufriedenheit, verbesserte Leistungserbringung, Prozessoptimierung, mehr Effektivität und Bürgerorientierung stark ins Hintertreffen geraten sind, insbesondere wenn man die Sozialen Dienste betrachtet (vgl. Dahme/Trube/Wohlfahrt 2007). Unter dem Druck der Haushaltskonsolidierung werden vorrangig Instrumente eingesetzt, die das Kostenmanagement unterstützen (also Instrumente wie Budgetierung, Controlling, Kosten-Leistungsrechnung, Ausgründungen zur Umgehung von Tarifvereinbarungen, Leistungsverträge mit Dritten/freien Trägern). Untersuchungen über die Modernisierungsansätze in anderen Ländern (Neuseeland, USA, Großbritannien) zeigen, dass Kostenmanagement und Stellenabbau nicht nur ein deutsches Phänomen sind. „Oft werden mit dem Argument, den Service verbessern zu wollen oder die Kundenpräferenzen bedienen zu müssen, vom Management in erster Linie kostenorientierte Rationalisierungsmaßnahmen voran getrieben, ohne Bedarfe und Vorstellungen der aufgabenrelevanten Umwelt genauer zu kennen." (Naschold u.a. 1998: 42). Umfragen des Deutschen Städtetages ist zu entnehmen, dass dieser international zu registrierende Trend schon Ende der

1990er Jahre auch für die Verwaltungsmodernisierung in der Bundesrepublik Deutschland festgestellt werden musste: Kostenorientierte Maßnahmen dominieren; Maßnahmen, die den Bürger oder den Mitarbeitern/innen gelten, kommen eher selten vor (vgl. DST 1998). Das hat sich auch nicht gewandelt, als die Kommunen dazu übergingen, die neuen KGSt-Konzepte *Bürgerkommune* (KGSt 1999, Bogumil u.a. 2003) und *Strategisches Management* (KGSt 2000) zu implementieren und die Binnenmodernisierung zugunsten einer Modernisierung der Verwaltungsumwelt und ihrer Zuliefererstrukturen auszubauen (vgl. Oppen/Sack/Wegener 2005). Local Governance, Bürgerkommune und die Förderung des bürgerschaftlichen Engagements haben sich schnell als weitere Instrumente der Verwaltungsmodernisierung und des Sozialstaatsabbaus erwiesen, geht es bei Local Governance und der Förderung bürgerschaftlichen Engagements doch vor allem darum, den Bürger in die Leistungserstellung der Sozialverwaltung und freien Träger einzubeziehen, ihn als Ressource für einen chronisch unterfinanzierten Sozialstaat heranzuziehen (vgl. Dahme/Wohlfahrt 2009, 2010).

Die zu Beginn der Verwaltungsmodernisierung aufgestellte Behauptung, in vielen, nach Prinzipien des New Public Management gesteuerten Ländern gäbe es einen Zusammenhang zwischen der Einführung managerieller Steuerung und dem Um- und Abbau des Sozialstaates, trifft ebenso für die Bundesrepublik zu: Die neuen Steuerungsinstrumente dienen in der Praxis, die sich aus dem Neuen Steuerungsmodell hoch selektiv geeignete Instrumente aussucht, auch bei uns diesem Ziel. Die in der Sozialgesetzgebung verankerte Steuerung der Leistungserbringung durch Leistungsvereinbarungen und Leistungsverträge, Qualitätsvereinbarungen und prospektive Leistungsentgelte dient der Etablierung des Kontraktmanagements im sozialen Dienstleistungsbereich. Durch Schaffung von Trägerkonkurrenz und Aufweichen des Subsidiaritätsprinzips kann der öffentliche Träger seine eigene Stellung als Nachfrager und Finanzier Sozialer Dienste, seine Stellung im sozialrechtlichen Dreieckverhältnis, stärken: Angesichts der Vielzahl freier und privatgewerblicher Träger und ihres Wettbewerbs untereinander (vgl. Dahme/Wohlfahrt 2010a) kann der öffentliche Träger aufgrund seiner Marktmacht und der ihm zukommenden Kontrollfunktion im sozialrechtlichen Dreiecksverhältnis die Preise für Soziale Dienste beeinflussen (vgl. Neumann u.a. 2004). Der durch das Kontraktmanagement eingeleitete Transformationsprozess, die retrospektive Finanzierung sozialer Dienste durch eine prospektiv, wettbewerbszentrierte Entgeltregelung abzulösen, macht das Kontraktmanagement vor allem zu einem Instrument der Haushaltkonsolidierung und weniger zu einem der Qualitätssicherung der Leistungen im Sozialsektor.[2]

---

2   Diese Schritte zur Modernisierung des Gesundheits- und Sozialsektors hatte die Monopolkommission schon Mitte der 1990er Jahre angemahnt und empfohlen (Monopolkommission 1997, Meyer 1999).

Der Abschluss von Leistungsverträgen und -vereinbarungen wird in der Sozialgesetzgebung insbesondere für Bereiche vorgeschrieben, in denen professionelle Leistungserbringer tätig sind und in denen sich Produkte/Leistungen relativ gut beschreiben, standardisieren und dadurch auch in der Qualität vergleichen lassen. Die Steuerung der professionellen Leistungserbringung mittels neuer Steuerungsinstrumente erscheint sinnvoll, wenn mittels Kontraktmanagement Ziele klarer und Leistungen vergleichbarer werden und wenn mittels eines konsequenten Qualitätsmanagements bessere Leistungen für den Bürger entstehen, Überversorgung abgebaut oder vermieden wird (vgl. Hansen 1997), letztlich also die allokative Effizienz verbessert wird, was für die Bundesrepublik aber nur unzulänglich belegt ist. Beobachten lässt sich, dass die (Sozial)Verwaltung zunehmend mehr Bereiche der Sozialen Arbeit der Logik der neuen Steuerung zu unterwerfen sucht und häufig unreflektiert dazu übergeht, Kosten- und Leistungsvereinbarungen auch auf solche Bereiche auszudehnen, in denen eher unspezifische, offene Soziale Arbeit geleistet wird (z.B. offene Jugendarbeit), die sich nur schwer der Produktlogik unterwerfen lässt, weil die hier geleistete Arbeit kaum standardisierbar ist. Darüber hinaus wird die Arbeit in den eher unspezifischen, offenen Settings häufig nicht nur von professionellen Kräften, sondern auch unter Zuhilfenahme von Ehrenamtlichen, freiwillig Engagierten, erbracht, die nicht selten in Mitgliedsverbänden mit starkem Wertebezug zusammengeschlossen sind. Das in den professionellen Settings immer wieder anzutreffende freiwillige Engagement wird durch die neue Steuerungslogik eher entwertet als aufgewertet und manchmal sogar verhindert, wenn solche Arbeit durch die Steuerungslogik zwangsweise zu einem Produkt wird.

Die Verwaltung ist im Zuge der Verwaltungsmodernisierung, die mittlerweile auf eine gut 20-jährige Geschichte zurückblicken kann (vgl. Grunow 2011, Reichard 2010, Holtkamp 2008, Banner 2008, Bogumil u.a. 2007, Jann u.a. 2004), immer stärker umgebaut worden. Zur Bezeichnung des neuen Typus von Verwaltung hat sich der Begriff *Gewährleistungsverwaltung* durchgesetzt (vgl. Schuppert 2005). Die Gewährleistungsverwaltung ist entstanden (Maurer 2006: 8), seitdem die Verwaltung im Rahmen des New Public Managements dazu übergangen ist, immer mehr Bereiche der öffentlichen Daseinsvorsorge zu privatisieren, sei es in Form materieller (Verzicht auf die Erstellung durch den Staat, Verantwortungsverlagerung auf den Bürger) oder formeller Privatisierung (Organisationsprivatisierung in Form von Ausgründungen und die Bildung von Eigenbetrieben) oder, wie im Sozialsektor üblich, durch *Delegation* und Übertragung an Dritte (contracting out).

Politik und Verwaltung haben sich in den letzten Jahren immer stärker die vom Neoliberalismus vertretene Position zu eigen gemacht, der Staat solle möglichst wenig Aufgaben selber durchführen, eine Position, die nicht notwendig mit dem New Public Management einhergehen muss, mittlerweile aber durch die parallel zur Verwaltungsmodernisierung betriebene (Sozial) Staatsmodernisierung ubiquitär geworden ist. Die Binnenmodernisierung der Verwaltung ist seit längerer Zeit auch in der Bundesrepublik – entgegen den ursprünglichen Intentionen – mit Privatisierungstendenzen verbunden (vgl. Wohlfahrt 2011) und hat dazu beigetragen, dass Aufgaben der Daseinsvorsorge vielfach in privater Rechtsform (Organisationsprivatisierung), privatwirtschaftlich oder in Public-Private-Partnership-Strukturen organisiert und erbracht werden. Da es sich dabei häufig um Leistungen im öffentlichen Interesse handelt, deren Durchführung der Sozialgesetzgeber vorschreibt, muss die Gewährleistungsverwaltung sicherstellen, dass diese Leistungen durch Private auch in ausreichendem Maße und zu einer festgelegten Qualität zur Verfügung gestellt werden. Aufgrund der Privatisierungsprozesse im Bereich der sozialrechtlich kodifizierten Leistungen übernimmt die Verwaltung neuen Typs auch Monitoring- und Regulierungsaufgaben. Wird die Leistungserbringung – wie im Bereich der Sozialen Dienste – delegiert, wird die Leistungserbringung durch Leistungsvereinbarungen zwischen Kostenträgern und Leistungserbringer detailliert geregelt, wobei angesichts der chronischen Unterfinanzierung der Kommunalhaushalte (vgl. Dahme 2011) Kostengesichtspunkte das sozialpolitische Vergabe- und Vertragsgeschehen dominieren. Da die Entwicklung der Gewährleistungsverwaltung und die dazu gehörigen Privatisierungsprozesse stark von Kostenfragen mit bestimmt sind, ist die von der Gewährleistungsverwaltung im Rahmen des Strategischen Managements (KGSt 2000) und unter dem Leitbild Bürgerkommune (KGSt 1999) angestoßene Entwicklung von *Local Governance* (das sind auf Themen bezogene lokalpolitische Planungs-, Entscheidungs- und Steuerungsnetzwerke aus Verwaltung, privaten Akteuren und Teilen der Zivilgesellschaft) eine konsequente Weiterentwicklung dieses Prozesses. Local-Governance-Strategien, die Beteiligungsformen für zivilgesellschaftliche Akteure ausdifferenzieren, schaffen aber nicht nur Politisierungsarenen, in denen sich das Know-how der Zivilgesellschaft bei der Entwicklung von lokalen Lösungsansätzen einbringen kann. Sie sind auch darauf ausgerichtet, freiwilliges, zivilgesellschaftliches Engagement (vgl. Aner 2006, 2011) in das lokale System Sozialer Dienste zu internalisieren. Local Governance ist ein Bestandteil des New Public Management im lokalen Sozialsektor (vgl. Bovaird/Löffler 2004, Schedler/Pröller 2006: 90). Bürgerschaftliches Engagement heißt diese Strategie in Deutschland, Big Society in Großbritannien[3].

---

3 Die Süddeutsche Zeitung berichtete am 29. März 2011 über das von der Cameron-Regierung jüngst aufgelegte Programm *Big Society* zur Aktivierung freiwilligen Engagements im Vereinten Königreich und titelte den Bericht mit Blick auf die damit einhergehenden Sozialkürzungen: Attila in Westminster. Wie Cameron den schlanken Staat als große Gesellschaft verkauft.

In beiden Fällen soll freiwilliges Engagement dazu beitragen, dass der Abbau von sozialen Leistungen nicht allzu spürbar wird und fehlende finanzielle und professionelle Ressourcen durch freiwilliges Engagement kompensiert werden können. Es scheint so, als hätten nach 20-jähriger Entwicklung New Public Management und Schlanker Staat – entgegen den Absichten vieler Vordenker und Protagonisten – auch in der Bundesrepublik letztendlich zueinander gefunden. Modernisierung ist in der politischen Semantik deshalb auch längst kein innovationstheoretisch ausgerichtetes Projekt mehr. Das ist mit der Einführung von Markt- und Wettbewerbselementen in die Sozialverwaltung und in das System Sozialer Dienste Ende der 1990er Jahre abgeschlossen worden. Die darauf folgende Modernisierung der Modernisierung lässt auch den Modernisierungsbegriff inflationär werden (wie zuvor schon den Reformbegriff), bezieht er sich in der politischen Semantik doch schon seit längerem auf die permanente *Sanierung* brüchig gewordener lokaler Versorgungsstrukturen angesichts einer den Sozialbereich dominierenden Austeritätspolitik (vgl. Streeck/Mertens 2010).

Literatur

Aner, Kirsten: Wunsch und Wirklichkeit – Zivilgesellschaftliches Engagement zwischen sozialpolitischen Erwartungen und individuellem Handeln. In: neue praxis, Heft 1, 2006; S. 53-67

Aner, Kirsten: Zivilgesellschaftliches Engagement. In: Dahme, Heinz-Jürgen / Wohlfahrt, Norbert (Hg.): Handbuch Kommunale Sozialpolitik. Wiesbaden 2011; S. 360-371

Baecker, Dirk: Postheroisches Management. Berlin 1994

Banner, Gerd: Von der Behörde zum Dienstleistungsunternehmen. Die Kommune braucht ein neues Steuerungsmodell. In: Verwaltung, Organisation, Personal 1991; S. 6-11

Banner, Gerd: Logik des Scheiterns oder Scheitern an der Logik? Kommentar zu Lars Holtkamp: Das Scheitern des Neuen Steuerungsmodells. In: dms – Der moderne Staat – Zeitschrift für Public Policy, Recht und Management, Heft 2/2008; S. 447-455

Behrens, Fritz / Heinze, Rolf / Hilbert, Josef / Stöbe-Blossey, Sybille / Walsken, Ernst M. (Hg.): Den Staat neu denken. Reformperspektiven für die Landesverwaltungen. Berlin 1995

Bieker, Rudolf: Neue Kommunalverwaltung. Eine Einführung für Sozial- und Verwaltungsberufe. Weinheim 2004

Blanke, Bernhard u.a. (Hg.): Handbuch zur Verwaltungsreform (3. Auflage). Wiesbaden 2005

Bogumil, Jörg / Grohs, Stephan / Kuhlmann, Sabine / Ohm, Anna K.: Zehn Jahre Neues Steuerungsmodell. Eine Bilanz kommunaler Verwaltungsmodernisierung. Berlin 2007

Bogumil, Jörg / Holtkamp, Lars / Schwarz, Gudrun: Das Reformmodell Bürgerkommune. Leistungen – Grenzen – Perspektiven. Berlin 2003

Bovaird, Tony / Löffler, Elke: Public Management and Governance. London 2004

Bundesarbeitsgemeinschaft der Freien Wohlfahrtspflege (BAGFW): Gesamtstatistik 2008. Berlin 2010

Budäus, Dietrich: Public Management. Konzepte und Verfahren zur Modernisierung öffentlicher Verwaltungen. Berlin 1994

Butcher, Tony: Delivering Welfare (2nd edition). Buckingham

Clarke, John / Newman, Janet: The Managerial State. Power, Politics and Ideologies in the Remaking of Social Welfare. London 1997

Dahme, Heinz-Jürgen: Organisations- und Professionswandel im Sozialen Dienstleistungssektor. Folgen der staatlichen Effizienzpolitik für sozialarbeitsbasierte Dienste. In: Sozialer Fortschritt 57/2008; S. 9-14

Dahme, Heinz-Jürgen: Kommunale Finanzen und Finanzierung kommunaler Sozialleistungen. In: Dahme, Heinz-Jürgen / Wohlfahrt, Norbert (Hg.): Handbuch Kommunale Sozialpolitik. Wiesbaden 2011; S. 114-127

Dahme, Heinz-Jürgen / Wohlfahrt, Norbert: Subsidiarität. Die Metamorphosen eines gesellschafts- und sozialpolitischen Ordnungsprinzips. In: Markert, Andreas / Buckley, Andrea / Vilain, Michael / Biebricher, Martin (Hg.): Soziale Arbeit und Sozialwirtschaft. Beiträge zu einem Feld im Umbruch (Festschrift für Karl-Heinz Boeßenecker). Berlin 2008; S. 6-23

Dahme, Heinz-Jürgen / Wohlfahrt, Norbert: Bürgerschaftliche Sozialpolitik: ein sozialstaatliches Projekt als Herausforderung gemeinwesenbezogener sozialer Arbeit. In: Der pädagogische Blick, 17. Jg. 2009; S. 81-92

Dahme, Heinz-Jürgen u. Wohlfahrt, Norbert: Gemeinsinn in der Wettbewerbsgesellschaft? Thesen zu Theorie und Praxis einer nationalen Engagementpolitik. In: neue praxis, Heft 1/2010; S. 38-55

Dahme, Heinz-Jürgen / Wohlfahrt, Norbert: Soziale Dienste. In: Schröer, Wolfgang / Schweppe, Cornelia (Hg.): Enzyklopädie Erziehungswissenschaft Online (EEO) Fachgebiet Soziale Arbeit. Weinheim 2010a (DOI 10.3262/EEO14100061)

Dahme, Heinz-Jürgen / Kühnlein, Gertrud / Wohlfahrt, Norbert: Zwischen Wettbewerb und Subsidiarität. Wohlfahrtsverbände unterwegs in die Sozialwirtschaft. Berlin 2005

Dahme, Heinz-Jürgen / Schütter, Silke / Wohlfahrt, Norbert: Lehrbuch Kommunale Sozialverwaltung und Soziale Dienste. Weinheim 2008

Dahme, Heinz-Jürgen / Trube, Achim / Wohlfahrt, Norbert (Hg.): Arbeit in Sozialen Diensten. Flexibel und schlecht bezahlt? Baltmannsweiler 2007

Damkowski, Wulf / Recht, Claus: Public Management. Neue Steuerungskonzepte für den öffentlichen Sektor. Stuttgart 1995

Deutscher Städtetag: DST-Umfrage zum Stand der Verwaltungsmodernisierung in den unmittelbaren Mitgliedstädten. Auswertung und Ergebnisse. Berlin 1998

Dingeldey, Irene / Rothgang, Heinz (Hg.): Governance of Welfare State Reform. A Cross National and Cross Sectoral Comparison of Policy and Politics. Cheltenham/UK 2009

Fellmeth, Sebastian / Rohde, Christian: Der Abbau eines Wohlfahrtsstaates. Neuseeland als Modell für das nächste Jahrhundert? Marburg 1999

Flynn, Norman: Public Sector Management (5th edition). London 2007

Grunow, Dieter: Ergebnisse der Implementierung neuer Steuerungsmodelle. In: Dahme, Heinz-Jürgen / Wohlfahrt, Norbert (Hg.): Handbuch Kommunale Sozialpolitik. Wiesbaden 2011; S. 74-88

Grunow, Dieter / Wollmann Hellmut (Hg.): Lokale Verwaltungsmodernisierung in Aktion: Fortschritte und Fallstricke. Basel 1998

Hansen, Eckard. Qualitätsaspekte Sozialer Dienstleistungen zwischen Professionalisierung und Konsumentenorientierung. Qualitätsdiskurse in Großbritannien und Deutschland. In: Zeitschrift für Sozialreform 43.Jg./1997; S. 1-28

Harvey, David: Kleine Geschichte des Neoliberalismus. Zürich 2007

Heinze, Rolf G.: Die blockierte Gesellschaft. Sozioökonomischer Wandel und die Krise des „Modell Deutschland". Opladen 1998

Hinte, Wolfgang: Verwaltungsreform – Eine heilsame Aufstörung für die Jugendhilfe? In: Theorie und Praxis der sozialen Arbeit, Heft 8, 1999; S. 294-299

Holtkamp, Lars: Das Scheitern des Neuen Steuerungsmodells. In: dms – Der moderne Staat – Zeitschrift für Public Policy, Recht und Management, Heft 2/2008; S. 423-446

Hombach, Bodo: Aufbruch. Die Politik der Neuen Mitte. München 1998

Jann, Werner: Neues Steuerungsmodell. In: Blanke, Bernhard / von Bandemer, Stephan / Nullmeier, Frank / Wewer, Göttrik (Hg.): Handbuch zur Verwaltungsreform (3. Auflage) Wiesbaden 2005; S. 74-84

Jann, Werner / Bogumil, Jörg / Bouckaert, Geert / Budäus, Dietrich / Holtkamp, Lars / Kißler, Leo / Kuhlmann, Sabine / Mezger, Erika / Reichard, Christoph / Wollmann, Hellmut: Statusreport Verwaltungsreform. Eine Zwischenbilanz nach zehn Jahren. Berlin 2004

Jann, Werner / Wewer, Göttrik: Helmut Kohl und der „schlanke Staat". Eine verwaltungspolitische Bilanz. In: Wewer, Göttrik (Hg.): Bilanz der Ära Kohl. Christlich-liberale Politik in Deutschland 1982 – 1998. Opladen 1998; S. 229-266

KGSt: Kontraktmanagement: Steuerung über Zielvereinbarungen. Bericht Nr. 4/1998. Köln 1998

KGSt: Kontraktmanagement zwischen öffentlichen und freien Trägern in der Jugendhilfe. Bericht Nr. 12/1998. Köln 1998

KGSt: Bürgerkommune. Köln 1999

KGSt: Strategisches Management. Köln 2000

Kuhlmann, Sabine / Bogumil, Jörg / Wollmann, Hellmut (Hg.): Leistungsmessung und Leistungsvergleich in Politik und Verwaltung. Konzepte und Praxis. Wiesbaden 2004

Le Grand; Julian: Quasi-Markets and Social Policy. In: Economic Journal 101/1991; S. 1256-1267

Lüder, Klaus: Triumph des Marktes im öffentlichen Sektor? Einige Anmerkungen zur aktuellen Verwaltungsreformdiskussion. In: Die Öffentliche Verwaltung, 49. Jg./1996; S. 93-100

Maurer, Hartmut: Allgemeines Verwaltungsrecht (16. Auflage). München 2006

Meyer, Dirk: Wettbewerbliche Neuorientierung der Freien Wohlfahrtspflege. Berlin 1999

Monopolkommission: Marktöffnung umfassend verwirklichen. Zwölfter Bericht der Monopolkommission gemäß § 24b Abs. 5 Satz 1 GWB, 1996/97

Naschold, Frieder / Oppen, Maria / Wegener, Alexander: Kommunale Spitzeninnovationen. Berlin 1998

McLaughlin, Kate / Osborne, Stephen P. / Ferlie, Ewan (Hg.): New Public Management. Current Trends and Future Prospects. London – New York 2003

Naschold, Frieder / Bogumil, Jörg: Modernisierung des Staates. New Public Management und Verwaltungsreform. Opladen 2000

Neumann, Volker / Nielandt, Dörte / Philipp, Albrecht: Erbringung von Sozialleistungen nach Vergaberecht. Rechtsgutachten im Auftrag des Deutschen Caritasverbandes und des Diakonischen Werkes der Evangelischen Kirche in Deutschland. 2004

Oppen, Maria / Sack, Detlef / Wegener, Alexander (Hg.): Abschied von der Binnenmodernisierung? Kommunen zwischen Wettbewerb und Kooperation. Berlin 2005

Osborne, David / Gabler, Ted: Der innovative Staat. Mit Unternehmergeist zur Verwaltung der Zukunft. Wiesbaden 1998

Pollitt, Christopher: Managerialism and the Public Services (2nd edition). Oxford 1993

Reichard, Christoph: Die Umsetzung von Managementreformen in der deutschen Kommunalverwaltung. In: Dahme, Heinz-Jürgen / Wohlfahrt Norbert (Hg.): Systemanalyse als Reformstrategie. Festschrift für Dieter Grunow. Wiesbaden 2010; S. 163-177

Reichard, Christoph / Wollmann, Hellmut (Hg.): Kommunalverwaltung im Modernisierungsschub? Basel 1996

Rüb, Friedbert W.: Vom Wohlfahrtsstaat zum „manageriellen Staat"? Zum Wandel des Verhältnisses von Markt und Staat in der deutschen Sozialpolitik. In: Czada, Roland / Zintel, Reinhard (Hg.): Politik und Markt. Wiesbaden 2004; S. 256-299

Scharpf, Fritz: Sozialdemokratische Krisenpolitik in Europa. Frankfurt/M. 1987

Scharpf Fritz: Die Handlungsfähigkeit des Staates am Ende des zwanzigsten Jahrhunderts. In: Politische Vierteljahresschrift, Heft 4/1991; S. 621- 634

Schedler, Kuno / Proeller, Isabella: New Public Management (3. Auflage). Bern 2006

Schröter, Eckhard / Wollmann, Hellmut: New Public Management. In: Blanke, Bernhard / von Bandemer, Stephan / Nullmeier, Frank / Wewer, Göttrik (Hg.): Handbuch zur Verwaltungsreform (3. Auflage) Wiesbaden 2005; S. 63-74

Schumpeter, Joseph: Theorie der wirtschaftlichen Entwicklung. Berlin 1912

Schuppert, Gunnar F.: Der Gewährleistungsstaat. Baden-Baden 2005

Streeck, Wolfgang / Mertens, Daniel: Politik im Defizit. Austerität als fiskalisches Regime. In: MPIfG Discussion, Paper 5 (Köln: Max Planck-Institut für Gesellschaftsforschung) 2010

Wegener, Alexander: Die Gestaltung kommunalen Wettbewerbs. Strategien in den USA, Großbritannien und Neuseeland. Berlin 2002

Wohlfahrt, Norbert: Privatisierung und Ausgliederung auf kommunaler Ebene. In: Dahme, Heinz-Jürgen / Wohlfahrt, Norbert (Hg.): Handbuch Kommunale Sozialpolitik. Wiesbaden 2011; S. 89-101

Wolgast, Eike: Reform, Reformation. In: Brunner, Otto / Conze, Werner / Koselleck, Reinhart (Hg.): Geschichtliche Grundbegriffe. Bd. 5. Stuttgart 1984; S. 313-360

Zapf, Wolfgang: Modernisierung, Wohlfahrtsentwicklung und Transformation. Berlin 1994

Friedrich Ortmann

Handlungsmuster in der Sozialverwaltung: Von der kommunikativ „programmierten" zur effizienzprogrammierten Verwaltung

ABSTRACT

Seit einiger Zeit ist eine verstärkte Tendenz zu beobachten, betriebswirtschaft-liche Steuerungsmethoden auf alle Bereiche der Gesellschaft auszuweiten - auch auf die Soziale Arbeit. Hier wird der Frage nachgegangen, welche Steu-erungsformen dadurch verdrängt werden (sollen) und welche Konsequenzen sich daraus ergeben.

1. Einleitung

Die öffentliche Verwaltung ist ein Produkt der Neuzeit; sie ist ein Resul-tat des veränderten Bewusstseins der Menschen, die sich nicht mehr als in einer unbeeinflussbaren göttlichen Ordnung lebend empfinden, sondern die beginnen, die ihnen äußerlichen Lebensumstände systematisch zu ver-ändern. Das macht neue Organisationsformen des Regierens und damit die fachliche Ausdifferenzierung der Verwaltung erforderlich (vgl. Ortmann 1994: 31ff.). Notwendige fachliche Ausdifferenzierung bedeutet, dass die Hee-resverwaltung anderen Prinzipien folgt als die Medizinalverwaltung, das heißt, dass sie bei gleichartiger bürokratischer Struktur in ihrem Handeln den jeweiligen Aufgaben angemessen unterschiedlichen *Mustern* folgen. Diese Ausdifferenzierung des Handelns der staatlichen (und später auch der kommunalen) Verwaltungen bringt dann am Ende des 19. Jahrhunderts und insbesondere im 20. Jahrhundert auch eine spezifische „moderne" kommu-nale Sozialverwaltung hervor.

Auch in diesen Sozialverwaltungen existieren schon seit der ersten Hälfte des 20. Jahrhunderts fest definierte *Muster des Handelns* zur Erle-digung der unterschiedlichen Aufgaben. Aufgrund der Existenz solcher

Handlungsmuster werden sich wiederholende gleichartige Aufgaben immer nach einem gleich bleibenden Muster bearbeitet. Anders formuliert: Die Verwaltung „erfindet" nicht bei jedem Problem, mit dem sie konfrontiert wird, das Lösungsmuster neu, sondern sie wird in einer bestimmten Weise *programmiert,* um die Bearbeitung ihrer Aufgaben nach einem spezifischen Handlungsmuster verbindlich sicherzustellen. Da die Sozialverwaltung heute sehr *unterschiedliche Typen von Aufgaben* zu bewältigen hat,[1] bedient sie sich heute entsprechend auch unterschiedlicher Handlungsmuster. Die einzelnen Teile der Sozialverwaltung müssen also möglichst immer derart „programmiert" werden, dass das für das zu lösende Problem erforderliche spezifische *Wissen* in dem jeweiligen „Programm des Verwaltungshandelns" zur Anwendung gelangen kann. Das erfordert, dass der für dieses Verwaltungshandeln erforderliche spezifische *Typus von Rationalität* in den Programmen wirksam werden kann.

2. Konditional- und Zweckprogrammierung der Verwaltung

Nach einer in der sozialwissenschaftlichen Beschäftigung mit Verwaltung inzwischen üblich gewordenen Unterscheidung wird zwischen konditional- und zweckprogrammierter Verwaltung differenziert[2]. Ein *Konditionalprogramm* für eine Verwaltung liegt dann vor, wenn zwischen verschiedenen Tatbestandsmerkmalen in der Realität und dem erforderlichen Verwaltungshandeln eine eindeutige Verknüpfung besteht („Wenn die Tatbestandsmerkmale a, b und c gegeben sind, dann tue X!"). Dem Verwaltungsangehörigen wird – bei Vorliegen der relevanten Tatbestände – oft schon durch die Gesetzesformulierung vorgeschrieben, welche Handlungen er durchzuführen hat. Diese Handlungen folgen also aus den „Konditionen", das heißt den „Bedingungen", die die „Realität" vorgibt (in der Regel ohne dass durch das Gesetz ein Handlungsspielraum gegeben ist)[3]. Diese eindeutige Regelung, dass aus dem Vorliegen eines Tatbestandes sich eine ganz bestimmte Rechtsfolge und somit ein entsprechendes Verwaltungshandeln ergeben muss, ist jedoch nicht auf alle möglich Fälle in der Sozialverwaltung anwendbar, weil ein angemessenes Verwaltungshandeln nicht für jedes auftretende Problem

---

1   Hierbei kann es sich zum Beispiel um die Ausfertigung eines „Bescheids" über die Höhe der Hilfe zum Lebensunterhalt handeln, aber auch um die Beratung von Eltern nach dem KJHG.

2   Diese Unterscheidung findet sich m. W. zuerst in Luhmanns Aufsatz „Lob der Routine" von 1971.

3   Vgl. § 19 Abs. 1 SGB XII: „Hilfe zum Lebensunterhalt ... ist Personen zu leisten, die ihren notwendigen Lebensunterhalt nicht oder nicht ausreichend aus eigenen Kräften und Mitteln ... beschaffen können." Explizit als Konditionalprogramm formuliert hieße das: Immer wenn Personen ihren notwendigen Lebensunterhalt nicht ... beschaffen können (Bedingung), ist ihnen Hilfe zum Lebensunterhalt zu leisten (Rechtsfolge).

vorhersehbar ist. Deshalb wird bei der *Zweckprogrammierung* – der zweiten Form das Verwaltungshandeln festzulegen - nur der Zweck (also das Ziel) des Verwaltungshandelns (gesetzlich) fixiert; die im einzelnen Fall „erforderlichen" Mittel, um dieses festgelegte Ziel zu erreichen, müssen die Verwaltungsangehörigen dann aufgrund ihres theoretischen Wissens und ihrer praktischen Erfahrung selbst bestimmen. Und um eine solche „richtige" Auswahl der Mittel treffen zu können, müssen die Verwaltungsangehörigen mithin nicht primär Verwaltungskompetenz, sondern insbesondere die für das zu bearbeitende Gebiet (z.B. die Jugendhilfe) erforderliche professionelle, das heißt fachlich-wissenschaftliche, Kompetenz besitzen.[4] Nur dann sind sie in der Lage zum Beispiel entsprechend § 11 Abs.1 SGB VIII zu handeln: „Jungen Menschen sind die zu ihrer Entwicklung *erforderlichen*[5] Angebote der Jugendarbeit zur Verfügung zu stellen."

Die zentrale Grundlage der Zweckprogrammierung der Verwaltung ist mithin das Denken in Ziel-Mittel-Zusammenhängen, deren Grundlage die Kenntnis der wissenschaftlich begründbaren empirisch-gesetzmäßigen Ursache-Wirkungs-Zusammenhänge in dem durch die Verwaltung zu bearbeitenden Sachgebiet ist. Nur wenn Ursache-Wirkungs-Zusammenhänge (wissenschaftliche „Gesetzmäßigkeiten") über die Realität bekannt sind, lassen sich daraus auch Ziel-Mittel-Zusammenhänge ermitteln,[6] aufgrund derer dann Maßnahmen ergriffen werden können, um die angestrebten Ziele des Verwaltungshandelns auch zu erreichen. Damit wird zugleich offenbar, dass eine Zweckprogrammierung ein unabhängig von dem Klienten von „außen" eingesetztes und gesteuertes Verfahren ist, ein Verfahren

---

4   Aus diesem Grunde gehen historisch gesehen Zweckprogrammierung und Professionalisierung der Verwaltung in der Regel miteinander einher.

5   Hervorhebung von F. O.

6   Die *Problematik der Ziel-Mittel-Rationalität* sei an dieser Stelle kurz erläutert: Der Ziel-Mittel-Rationalität liegen sozialwissenschaftliche Gesetze nach empirisch-analytischem Wissenschaftsverständnis zugrunde. Diese Gesetze sind Aussagen über (vermutete) Ursache-Wirkungs-Zusammenhänge, die (ebenso wie juristische Gesetze) als „Wenn-Dann-Regeln" formuliert werden können. (Z. B. Wenn in einem Land das verfügbare Einkommen der Bevölkerung sinkt, dann sinkt auch der private Konsum.) Solche sozialwissenschaftlichen „Gesetze" besagen, dass *immer wenn* der Eintritt des Ereignisses A (Sinken des verfügbaren Einkommens) beobachtet werden kann, *dann* auch das Ereignis B (Sinken des privaten Konsums) zu erwarten ist. A ist die „Ursache" von B; B die „Wirkung" von A. Diese Kenntnis der *kausalen* Zusammenhänge zwischen A und B in der Form eines sozialwissenschaftlichen Gesetzes lässt sich nun in ein Ziel-Mittel-Wissen umformen: Wenn B (Sinken des Konsums) erreicht werden soll (Zielsetzung!), muss das „Mittel" A (Sinken des Einkommens) politisch hergestellt werden (z.B. durch Erhöhung der Einkommensteuer). Durch das Gesetzeswissen steht also zugleich *technologisches* Wissen bereit. (Das Denken in Ursache-Wirkung- bzw. Ziel-Mittel-Zusammenhängen ist das herrschende Denkmuster der heutigen Gesellschaft.) Eine Zweckprogrammierung des Verwaltungshandelns impliziert also, dass dieses kausale sozialwissenschaftliche Wissen zur Verfügung steht. Vgl. zur Problematik bereits: G. Myrdal (1933). (Weil derartige Vorhersagen in der Regel nur bei Massenereignissen möglich sind, ist es schwierig, in diesem Zusammenhang ein Beispiel aus der Sozialen Arbeit zu finden; denn Soziale Arbeit hat in der Regel nur mit „Einzelfällen" zu tun.)

also, das normalerweise keiner kommunikativen Verständigung[7] mit dem „Objekt", auf das eingewirkt werden soll, bedarf.

Nach dem eben zitierten § 11 Abs.1 SGB VIII sollen den Jugendlichen die „erforderlichen Angebote der Jugendarbeit zur Verfügung gestellt" werden; das bedeutet allerdings nicht, dass allein Jugendhäuser oder Ähnliches gebaut werden. Vielmehr sind in der Regel auch pädagogische oder therapeutische Hilfen erforderlich, und diese Prozesse bedürfen der Kommunikation zwischen den Jugendlichen und den „Helfern". Da in einer eindeutig zweckprogrammierten Steuerung eine Kommunikation mit dem zu „steuernden" Objekt nicht möglich ist, werden wesentliche pädagogische und therapeutische Hilfen in der zweckprogrammierten Verwaltung ausgeschlossen.

3. Kommunikativ „programmierte" Verwaltung[8]

In pädagogischen und therapeutisch-beratenden Prozessen wird in der Regel nicht – wie bei Zweck-Mittel-orientierten Prozessen intendiert – durch eine *„Steuerung"* von außen – also einen Mitteleinsatz durch die steuernde Instanz – die gewünschten Verhaltens- oder Bewusstseinsveränderungen bei den betreffenden Individuen herbeizuführen versucht, sondern es werden in der Regel kommunikative Prozesse zwischen Pädagogen bzw. Therapeuten einerseits und den Klienten andererseits wirksam.

Pädagogische und beratende Tätigkeiten, die einen wesentlichen Teil der personenbezogenen Dienstleistungen der kommunalen Sozialverwaltungen bilden, müssen aus diesem Grunde im Wesentlichen auf *kritisch-hermeneutischen Theorien* basiert werden. Solche Theorien können nur in einem *Kommunikationsprozess* zwischen den beteiligten Professionellen und den Klienten zur praktisch-professionellen Anwendung gelangen; sie eignen sich niemals zu einer von außen auf den Klienten einwirkenden technischen *Steuerung*. Denn insbesondere wegen der (notwendigen) „Selbstreflexion" des „Klienten" entwickeln sich auch auf den ersten Blick gleichartige „Fälle" im Kommunikationsverlauf unterschiedlich und somit existiert keine eindeutige, für jeden Fall gleichermaßen anwendbare („von außen steuernde") Handlungs- und Interventionsform. Zum einen können nämlich gleichar-

---

7   Kommunikation findet im Rahmen dieses zweckprogrammierten Handlungsverständnisses – wie die klassische ärztliche Behandlung zeigt – in der Regel nur während der Anamnese statt, um den „Befund" zu erheben; die erforderlichen Maßnahmen zur Erreichung des Ziels „Gesundheit" werden dann gemäß dem ärztlichen Wissen (ohne kommunikative Verständigung mit dem Patienten) festgelegt.

8   Dieser und der folgende Teil entsprechen weitgehend Teilen meines Aufsatzes in der Neuen Praxis, 38 (2008), S.391ff. Der Begriff programmiert erscheint hier in Anführungszeichen, weil eine „echte" Programmierung nicht stattfinden kann.

tige „Interventionen" (z.B. eines Pädagogen) aufgrund individuell unterschiedlicher Wahrnehmung und unterschiedlicher Verhaltensmuster von Klienten durchaus unterschiedliche „Wirkungen" bei verschiedenen Klienten hervorbringen, und zum anderen können die Interventionen des Pädagogen oder Therapeuten nicht standardisiert werden, weil sie auf *dessen* jeweiligem „Fallverstehen" basierend fallspezifisch („individuell") gestaltet werden (müssen).[9] In dem Kommunikationsprozess zwischen Professionellem und Klienten wird nämlich dem Klienten (möglicherweise nur implizit) ein hypothetisches empirisch begründetes Erklärungs- und Deutungsmuster für sein als problematisch definiertes und/oder von ihm selbst als veränderungsbedürftig empfundenes Verhalten angeboten, um bei ihm einen Prozess der *Bewusstseinsentwicklung* – und gegebenenfalls der Verhaltensänderung – auszulösen. Es soll an dieser Stelle nicht näher auf die Schwierigkeiten solcher Prozesse eingegangen werden[10] (vgl. dazu Habermas 1968: 291ff.); wichtig ist hier allein, dass die Vorgehensweise bei einer erstrebten Verhaltensänderung nicht ein von außen gesteuerter quasi-technischer „Eingriff" ist, sondern dass ein Bewusstwerdungsprozess, der in der Person des Klienten abläuft, initiiert werden muss, innerhalb dessen die hypothetisch von den Professionellen angebotenen Erklärungs- und Deutungsmuster von Mustern *an sich* zu solchen *für den Klienten* werden können. Und dieses ist nicht allein ein Prozess der Aufklärung und der kognitiven Aneignung, sondern gewissermaßen ein *Prozess der Internalisierung*, der – sofern er gelingt – nicht zu verändertem Wissen, sondern über ein rationales und emotionales Sich-selbst-Verstehen zu verändertem Bewusstsein und Verhalten führen kann (vgl. ebd.: 282f.).

Hierin liegt es begründet, dass in wesentlichen Teilen der personenbezogenen Dienstleistungsverwaltung auch eine Zweckprogrammierung in dem Sinne, dass der Mitteleinsatz eindeutig auf das *vorgegebene* Ziel ausgerichtet werden kann, nicht möglich ist. Denn in einer Beratung kann zum Beispiel häufig nicht einmal das konkrete Ziel des Prozesses eindeutig operational *vorab* formuliert werden, weil es am Beginn des Prozesses weder Professionellem noch Klient hinreichend klar ist; vielmehr muss dann in dem Prozess der Beratung zunächst erst das *Problem* des Klienten mit diesem gemeinsam je individuell „ausgehandelt" und „definiert" werden. In den – hier gerade als nicht angemessenen bezeichneten – Vorstellungen von Ziel-Mittel-Zusammenhängen gesprochen könnte man sagen, dass der

---

9   Die Art des Fallverstehens wird durch das jeweilige theoretische Verständnis des Pädagogen bzw. Therapeuten geleitet; und dieses Fallverstehen führt dann wiederum zu spezifischen Interventionsformen.

10 Der Klient kann z.B. durch Widerstände daran gehindert sein, die angebotenen Erklärungs- und Deutungsmuster für sich anzunehmen.

Einsatz des Mittels „Beratung" bereits beginnt, bevor das Ziel, für das es eingesetzt wird, nämlich die Art der angestrebten Veränderung des Handelns
des Klienten und/oder seines Bewusstseins von sich selbst, überhaupt exakt
definierbar ist. Damit aber ist eine Programmierung der Verwaltung, die
von *operationalen* Zielvorgaben ausgeht, nicht möglich, denn „Ziele" und
„Mittel" sind nur *gleichzeitig* in einem gemeinsamen kommunikativ-hermeneutischen, auf Verständigung[11] zielenden *Aushandelnsprozess* zwischen
Professionellem und Klienten herauszuarbeiten; Konditional- und Zweck-
programme der Verwaltung sind aus diesem Grunde beide nicht sinnvoll
möglich. Und das bedeutet zugleich, dass auch eine eindeutige Kontrolle
des Handelns verwaltungsangehöriger Professioneller mithilfe „objektiv"
zu ermittelnder Kriterien nicht erfolgen kann, weil weder eine Bewertung
ihres Handelns als „falsch" oder „richtig" (wie bei der Konditionalprogrammierung möglich) noch die Bewertung „der Zielerreichung dienend" oder
„nicht dienend" (wie bei einer Zweckprogrammierung notwendig) für *einzelne* Maßnahmen eindeutig bestimmt werden kann – und diese Feststel-
lung gilt zum Teil sogar im Nachhinein, das heißt nach Abschluss des Prozesses der Hilfeleistung und einer „erfolgreichen Bewusstseinsänderung".

Damit wird nun in Sozialverwaltungen jede Art von *eindeutiger* Kontrolle und Steuerung von Prozessen der Verhaltensänderung durch Vorgesetzte unmöglich, wenngleich auch in diesem theoretischen Kontext der
Zusammenhang von Intervention und Interventionsfolgen („Erfolg") aufgrund existierender Erfahrungen der Handelnden nicht völlig ungewiss
ist. Vielmehr bildet sich – auch im Kontext zum Beispiel einer hermeneu-
tischen Theorie der Beratung – ein spezifisches Erfahrungswissen über die
Erwartbarkeit von Interventionsfolgen aufgrund spezifischer Problemer-
kenntnis, Situationsdeutung, Interventionsformen o.ä. Dieses Erfahrungswissen aber ist nicht „anwendbar" in einem erfahrungswissenschaftlich-
technischen Sinne, weil keine „Einzelsituation" strukturell einer vorherge-
henden entspricht.[12]

Nicht zuletzt diese Unsicherheit, ob durch bestimmte Maßnahmen ein
„erfolgreiches" Handeln der verwaltungsangehörigen Psychologen, Sozialarbeiter u.a. tatsächlich möglich ist, wenn weder die Bewertung „falsch"

---

11 Unter „Verständigung über etwas" wird hier in Anlehnung an Apel „sowohl das Verstehen der
Bedeutung wie auch das Erreichen einer Einigung über Geltungsansprüche" verstanden. Vgl.
Apel: 1994; S. 18.

12 Schon Schleiermacher (1768-1834) schreibt: „Nur dann wird das, was die Pädagogik als Regel auf-
zustellen vermag, richtig angewendet werden, wenn derjenige, der pädagogisch einzuwirken
unternimmt, mit richtigem Gefühl und Sinn begabt ist und *die verschiedenen Verhältnisse zu wür-
digen versteht* ... Der pädagogischen Theorie gereicht es zum Verderben, wenn man glaubt, es
ließen sich ... Regeln aufstellen, die das Prinzip ihrer Anwendung schon in sich trügen und wobei
es *eines leitenden Gefühls* nicht bedürfe." (Schleiermacher 1957: 434; zit. nach Thiersch 1978: 36;
Hervorh. von F. O.)

oder „richtig" noch die Bewertung „der Zielerreichung dienend" oder „nicht dienend" für *einzelne* Maßnahmen eindeutig bestimmt werden kann (vgl. oben) mag dazu geführt haben, nach anderen Mustern einer Erfolgskontrolle zu suchen.

Traditionell wurde allerdings im „klassischen" Verständnis von *professionellem* Handeln zugleich unterstellt, dass eine außengesteuerte Kontrolle durch Verwaltungsprogrammierung oder durch hierarchisch übergeordnete Vorgesetzte für die professionellen Dienstleister[13] gar nicht nötig sei, weil von dem Professionellen aufgrund seiner Ethik als einem zentralen Element der Profession ein optimales, altruistisches Handeln für seine Klienten ohnehin zu erwarten sei[14] – aber auch diese Sicherheit scheint - wenn sie denn je generell gegeben war – in letzter Zeit geschwunden zu sein.

Vielleicht sind all diese Gründe der Unsicherheit bzw. Unmöglichkeit einer Programmierung personenbezogenen Dienstleistungsverwaltung – und der damit verbundenen Unmöglichkeit, den Nutzen im Verhältnis zu den Aufwendungen zu kontrollieren – dafür maßgebend, dass seit einiger Zeit eine grundlegende Veränderung der Verwaltungsprogrammierung angestrebt wird, bei der die *Effizienz* – und nicht allein die Effektivität wie bei der Zweckprogrammierung – des Verwaltungshandelns zum zentralen Erfolgskriterium erhoben wird. Damit soll das vermeintliche Erfolgsmodell privatwirtschaftlicher Unternehmenssteuerung nun auf kommunale Einrichtungen – auch der Sozialen Arbeit – übertragen werden.

4. Effizienzprogrammierte Verwaltung

Als „effizienzprogrammiert" wird hier eine Verwaltung bezeichnet, deren Steuerung sich an solchen Kriterien orientiert, die aus der für den Markt produzierenden Privatwirtschaft in den Bereich der Sozialverwaltung übernommen werden (sollen). Unter Effizienz oder Wirtschaftlichkeit wird bei der Betrachtung der privatwirtschaftlichen *betrieblichen* Leistungserstellung das Verhältnis von (betrieblicher) Leistung (Produkt) zu deren Herstellungskosten verstanden und die Effizienz wird üblicherweise als Quotient aus diesen beiden monetären Größen gemessen.[15] *Effizient* handelt eine

---

13   Hier wurde in älteren Studien häufig der (Amts-)Arzt als Beispiel genannt.

14   Vgl. hierzu den Begriff der „Dienstgesinnung" in der Arbeit von Hartmann 1968.

15   Aufwand und Ertrag beschreiben üblicherweise *unternehmerische* Größen, die die Gesamtheit der wirtschaftlichen Tätigkeit einer Wirtschaftseinheit (Unternehmen) betreffen (z.B. unter Einschluss der Aufwendungen und Erträge aus Aktienspekulationen); Kosten und Leistung sind demgegenüber Kategorien, die die *betriebliche* Leistungserstellung (Produktion) beschreiben (in einer Schraubenfabrik die Produktion von Schrauben!). Als weitere Kategorie ist hier noch die „Rentabilität" zu nennen: Eine ökonomische Tätigkeit wird als rentabel angesehen, wenn sie mindestens

Organisation – wie etwa ein Betrieb oder eine Verwaltungseinheit – also dann, wenn sie ein angestrebtes Ziel (z.B. die Erbringung einer spezifischen Dienstleistung) mit Kosten erreicht, die niedriger sind als der Ertrag, den sie für ihr „Produkt" erhält. In einem (Privat-)Unternehmen, das eine Dienstleistung für einen Markt produziert, wird zum einen der Geldwert für die erstellte Dienstleistung üblicherweise durch den erzielten Marktpreis für diese Dienstleistung ermittelt, zum anderen werden die Kosten durch die für diese Dienstleistungsproduktion aufgewendeten, in Geld bewerteten Produktionsfaktoren bestimmt. Und diese Kosten werden durch die betriebliche Kostenrechnung (auf gesetzlicher Grundlage) ermittelt. Inwieweit ist eine Übernahme der privatwirtschaftlichen Kosten- und Leistungsrechnung auf kommunale Leistungserbringer möglich?

Da in der Sozialverwaltung wesentliche Teile der „Produktion" ohne die Entrichtung einer Bezahlung durch die Klienten abgegeben werden (z.B. in der offenen Jugendarbeit), kann in diesem Bereich eine Effizienzüberlegung im echten Sinne nicht stattfinden. Es bleibt also statt einer Kosten-Leistung-Betrachtung bei großen Teilen der Dienstleistungsproduktion in der Sozialverwaltung nur die Möglichkeit, eine notwendige Dienstleistung mit möglichst geringen Kosten zu produzieren bzw. wenn mehrere Arten von Dienstleistungen zur Problemlösung geeignet sind, die kostengünstigste zu wählen. Eine solche Betrachtungsweise impliziert, dass die Kosten einer hergestellten Dienstleistung ermittelt und der Dienstleistung zugerechnet werden können, dass also die Dienstleistung als das *Ziel* und die eingesetzten Kosten für die Produktionsfaktoren eindeutig als *Mittel* zu deren Herstellung identifiziert werden können.[16]

Um von einer nicht effizienten zu einer als hinreichend effizient angesehenen Produktion einer Dienstleistung zu gelangen, existieren zwei Handlungsparameter: Es besteht die Möglichkeit, die Kosten für die Erstellung einer Leistung zu senken oder den Preis für die erstellte Leistung zu erhöhen. Mit dem Versuch, mit diesen beiden Parametern einen effizienzgesteuerten Prozess zu erreichen, ergeben sich für Kommunen bei der Produktion sozialer Dienstleistungen allerdings erhebliche Probleme: Erstens erfolgt nämlich die (kommunale) Produktion sozialpolitischer Dienstleistungen überwiegend *nicht* für einen Markt, sodass keine Marktpreise für die produzierten Dienstleistungen bzw. für deren „Ergebnisse" (z.B. für

---

eine als angemessen angesehene Verzinsung des im Produktionsprozess eingesetzten Kapitals erbringt. Vgl. zu den mit diesen Begriffen angesprochenen Problemen z.B. Wöhe, Einführung in die Betriebswirtschaftslehre (beliebige Auflage).

16 Somit kann man bereits an dieser Stelle festhalten, dass eine effizienzprogrammierte Verwaltung ihrer Struktur nach ein *Spezialfall der zweckprogrammierten Verwaltung* ist, bei dem nicht allein die Erreichung eines (gesetzlich) vorgegebenen Zieles, sondern die „effiziente" Zielerreichung den entscheidenden Zweck darstellt.

Tabelle: Handlungsmuster in der Sozialverwaltung

Verwaltungs-programmierung	a) Steuerungs-medium	b) Handlungs-zweck	c) Wissen und Rationalität	d) Organisations-form	e) Ergebnis
Konditional-programmierte Verwaltung (2)	1) Recht (verfahrensdefinie-rend) 2) Macht	Bindende Entscheidungen	1) Gesetzeswissen 2) Rationalität der Subsumption	Hierarchie	Verwaltungsakt
Zweckprogram-mierte Verwal-tung (3)	1) Recht (zwecksetzend) 2) Technologisches Wissen	Zielerreichung; Effektivität	1) Technologisches Wissen 2) Ziel-Mittel-Ratio-nalität	Doppelte Hierarchie	Fertiggestelltes „Produkt"
Kommunikativ „programmierte" Verwaltung (4)	1) Hermeneutisches Wissen 2) Professionelle Ver-ständigung	Bewusstseinsent-wick-lung; Verhaltensände-rung	1) Hermeneutisches fachliches Wissen 2) Kommunikative Rationalität	Team	„lebenstüchtiger" Mensch
Effizienzprogram-mierte Verwal-tung (5)	1) Geld 2) Technologisches Wissen	Gewinn; Effizienz	1) Ökonomisch-technologisches Wissen 2) Kosten-Leistung-Rationalität	(flache) Hierarchie	Effizient fertiggestelltes Produkt

Quelle: Friedrich Ortmann, Handlungsmuster in der Sozialverwaltung, in: Neue Praxis, 38(2008), S. 396.

die „Produkte" eines Streetworkers oder eines Familienberaters) existieren. Zweitens bereitet bisher auch die Ermittlung der Kosten Schwierigkeiten, weil in den meisten staatlichen und kommunalen Verwaltungen (noch) keine Kostenrechnungen existieren, so dass auch die Kosten der produzierten Dienstleistungen nicht bekannt sind.[17] Sind aber Preise und Kosten nicht bekannt, können auch keine Gewinne, also Überschüsse der erzielten Einnahmen für die Dienstleistungen über die zu deren Herstellung erforderlichen Kosten, ermittelt werden.[18] Was kann in diesem Fall das Kriterium „Effizienz" für eine solche Verwaltung bedeuten?

Um dieser Problematik beizukommen, werden zunehmend *Indikatoren* definiert, die einen „Output" oder die Erreichung eines angestrebten „Verhaltens" einer Organisation beschreiben sollen. Liegen für mehrere gleichartige Institutionen vergleichbare Indikatoren vor, so kann anhand dieser Indikatoren – so ist die herrschende Vorstellung – die „Qualität" der zu bewertenden Organisation im Vergleich zu anderen gleichartigen Einrichtungen ermittelt werden. – Allerdings ist es vielfach schwierig, sinnvolle Indikatoren in den Fällen zu konstruieren, in denen der „Markt" keine Kriterien liefert.[19] Die bisherigen Versuche hierzu existieren meines Wissens insbesondere im Krankenhausbereich und im Hochschulbereich, das heißt in Bereichen, in denen personenbezogene Dienstleistungen produziert werden, ohne dass diese – aufgrund einer Marktkonkurrenz – zu Marktpreisen abgesetzt werden[20].

Es scheint, als ob ein Resümee, das in einem Artikel der Neuen Zürcher Zeitung für die Universitäten gezogen wird, auch für andere Dienstleistungsunternehmen gilt: „Fehler bei der Rekrutierung können ... nicht durch

---

17 Die bisherige staatliche kameralistische Buchführung – die durch das Haushaltsgrundsätzegesetz staatlichen und durch Landesgesetze überwiegend auch den kommunalen Einrichtungen immer noch vorgeschrieben ist – kennt im Prinzip nur Einnahmen und Ausgaben. Beides sind monetäre Begriffe, die nicht unbedingt mit dem betrieblichen „Erfolg" zu tun haben. Z.B. führt auch die Aufnahme eines Kredits durch eine Kommune zu einer Einnahme. – Zum Unterschied zwischen kameralistischer und kaufmännischer Buchhaltung vgl. den Überblick bei Lüder 2001: 7-12.

18 Das Desinteresse an den Kosten sozialpolitischer kommunaler Einrichtungen ergibt sich nicht zuletzt daraus, dass es ja gerade ein Charakteristikum sozialpolitischer, staatlicher oder kommunaler Einrichtungen (und dabei insbesondere der sozialen Dienste) ist, Aufgaben zu übernehmen, die privatwirtschaftlich nicht erledigt werden, weil deren Produktion keinen Gewinn erbringt. Diese Aussage gilt grundsätzlich auch heute noch, wenngleich einzelne Aufgaben, die durch die kommunale „Daseinsvorsorge" übernommen worden sind, vielleicht auch privatwirtschaftlich rentabel bearbeitet werden könnten.

19 In der Produktion von Gütern (und weitgehend auch bei auf dem Markt gehandelten Dienstleistungen) führt der Marktprozess – sofern eine hinreichende Zahl von Anbietern und Nachfragern existiert – ja nicht allein zu einer Preisfindung, sondern in der Regel auch zu einer Qualitätsbewertung, weil für die Kunden Preis und Qualität in einem angemessenen Verhältnis stehen müssen, damit die produzierten Güter verkäuflich sind.

20 Einen solchen Versuch der Indikatoren-Bildung findet sich z.B. in der JULE-Studie: Bundesministerium für Familie, Senioren, Frauen und Jugend (Hg.), 1989; eine Zusammenfassung in Finkel, 2003. Eine sehr kritische Stellungnahme zu solchen Versuchen ist Binswanger 2010.

Output-Kontrollen ausgeglichen werden. Rekrutierungs-Entscheidungen sind demnach mit Abstand das wichtigste Qualitätssicherungs-Instrument ... in innovativen Unternehmen" (Osterloh 2010).

Literatur

Apel, Karl-Otto: Die hermeneutische Dimension von Sozialwissenschaft und ihre normative Grundlage. In: Ders./ Kettner; Matthias (Hg.): Mythos Wertfreiheit ? Frankfurt, New York 1994; S. 17-47

Bundesministerium für Familie, Senioren, Frauen und Jugend (Hg.): Leistungen und Grenzen von Heimerziehung, Schriftenreihe des BMFSFJ, Bd. 170. Stuttgart u.a. 1998

Finkel, Margarete: Zur Messbarkeit der Leistungen von Heimerziehung. In: Möller, Michael (Hg.): Effektivität und Qualität sozialer Dienstleistungen. Kassel 2003; S. 26-49

Habermas, Jürgen: Erkenntnis und Interesse. Frankfurt/M. 1968

Hartmann, Heinz: Arbeit, Beruf, Profession. In: Soziale Welt, Bd. 19/1968; S. 197-212

Lüder, Klaus: Neues öffentliches Haushalts- und Rechnungswesen (Modernisierung des öffentlichen Sektors). Bd. 18. Berlin 2001

Luhmann, Niklas: Lob der Routine. In: Ders.: Politische Planung, Aufsätze zur Soziologie von Politik und Verwaltung. Köln, Opladen 1971; S. 113-142

Myrdal, Gunnar: Das Zweck-Mittel-Denken in der Nationalökonomie. In: Zeitschrift für Nationalökonomie, 1933; S. 305 ff.

Ortmann, Friedrich: Öffentliche Verwaltung und Sozialarbeit. Lehrbuch zu Strukturen, bürokratischer Aufgabenbewältigung und sozialpädagogischem Handeln in der Sozialverwaltung. Weinheim, München 1994

Ortmann, Friedrich: Handlungsmuster in der Sozialverwaltung. In: Neue Praxis, 38/2008; S. 385-399

Osterloh, Margrit: „Unternehmen Universität?" Neue Zürcher Zeitung, Nr. 113, 19. 5. 2010; S. 31

Schleiermacher, Friedrich: Pädagogische Schriften, hg. v.: Schulze, Theodor / Weniger, Erich. Düsseldorf 1957

Thiersch, Hans: Die hermeneutisch-pragmatische Dimension der Erziehungswissenschaft: In: Ders./ Ruprecht, Horst/ Herrmann, Ulrich: Die Entwicklung der Erziehungswissenschaft. Weinheim, München 1978; S. 11-108

Wöhe, Günter: Einführung in die Allgemeine Betriebswirtschaftslehre. 12. Aufl., München 1976

Stephan Grohs

Die Umsetzung des Neuen Steuerungsmodells – eine empirische Bestandsaufnahme

Abstract

Fast zwanzig Jahre nach dem Beginn der New Public Management-Bewegung in Deutschland unternimmt der Beitrag den Versuch einer Zwischenbilanz der Verwaltungsmodernisierung auf kommunaler Ebene. Mittels einer bundesweiten schriftlichen Umfrage und Fallstudien wird über den Umsetzungsstand des „Neuen Steuerungsmodells", dessen Wirkungen auf das Verwaltungshandeln sowie über Implementationsprobleme und nicht intendierte Folgen berichtet.

1. Einleitung

Nachdem sich zahlreiche Kommunen in den 1990er Jahre mit großer Euphorie mit dem Neuen Steuerungsmodell (NSM) auf dem Weg zu einer – so zumindest das postulierte Ziel – effizienteren, dienstleistungsorientierten und bürgernahen Verwaltung machten, stellt sich knapp zwanzig Jahre später die Frage nach Folgen und Wirkungen dieser Reformen. Trotz eines anfänglich oft konstatierten „Siegeszuges" des NSM auf lokaler Ebene ist mittlerweile die Reformeuphorie abgeklungen und teils wird sogar von einem generellen „Scheitern des Neuen Steuerungsmodells" (Holtkamp 2008) gesprochen. Gleichzeitig ist inzwischen ein Deutungsstreit über die Ursachen des nur mäßigen Umsetzungserfolgs ausgebrannt: Während beispielsweise Holtkamp die inhärenten Widersprüche des Modells verantwortlich macht (ebd.), identifiziert die Kommunale Gemeinschaftsstelle KGSt als „Erfinderin" des NSM das mangelnde Verständnis des Modells durch kommunale Akteure als Hauptproblem: „Entgegen der ausdrücklichen Grundphilosophie wurde das NSM als eine Sammlung von Techniken und Instrumenten verstanden, aus denen man das eine oder andere implementieren kann. Kaum eine Kommune hat das NSM als Ganzes zur Grundlage ihres Modernisierungsprozesses gemacht" (KGSt 2007: 61).

Dieser Beitrag beabsichtigt nicht diesen Grundsatzstreit zwischen „false theory" und „false implementation" (Pressman/Wildavsky 1973) zu lösen, sondern anhand empirischer Daten Hinweise auf tatsächliche Erfolge, Probleme und nicht intendierte Folgen der Reformen zu geben. Basierend auf den Ergebnissen der bislang umfassendsten empirischen Erhebung in Deutschland[1] soll über die Umsetzung und Wirkung dieses Reformmodells berichtet werden und folgenden Fragen nachgegangen werden: Inwiefern haben die Kommunen tatsächlich Maßnahmen zur Steigerung von Effizienz, Effektivität und Bürgerfreundlichkeit unternommen? Welches Ausmaß haben die tatsächlich realisierten Reformschritte? Funktionieren die Instrumente wie vorgesehen und haben sie ihren Beitrag zu einer besseren Steuerung der Verwaltung und zur Stabilisierung der kommunalen Haushalte leisten können?

In einem ersten Schritt wird ein knapper Rückblick auf das Reformkonzept des NSM geben (2.). In einem zweiten Schritt wird über die Umsetzung der Reform und deren Wirkungen berichtet (3.). Anhand zentraler Konfliktfelder werden Erfolge und Probleme der NSM-orientierten Verwaltungsmodernisierung vorgestellt (4.). Abschließend wird bilanzierend nach Reichweite und Folgen der Modernisierungsprozesse gefragt und ein Ausblick auf mögliche Entwicklungsszenarien gegeben (5.).

2. Kommunale Verwaltungsreform: Das Neue Steuerungsmodell

An dieser Stelle soll nicht mehr ausführlich auf das Reformkonzept des NSM und die Auslöser der Reform eingegangen werden (vgl. hierzu den Beitrag von Dahme in diesem Band). Die Kommunale Gemeinschaftsstelle (KGSt) entwickelte seit Anfang der 1990er Jahre in einer Reihe von Berichten ihre Konzeption des „Neuen Steuerungsmodells". Die Zieldimensionen der Reformen nach dem NSM wurden bewusst vage gehalten (vgl. Banner 2001: 281). Vielfach genügte die postulierte Trias von Effizienz, Effektivität und Kundenorientierung, um scheinbar klar zu machen, wohin der Weg gehen sollte. Effizienz und Effektivität sollten durch eine umfassende Dezentralisierung von Fach- und Ressourcenverantwortung und eine outputgesteuerte Verwaltungsführung erreicht werden. Diese sollte durch eine Umgestaltung der Aufbauorganisation (Fachbereichsstrukturen, Hierarchieabbau), die

---

1 Das Forschungsprojekt „10 Jahre Neues Steuerungsmodell – Evaluation kommunaler Verwaltungsmodernisierung" wurde von der Hans-Böckler-Stiftung gefördert (Laufzeit 2004-2006). Ausführlichere Ergebnisse finden sich in Bogumil et al. 2006 und Bogumil et al. 2007; spezifische Ergebnisse zum Bereich der Jugendhilfe bei Grohs 2010. Die Ergebnisse werden um einige aktuellere Daten aus dem Jahr 2010 ergänzt. Sie stammen aus dem vom BMBF geförderten Projekt „Innovationsfähigkeit durch institutionelle Reflexivität" an der Ruhr-Universität Bochum (vgl. Bogumil et al. 2011); ich danke Jörg Bogumil und Lars Holtkamp für das Zurverfügungstellen der Daten.

Einführung betriebswirtschaftlicher Steuerungsinstrumente (Budgetierung, Controlling, Kosten-Leistungsrechnung) mit „Produkten" als zentralen Informationsträgern und einem prononcierten Personalmanagement unterstützt werden. Sowohl interne Verwaltungsabläufe, städtische Beteiligungen als auch die Steuerung der Verwaltung durch die Gemeindevertretungen sollten mittels Kontrakten und Zielvereinbarungen erfolgen. Dabei soll das Verhältnis zwischen Kommunalpolitik und Verwaltung von der kurzfristigen Logik der Detaileingriffe auf eine mittelfristige strategische Steuerung umgestellt werden: Der Rat solle über das „Was", die Verwaltung eigenverantwortlich über das „Wie" des Verwaltungshandelns bestimmen. „Unter Strom gesetzt" (KGSt 1995: 22) werden sollte dieses „Neue" System der Verwaltungssteuerung durch den Einsatz von Wettbewerbsmechanismen (sowohl verwaltungsintern als auch nach außen) sowie eine Orientierung am „Kunden", ergo dem Bürger in der Rolle als „Nachfrager" öffentlicher Dienstleistungen (vgl. KGSt 1993; zusammenfassend auch Jann 2010).

NSM-Promotoren auf kommunaler Ebene waren typischerweise die zentralen Steuerungspolitiker der „exekutiven Führungsebene" (Bürgermeister, Landrat, Kämmerer, Querschnittspositionen) (vgl. Bogumil et al. 2007: 103-108), was dem NSM auch die Bezeichnung „Revolution der Verwaltungschefs" (Jann 2010: 99) einbrachte und die Fachverwaltungen häufig als Herausforderung „von außen" bzw. „von oben" traf. Die KGSt propagierte das NSM als Lösung für alle lokalen Politikfelder und Aufgabenbereiche: „Das Neue Steuerungsmodell sieht in der Steuerung des Fachbereichs Jugend und Soziales keinen Unterschied zur Steuerung der kommunalen Verkehrsgesellschaft" (KGSt 1995b: 28f.). Die Besonderheiten von Aufgabenbereichen wie der Jugendhilfe (vgl. dazu den Beitrag von Ortmann in diesem Band) blieben dabei zunächst außen vor, obwohl gerade das Jugendamt als exemplarisches Anwendungsbeispiel des NSM herhalten musste.[2]

3. Die Realisierung des Neuen Steuerungsmodells in deutschen Kommunen

Den folgenden Betrachtungen liegen Ergebnisse des Forschungsprojektes „Zehn Jahre Neues Steuerungsmodell" (vgl. Bogumil et al. 2007) zugrunde. Im Rahmen des Projektes wurde im Frühjahr 2005 eine schriftliche Erhebung als Vollerhebung aller KGSt-Mitgliedskommunen (Städte, Kreise und Gemeinden) durchgeführt, zudem wurden alle Nicht-Mitgliedsstädte über

---

2   Auf die Kritik dieser „universalistischen Konzeption kann an dieser Stelle nicht eingegangen werden. Vgl. hierzu ausführlich Grohs 2007.

20.000 Einwohner zusätzlich in das Sample aufgenommen. Die Gesamt-zahl der befragten Kommunen betrug 1565. Es wurden bis zu vier Personen zu den Ergebnissen und Wirkungen der NSM-Modernisierung befragt (Bür-germeister bzw. Landrat, Personalratsvorsitzende, Leitung Jugendamt und Untere Bauaufsicht). Die Rücklaufquoten liegen zwischen 55,3 % (Bürgermeis-ter) und 42,3 % (Personalratsvorsitzende) und sind damit sehr zufriedenstel-lend. Ergänzend wurden in dem Projekt drei qualitative Fallstudien in Kom-munen mit unterschiedlichem NSM-Modernisierungsstand durchgeführt.

Die Ausbreitung des NSM in den 1990er Jahren wurde schon recht früh mit einem „Buschfeuer" (Reichard 1994: 7) verglichen. Zweifelsohne war und ist Verwaltungsmodernisierung ein flächendeckendes Thema in deutschen Kommunalverwaltungen, wie die Umfragebefunde klar widerspiegeln. 92,4 % der antwortenden Kommunen geben an, seit den 1990er Jahren Maßnah-men zur Verwaltungsmodernisierung durchgeführt zu haben – worunter allerdings auch Maßnahmen fallen, die nicht dem NSM zuzuordnen sind (vgl. Tabelle 1). Das Konzept des Neuen Steuerungsmodells als umfassendes Reformleitbild wurde allerdings nur in knapp 15 % der Kommunen aufge-griffen. Eine überwiegende Mehrheit (61,5 %) orientierte sich nur an einzel-nen Instrumenten des NSM und sah darin eher einen Werkzeugkasten denn ein holistisches Reformkonzept. Eine Orientierung am NSM ist in den west-deutschen Städten stärker ausgeprägt als in den ostdeutschen und eher in großen Städten und Kreisen als in kleineren Kommunen festzustellen.

Als Auslöser der Modernisierungsanstrengungen wird von einer deutli-chen Mehrheit der befragten Bürgermeister die „problematische Haushalts-lage" als dringlichstes Problem genannt, gefolgt von „verkrusteten Verwal-tungsstrukturen" und der „Trennung von Fach- und Ressourcenverantwor-tung". Ein Großteil der modernisierenden Kommunen begann in den Jahren zwischen 1994 und 1997 mit dem Umbau ihrer Verwaltung; nach dieser „Hochkonjunktur des NSM" nahm die Zahl der Neubeginner deutlich ab.

Auch wenn der Einfluss des NSM zumindest als Inspirationsquelle und Werkzeugkasten als unbestritten gelten kann, ergibt sich jedoch hin-sichtlich der konkreten Umsetzung des Reformkonzepts ein differenzier-teres Bild. Legt man als Bewertungsmaßstab wesentliche Kernelemente zugrunde, so gibt es nach mehr als zehn Jahren Reformdebatte kein einzi-ges Element, welches von der Mehrheit der deutschen Kommunen inzwi-schen in der ganzen Verwaltung implementiert worden ist (vgl. auch Tabelle 2 im Anhang). Bundesweit gibt es nur 22 Kommunen (2,5 % der Befragten), die man aufgrund unserer Erhebung als „NSM-Hardliner" bezeichnen könnte, da sie nach eigenen Angaben sieben wesentliche Kernelemente des NSM (Zentrale Steuerungsunterstützung, interne Servicestellen, dezent-rale Fach- und Ressourcenverantwortung, Budgetierung, Produktdefinitio-

Tabelle 1: Modernisierungsaktivitäten der deutschen Kommunen

Maßnahmen der Verwaltungsmodernisierung		Kreisfreie Städte	Kreisangehörige Gemeinden	Landkreise	West	Ost	Gesamt
Insgesamt		97,6 % (80)	91,0 % (579)	95,4 % (145)	92,2 % (688)	93,5 % (116)	92,4 % (804)
Davon:	Orientierung am NSM als Gesamtkonzept	27,2 % (22)	14,7 % (85)	15,9 % (23)	17,1 % (118)	10,3 % (12)	16,1 % (130)
	Orientierung an einzelnen Instrumenten des NSM	65,4 % (53)	64,3 % (374)	74,5 % (108)	66,7 % (461)	63,8 % (74)	66,3 % (535)
Keine Reformaktivitäten		2,4 % (2)	9,0 % (57)	4,6 % (7)	6,5 % (8)	7,7 % (58)	7,6 % (66)
Gesamt		82	636	152	124	746	870

Quelle: Umfrage „10 Jahre NSM";   n=870; Angaben in Prozent, Absolutzahlen in Klammer, Spaltenprozente

nen und -beschreibungen, politisches Kontraktmanagement, internes Kontraktmanagement) flächendeckend in der ganzen Verwaltung eingeführt haben. Ein maßgeblicher Grund dafür, dass diese Zahl so gering ausfällt, liegt in der seltenen Umsetzung des politischen Kontraktmanagements. Wie weiter unten gezeigt wird, liegt im Bereich der Neugestaltung der politischen Steuerung die weitaus größte Implementationslücke vor.

Als Bilanz dieses ersten Überblicks über die Modernisierungsaktivitäten deutscher Kommunen lässt sich festhalten, dass unter dem Druck wahrgenommener Steuerungsmängel und desolater Haushalte die Modernisierung der Verwaltungen ein praktisch überall verbreitetes Thema in deutschen Städten, Kreisen und Gemeinden war. Der Einfluss des Neuen Steuerungsmodells war dabei allerdings nicht durchgreifend. Vielfach bedienten sich die Kommunen sehr eklektizistisch im Werkzeugkasten der KGSt. Anhand verschiedener Modernisierungsbereiche werden wir im Folgenden zentrale Umsetzungserfolge und -probleme des NSM detaillierter betrachten.

4. Das NSM in Aktion: Ausgewählte Problembereiche

Eine erschöpfende Darstellung der durchgeführten Modernisierungsmaßnahmen in den deutschen Kommunen kann an dieser Stelle nicht erfolgen (vgl. hierzu Bogumil et al. 2007), stattdessen wird im Weiteren der Fokus auf einige zentrale Umsetzungserfolge und -probleme gelenkt. Dabei sollen fünf

Tabelle 2: Realisierte NSM-Kernelemente

NSM-Kernbereiche	Umsetzung in der ganzen Verwaltung	Umsetzung in Teilbereichen
Fachbereichsstrukturen	43,6 % (379)	9,3 % (81)
Zentrale Steuerungsunterstützung	25,9 % (225)	12,4 % (108)
Dezentrale Controllingstellen	10,9 % (95)	13,6 % (118)
Umbau der Querschnittsbereiche zu Servicestellen	23,9 % (208)	24,7 % (215)
Abbau von Hierarchieebenen	34,5 % (300)	25,4 % (221)
Dezentrale Fach- und Ressourcenverantwortung	33,1 % (288)	26,2 % (228)
Budgetierung	33,1 % (288)	34,4 % (291)
Produkte	29,0 % (252)	9,9 % (86)
Kosten- und Leistungsrechnung	12,7 % (108)	33,0 % (287)
Berichtswesen	22,1 % (192)	20,7 % (180)
Eingeführt		
Kontrakte Politik-Verwaltung	14,8 % (129)	*
Kontrakte Verwaltungsspitze-Verwaltung	24,3 % (211)	*

Quelle: Umfrage „10 Jahre NSM" Bürgermeisterdatensatz.　　n=870; * Item nicht vorhanden.

Modernisierungsfelder berücksichtigt werden: Zunächst werden die Enthierarchisierung und Dezentralisierung von Verantwortungsstrukturen, danach die „Verbetriebswirtschaftlichung" und der Übergang zur Outputsteuerung betrachtet. Abschnitte zur verstärkten Bürgerorientierung, zu Maßnahmen des Personalmanagements sowie zu angestrebten Veränderungen im Verhältnis zwischen Rat und Verwaltung schließen diesen Überblick ab.

4.1 Dezentralisierung von Verantwortungsstrukturen

Ein wesentliches Ziel des NSM bestand darin, von der „klassisch-bürokratischen" (weberianischen) Verwaltungsorganisation zu einer stärker an betriebswirtschaftlichen Vorbildern orientierten Organisations- und Steuerungsform überzugehen. Die Dezentralisierung der Fach- und Ressourcenverantwortung beabsichtigte, den verschiedenen Aufgabenbereichen einen höheren Autonomiegrad hinsichtlich der Ressourcensteuerung (Finanzen und Personal) und organisationaler Fragen zu gewähren. Dadurch sollten Anreize zur effizienteren Mittelverwendung und zur effektiveren Leistungsgestaltung gesetzt werden. Zusätzlich sollten Schnittstellenprobleme abgebaut werden und Zuständigkeitskonflikte zwischen Fachbereichen und Querschnittsämtern reduziert werden.

　　Es zeigt sich in der Umfrage, dass dezentrale Fach- und Ressourcenverantwortung in rund 33 % der befragten Kommunen ganz und in weiteren

26,2 % teilweise eingeführt wurde. Hiermit ist in der Regel auch ein Abbau von Hierarchieebenen verbunden, da häufig eine Führungsebene (Amt oder Dezernat) fortfiel. Hierarchieebenen wurden in 34,5 % der Kommunen abgebaut. Diese Organisationsreformen waren insbesondere ein Projekt der mittelgroßen Städte (50.000 bis 100.000 Einwohner) und großen Landkreise (über 250.000 Einwohner), in denen jeweils deutlich über 50 % von einer Einführung beider Reforminstrumente berichten. Über 50 % aller Kommunen verfügen also über Erfahrungen mit dezentralen Fachbereichsstrukturen. Für eine Interpretation dieser Daten muss jedoch in Rechnung gestellt werden, dass Ausmaß und Reichweite der Verantwortungsübertragung stark variieren.[3]

Eine Delegation von Verantwortung setzt voraus, dass die dezentralen Einheiten an die Ziele der gesamten Kommune rückgekoppelt werden und der Verwaltungsspitze Möglichkeiten der kontinuierlichen Kontrolle der Zielerreichung eingeräumt werden. Dafür soll im NSM unter anderem ein zentraler Steuerungsdienst als eine die Verwaltungsführung unterstützende Stabsfunktion geschaffen werden, die Steuerungs- und Controllingaufgaben wahrnimmt. Angesichts der verbreiteten Dezentralisierungstendenzen erstaunt allerdings der folgende Befund: Eine zentrale Organisationseinheit für Steuerung und Controlling wurde in 25,9 % der befragten Städte eingeführt, in weiteren 12,4 % wurde eine solche für Teilbereiche geschaffen und in 15,8 % der Fälle befindet sie sich im Aufbau. Vergleicht man diese Zahlen mit der Umsetzung der dezentralen Ressourcenverantwortung, so entsteht das Bild einer erheblichen „Steuerungslücke" von über einem Fünftel der Fälle, in denen nicht klar ist, wie die dezentralen Einheiten an die gesamtstädtische Steuerung rückgekoppelt werden. Untermauert wird dieser Befund auch dadurch, dass nur in 24,3 % der Fälle ein internes Kontraktmanagement zwischen Verwaltungsspitze und untergeordneten Verwaltungseinheiten stattfindet, eigentlich das Instrument, das die Grundlage dezentraler Steuerung sein sollte.

Gemessen an dem Ziel der Organisationsreformen dezentrale Einheiten zu schaffen, lässt sich anhand der Einschätzungen der befragten Akteure ein zumindest bescheidener Erfolg der Maßnahmen konstatieren, wobei die Vertreter des Personalrats die Erfolge der Modernisierung der Organisationsstruktur durchweg skeptischer einschätzen als die Bürgermeister bzw. Landräte. Synergieeffekte durch die Reduzierung von Schnittstellenproblemen und eine verbesserte Kooperation zwischen den Fachbereichen werden als einer der größten Erfolge der Umgestaltung der Organisationsstruktur ein-

---

3   So wird häufig schon die Tatsache, dass Amtsleiter bei der Personalauswahl beteiligt werden als dezentrale Personalverantwortung etikettiert.

geschätzt (79,1 % der Bürgermeister geben an, dass dies „völlig" bzw. „eher" zutrifft, 53,7 % der Personalräte stimmen damit überein). Zudem geben 93,5 % der Bürgermeister an, dass eine bessere Organisation der Arbeit nach inhaltlichen Gesichtspunkten stattfinde; immerhin 90,8 % sehen heute eine stärkere Orientierung an den Bedürfnissen der Kunden. Während nur 26 % der Bürgermeister angeben, dass durch die Organisationsreform Aufstiegsmöglichkeiten für Mitarbeiter wegfallen, konstatieren fast 48 % der Personalräte diese Entwicklung – ein Problem, von dem weibliche Beschäftigte in besonderem Maße betroffen sind (vgl. Wiechmann 2005).

Als Erfolg der dezentralen Ressourcenverantwortung werden vor allem Einspareffekte gesehen. 78 % der Bürgermeister/Landräte und fast 60 % der Personalratsvorsitzenden stimmen der Aussage „Einsparungen wurden erzielt" völlig oder eher zu. Ebenso wurde das Ziel, den Fachbereichen eine größere Autonomie bei gleichzeitig klarer Zuteilung von Verantwortlichkeiten zu gewähren, aus Sicht der Befragten weitgehend erreicht (dies geben rund 90 % der befragten Bürgermeister an). Auch Anreize zu wirtschaftlichem Umgang mit Ressourcen wurden ihrer Ansicht nach geschaffen (81,7 % Zustimmung zu dieser Aussage). Die Einsparungen in den Querschnittsbereichen konnten hingegen bei Weitem nicht im erhofften Umfang realisiert werden. Auf der anderen Seite finden sich – auch genährt durch die Fallstudien – zahlreiche Hinweise darauf, dass durch die dezentralen Verantwortungsstrukturen „Fachbereichsegoismen" gestärkt werden und insgesamt ein gesamtstädtischer Steuerungsverlust und sich verselbstständigende Fachbereiche (zentrifugale Tendenzen) auftreten. Ein typisches Urteil aus einer NSM- Vorreiterkommune lautet:

„Wir haben das Verhältnis zentral-dezentral nicht im Griff – mit den absurdesten Folgen" (Herr N., Stadt E:, 19.8.2004).

4.2 Outputsteuerung und Reform der Ressourcenbewirtschaftung

Die outputorientierte Steuerung – in Deutschland meist eng mit dem Produktkonzept verknüpft – und die Erhöhung der Kostentransparenz durch Kosten- und Leistungsrechnung sowie die Änderung des traditionellen Haushaltswesens durch Budgetierung und die Abkehr vom kameralen Rechnungswesen war ein zweiter Schwerpunkt des Neuen Steuerungsmodells. Gefordert wurde eine stärkere Ausrichtung der Verwaltungssteuerung an den Ergebnissen und Wirkungen der Leistungsprozesse: „Wirksame Verwaltungssteuerung ist nur von der Leistungs-(Output-)Seite her möglich" (KGSt 1993: 20).

Oftmals waren die ersten Instrumente bei den Bemühungen um eine ergebnisorientierte Steuerung in der Reformpraxis die Definition und Beschreibung von Produkten, die als zentrale Informationsträger zur Erfassung des Verwaltungsoutputs – im Sinne der Ergebnisse von Leistungsprozessen der Verwaltung – angesehen wurden. Obgleich diese Konzentration auf Produkte zurückgegangen war, hatten 2005 29,0 % der Kommunen Produkte flächendeckend und in weiterer 9,9 % der Fälle zumindest in Teilbereichen eingeführt. Angesichts des frühen Enthusiasmus bezüglich der ergebnisorientierten Verfahren (insbesondere des Produktwesens) Mitte der 1990er Jahre sind die Umsetzungszahlen nach über zehn Jahren nicht überwältigend hoch. Dies hängt möglicherweise mit der deutlichen Kritik an der Orientierung am Produktkonzept Ende der 1990er Jahre zusammen, die das Unbehagen vieler Kommunen repräsentierte. Ein typisch „teutonisches" (Reichard 1998) Perfektionierungsstreben führe zu ausgefeilten und detaillierten Produktkatalogen, die anstelle der Steuerungsfunktion eine neue Produktbürokratie setzen. Hinsichtlich der Implementation erscheint es insbesondere als problematisch, dass die aufwendig erstellten Produktkataloge kaum für Steuerungszwecke herangezogen worden sind. Stattdessen ist festzustellen, dass ein erheblicher Anteil der Kommunen, die Produkte definiert haben, diese weder für die Ermittlung von Budgets, noch für Haushaltsverhandlungen oder die Neuorganisation von Verwaltungsprozessen oder für interkommunale Vergleiche nutzt. In 14,2 % der Kommunen, die Produktdefinitionen verwenden, findet überhaupt kein Anschluss der Produkte an wesentliche Instrumente des NSM statt und es stellt sich hier die Frage, inwiefern der beträchtliche Aufwand der Erstellung von Produktkatalogen in diesen Fällen gerechtfertigt ist.

Dahingegen nehmen die Bemühungen kontinuierlich zu, für die Leistungen der Kommunalverwaltung Kosten genauer beziffern zu können und so die Kostentransparenz zu erhöhen. So geben 12,7 % an, eine Kosten- und Leistungsrechnung (KLR) voll umgesetzt zu haben, in 33 % der Kommunen wurde dies zumindest in Teilbereichen getan und in weiteren 27,1 % befindet sie sich derzeit im Aufbau. Die aktuelle Reform des öffentlichen Haushaltswesens (und damit verbunden die Vermögensbewertung), die derzeit im Zuge der Landesgesetzgebung in verschiedenen Bundesländern forciert wird, sind von allen Modernisierungsbereichen diejenigen, die sich derzeit am häufigsten „im Aufbau" befinden (s.u.).

Eines der attraktivsten Reformthemen für deutsche Kommunen war die Einführung der Budgetierung. Unsere Umfrageergebnisse zeigen, dass nach Angaben der Befragten in 33,1 % der Kommunen flächendeckend und in weiteren 34,4 % zumindest in Teilbereichen budgetiert wird. Die Anziehungskraft dieses Reforminstruments erklärt sich in erster Linie daraus, dass sich die Budgetierung als eine „intelligente Sparstrategie" erwiesen hat, die von den Kämmerern genutzt wird, um die Ausgaben der Fachbereiche zu „deckeln". Dabei handelt es sich in den meisten Fällen um eine rein inputorientierte Budgetierung: Nur in 15,7 % der budgetierenden Fälle wurde ein Budgetierungsverfahren gewählt, dem Ziel- und Leistungsvorgaben im Sinne einer Output-Budgetierung zugrunde liegen. Auch die angestrebten Anreize durch die freie Verfügung über Restmittel dürften nur eingeschränkt zum Tragen kommen: Nur in rund 40 % der budgetierenden Fälle kommt es zu einer zumindest teilweisen antragsfreien Überlassung von Restmitteln an die budgetierte Einheit. Damit bleibt die Budgetierung in einer großen Zahl von Fällen weiterhin ein inputorientiertes Führungsinstrument zur Kostendeckelung und keine Anregung zum „aktiven Umgang mit knappen Ressourcen" (KGSt), zumal auch die Koppelung an die dezentrale Ressourcenverantwortung eher unterentwickelt ist.

Eine zentrale Rolle im Konzept des NSM spielen das Kontraktmanagement über Zielvereinbarungen sowie ein Berichtswesen, das über die Leistungserfüllung, den Ressourcenaufwand und die Zielerreichung berichtet. Ein Kontraktmanagement wird allerdings nur selten praktiziert: Zielvereinbarungen zwischen der Verwaltungsspitze und untergeordneten Verwaltungseinheiten zur internen Steuerung sind laut Angabe der Bürgermeister/Landräte in 24,3 % der befragten Kommunen eingeführt worden. Ebenfalls sehr selten wird Kontraktmanagement zwischen internen Servicestellen und anderen Verwaltungseinheiten (8,0 %) sowie mit ausgegliederten Verwaltungsteilen oder externen Partnern in der Leistungserstellung (6,7 % bzw. 9.3 %) durchgeführt.

Wo eine konsequente Umsetzung der Maßnahmen zur Outputsteuerung stattfand, lassen sich durchaus Erfolge registrieren. Insgesamt betrachtet werden die Produkte und Produktbeschreibungen hinsichtlich ihrer Auswirkungen auf das ergebnisorientierte und kostenbewusste Handeln der Mitarbeiter am positivsten beurteilt. Sie scheinen – obgleich sie nicht wie geplant die zentrale Rolle als Steuerungsinstrument eingenommen haben – einen Bewusstseinswandel bei den Mitarbeitern eingeleitet zu haben, wie 71,3 % der befragten Bürgermeister und 58,1 % der Personalräte angeben. Allein die Beschäftigung mit den eigenen Leistungen scheint hier auf der kulturellen Ebene zu Erfolgen geführt zu haben.

Zentrales Ziel der Reformen im Bereich der Ressourcenbewirtschaftung waren jedoch Effizienzgewinne. Nach Einschätzung der Bürgermeister und Personalräte konnten Einsparungen erzielt werden (87,2 % bzw. 70,9 %), auch die Mitarbeiter handelten heute kostenbewusster als früher (87 % bzw. 69,6 %). Es bleibt allerdings – wie im Zusammenhang mit der dezentralen Ressourcenverantwortung ausgeführt – unklar, welchen Instrumenten welcher Anteil zugeschrieben werden kann und in welchem finanziellen Rahmen sich diese Einsparungen bewegen, bzw. ob es sich um tatsächliche Einsparungen oder lediglich um „gefühlte" Einsparungen handelt.

4.3 Politische Steuerung und lokale Demokratie

Der Einbezug der lokalen Demokratie in die Bestrebungen der Verwaltungs-modernisierung war von Anbeginn an Ziel des Neuen Steuerungsmodells. Ausgangspunkt waren diagnostizierte Steuerungsmängel. Die gewählten Vertreter in den Kommunalvertretungen verliefen sich aus Sicht der KGSt in Detailfragen und verlören ob dieser „Kanaldeckelentscheidungen" das „große Ganze" aus den Augen. Notwendig sei eine strategische Steuerung auf Abstand: Der Rat solle sich auf die Definition der Ziele beschränken, über das „Wie" der Ausführung solle hingegen die Verwaltung entscheiden. Angestrebt wurde der Aufbau eines „politischen Controllings", das die Kom-munalvertretung zur wirksamen Wahrnehmung ihrer Steuerungs- und Kontrollfunktion befähigen sollte. Mittels der Kontrakte, welche die Ziel-vorgaben des Rates fixieren, sollte sichergestellt werden, dass sich die Ver-waltung an die Vorgaben der Politik hält.

Schon bei der Rangfolge der Modernisierungsziele der Kommunen bewegt sich die Neu- bzw. Umgestaltung des Verhältnisses zwischen Rat und Verwaltung allerdings deutlich am Ende. Nur 29,7 % der Kommunen geben an, diesen Themenbereich überhaupt zu bearbeiten. Beim Blick auf die konkreten Instrumente sieht die Bilanz noch bescheidener aus. So ist das Kontraktmanagement über Zielvereinbarungen zwischen Rat und Verwaltung(sspitze) nur in 14,8 % der befragten Kommunen etabliert. Ein Berichtswesen, das sich an den Rat wendet und somit als Instrument des politischen Controllings dient, existiert nach Angaben der Befragten in 22,8 % aller Kommunen zumindest für Teilbereiche der Verwaltung, in 14,8 % für die ganze Verwaltung. Die nachrangige Rolle der lokalen Demokratie im Kontext der Verwaltungsmodernisierung zeigt sich auch an der Tatsache, dass der Rat nur in 44,2 % der Kommunen von Beginn an am Modernisie-rungsprozess beteiligt war, in 32,6 % der Fälle erst nach Vorlage eines ver-waltungsintern erarbeiteten Konzepts.

Der mäßige Erfolg und die begrenzte Relevanz der Veränderung des Ver-hältnisses zwischen Rat und Verwaltung zeigen sich auch an der Einschät-zung der Befragten. Lediglich 1,9 % der Befragten stimmen der Aussage „die Strategiefähigkeit des Rates wurde erhöht" voll zu, 25,4 % stimmen immerhin eher zu. Befragt danach, ob durch eine bessere Kontrolle im Rat die demokra-tische Anbindung des Verwaltungshandelns gesteigert werden konnte, fällt die Zustimmung noch geringer aus (1,0 % bzw. 20,7 Auch die Kontrollfunk-tion des Rates scheint durch das politische Kontraktmanagement nur bedingt gestärkt, 54,5 % der Bürgermeister sagen aus, dass eine Verbesserung stattge-funden habe. Der Erfolg des Berichtswesens schlägt sich, wie bereits berich-tet, insbesondere in einer gesteigerten Transparenz nieder. Diesen eindeu-

tig positiven Einschätzungen steht entgegen, dass lediglich 51 % der Befragten der Aussage „die Berichte verbessern die Steuerung der Verwaltung durch
den Rat" zustimmen. Auch die anderen Instrumente der Kostenrechnung
und Ressourcenbewirtschaftung scheinen den Rat nur bedingt zu erreichen:
Über 60 % der Befragten drücken die Meinung aus, dass der Rat seine Entscheidungen nicht an den real anfallenden Kosten orientiert. Ein typisches
Zitat zur Nutzung von Steuerungsinformationen lautet:
*„Das Berichtswesen bei uns ist Indikator für den katastrophalen Zustand der
Umsetzung des NSM. (...) Die Führung dieser Stadt hat es seit etlichen Jahren
beharrlich unterlassen, die Berichte überhaupt zu lesen. Das Berichtswesen
wird nicht wahrgenommen. Und wenn Berichte nicht gelesen werden, dann
wird das Berichtswesen sukzessive schlechter. Das ist völlig normal"* (Interview
mit dem Zentralen Controller der Stadt E. vom 19.8.2004).

Auf der einen Seite ist eine Überschätzung des strategischen Potenzials
der Ratsarbeit durch die Promotoren des NSM erkennbar, die sich nicht auf
die realen Bedingungen kommunaler Ratsarbeit und deren häufig konkur-
renzdemokratische Gestalt stützte. Andererseits zeigt sich auch eine Absti-
nenz der Ratspolitiker in den Modernisierungsaktivitäten. Die Kommunalvertretungen sind nicht ohne weiteres bereit, sich aus dem Verwaltungs-
vollzug herauszuhalten, wenn ihnen die Einmischung eben politische Pro-
filierung im Kampf um Wählerstimmen ermöglicht. In einer Fallkommune
zeigt sich folgendes Entscheidungsverhalten:
*„Diese Eckwertebeschlüsse, diese politischen Grundsatzbeschlüsse, das
machen wir nicht mehr, sondern fummeln die ganze Zeit daran rum, und kor-
rigieren immer wieder und machen noch 'ne Liste und noch 'ne Überprüfung"*
(Interview vom 14.9.2004 mit dem Beigeordneten der Stadt E.).

Es besteht aber auch nur ein beschränkter Wille der Ratspolitiker, sich
in ihrem knapp bemessenen Zeitkontingent intensiv mit der Verwaltungsmodernisierung zu beschäftigen. Zudem wird die geforderte Beschränkung
auf das „Wie" angesichts der tendenziellen Schwächung des Rates durch
die Einführung von direktdemokratischen Elementen wie Bürgerbegeh-
ren und der Direktwahl des Bürgermeisters als eine weitere Kompetenzab-
gabe und strukturelle Schwächung des Rates betrachtet, die ohne gegenläufige gestiegene Kontrollkompetenzen erfolgt. Gleichzeitig zeigen sich in den
Kommunen zahlreiche zentrifugale Tendenzen, ausgelöst durch die Dezentralisierungspolitiken im Rahmen des NSM, denen keine adäquaten Steuerungsverfahren entgegengesetzt werden (vgl. Abschnitt 4.1) und so zu einer
verwaltungsinternen Abkopplung der Fachbereiche von gesamtstädtischen
Zielen und der lokalen Demokratie führen. Außerdem führen Ausgliede-
rungs- und Privatisierungstendenzen zur Bildung von Verwaltungssatelliten, die verstärkt Eigeninteressen ausbilden und ebenfalls nur bedingt

durch Steuerungsverfahren in gesamtstädtische Steuerungsprozesse einbezogen sind. Insgesamt ist daher von ausgeprägten kommunalen Steuerungsverlusten auszugehen, denen nur unzureichende Anstrengungen zur
Reetablierung von Steuerungsfähigkeit etwa durch effektives Controlling
und Zielvereinbarungen entgegengesetzt werden, die die lokale Demokratie
schwächen und Legitimitätsverluste nach sich zu ziehen drohen.

4.4 Bürger- und Kundenorientierung

Neben den Bemühungen, die Effizienz und Effektivität des Verwaltungshandelns zu erhöhen, wurde auch eine Veränderung im Außenverhältnis
der Verwaltung angestrebt. Der Bürger wurde als „Kunde" entdeckt, der
zunehmend als Nachfrager von verschiedensten Verwaltungsleistungen
zum „Leistungsverstärker" der Verwaltungsmodernisierung werden sollte.
Im Mittelpunkt der Bestrebungen um mehr Bürgerorientierung stand der
Dienstleistungsgedanke und damit verbunden der Wandel hin zu Dienst-
leistungs- und Servicezentren. Durch eine verbesserte Leistungserstellung
(u.a. hinsichtlich der Qualität und Dauer) sowie mehr Transparenz sollte die
Zufriedenheit der Bürger mit „ihrer Stadtverwaltung" gesteigert werden.
Den Bürgern sollten durch organisatorische Änderungen wie die Bünde-
lung von Dienstleistungen und eine Dezentralisierung von Verwaltungsauf-
gaben Behördenkontakte erleichtert werden. Insbesondere bei der Einführung von Bürgerämtern/Bürgerbüros, in denen ein breites Spektrum von
Verwaltungsleistungen aus einer Hand angeboten werden, kommen diese
Ideen zum Tragen. An dieser Stelle sei erwähnt, dass die Konzeption der
Bürgerämter – die im Rahmen des NSM erneut große Beliebtheit erlangte –
schon in den 1970er und 1980er Jahren in anderem Kontext entstand.

Organisatorische Änderungen wie die Bündelung von Dienstleistungen
(Einrichtung von Bürgerämtern in 57,5 % aller Kommunen) und ein orts-
nahes Angebot von Dienstleistungen durch Dezentralisierung (40,0 %)
waren im Rahmen des NSM weit verbreitet. Die Sprechzeiten in den Bürgerämtern, aber auch in anderen Verwaltungseinheiten wurden fast in 75
% der Kommunen ausgebaut. Auch eine Verkürzung der Bearbeitungszeit
von Verwaltungsvorgängen konnte vielerorts (in 49,5 % der Kommunen)
durch die organisatorischen Änderungen realisiert werden. Darüber hinaus
erfolgte in 54,7 % der befragten Kommunen eine verstärkte Beteiligung der
„Kunden" durch Klienten- und Bürgerbefragungen. Anspruchsvollere Verfahren wie ein Beschwerdemanagement wurden lediglich in 29,9 % der
Fälle eingeführt. Auch die Einführung eines Qualitätsmanagements ist bis
jetzt wenig verbreitet und wurde nur in 13,9 % der Kommunen realisiert. Die
Maßnahmen zur Qualitätssicherung sind damit im Vergleich zu Bestrebun-

Stephan Grohs

gen zur Verfahrensbeschleunigung sowie der Bündelung und Dezentralisierung von Dienstleistungen weniger verbreitet.

Insgesamt ist die Resonanz der Bürger auf die Bemühungen um mehr Kundenorientierung überaus positiv (94,7 % der Bürgermeister/Landräte stimmen dieser Aussage völlig oder eher zu). Zusammenhängen mag dies damit, dass die Wartezeiten kürzer geworden sind (wie 87,3 % der Bürgermeister aussagen), aber auch die Beratungsqualität gestiegen ist (in 86,2 % der Fälle). Auch die Strategie, Aufgaben zu bündeln und vermehrt an einem Ort und aus einer Hand anzubieten, scheint aufgegangen zu sein. Die Aussage „die Bürger müssen weniger Anlaufstellen aufsuchen" trifft laut 84,8 % der Bürgermeister eher oder völlig zu. Als Erfolg kann weiterhin gewertet werden, dass die Zahl der Beschwerden zurückgegangen ist, wie von 62,9 % der befragten Bürgermeister ins Feld geführt wird. Die Zahl der Rechtsstreitigkeiten hat sich allerdings gar nicht bzw. eher nicht reduziert (so 51 % der Befragten). Anzumerken ist auch, dass die Verbesserung der Kundenorientierung den am wenigsten umstrittenen Reformerfolg darstellt: Die Unterschiede in der Bewertung zwischen Bürgermeistern bzw. Landräten und Personalratsvorsitzenden sind hier deutlich am geringsten. Der Erfolg ist demnach nicht zu bestreiten, hängt aber nur teilweise mit der Umsetzung von Elementen des NSM zusammen.

4.5 Mitarbeiterorientierung und Personalmanagement

Den Mitarbeiterinnen und Mitarbeitern als zentraler Ressource der öffentlichen Verwaltung wurde von verschiedener Seite eine wichtige Rolle für den Erfolg oder Misserfolg der Modernisierung eingeräumt. Das Ziel qualifizierter und motivierter Mitarbeiter wurde bereits im grundlegenden Bericht zum Neuen Steuerungsmodell behandelt (vgl. KGSt 1993: 11f.), doch erst offenkundige Implementationsschwierigkeiten des NSM ließen den Faktor Personal mehr in den Aufmerksamkeitshorizont der Modernisierungsbestrebungen rücken (vgl. KGSt 1996). Dem lag die Einsicht zugrunde, dass die Umsetzung und der Erfolg des NSM im Wesentlichen von der aktiven Mitwirkung des Personals der Verwaltung abhängen. Die Akzeptanz und aktive Beteiligung der Mitarbeiter sollten daher gezielt durch Beteiligungsprozesse und Personalentwicklung unterstützt werden. Ziele sind einerseits engagierte und motivierte Mitarbeiter im Einführungsprozess und andererseits die „richtigen" Mitarbeiter an der „richtigen Stelle", also Mitarbeiter, die eigenverantwortlich arbeiten, in der neuen Steuerungslogik denken und mit den Steuerungsinstrumenten umgehen können (vgl. Reichard 1994: 64-66). Die traditionelle Personalwirtschaft sollte durch ein flexibleres Personalmanagement ersetzt werden, das zudem Anreizsysteme etablieren sollte.

116

Im Bereich des Personalmanagements und der Personalentwicklung sind, trotz der häufigen verbalen Betonung der Bedeutung der Mitarbeiterdimension, nur eingeschränkt Veränderungen festzustellen. Zwar wurde in zahlreichen Kommunen zusätzliches betriebswirtschaftlich geschultes Personal angestellt (36,1 %) und finden in mittlerweile 62,0 % der Kommunen Mitarbeitergespräche statt, dennoch bleiben die Aktivitäten gemessen an den Zielvorstellungen auf eher wenig anspruchsvolle Verfahren beschränkt oder befinden sich im klassischen Bereich der Fort- und Weiterbildung (73 %). Anspruchsvollere Verfahren wie Job-Rotation (10 %), Führungskräftebeurteilungen (21 %) oder Leistungsprämien (22 %) sind dagegen wesentlich weniger verbreitet. Ein Hauptproblem für prononcierte Personalentwicklung dürfte die angespannte Haushaltslage der Kommunen sein, die für zusätzliche Maßnahmen der Personalentwicklung und auch für zusätzliche Leistungsanreize wenig Spielraum lässt. Zusätzlich kommt das existierende Tarif- und Dienstrecht hinzu, das von über 66 % der Verwaltungschefs als Hindernis im Modernisierungsprozess angesehen wird und insbesondere hinsichtlich der leistungsbezogenen Elemente lange Zeit als reformbedürftig erschien.

Den Erfolg des Personalmanagements sehen die Befragten in erster Linie in einer gestiegenen Leistungsbereitschaft und größeren Kundenorientierung der Mitarbeiter sowie einer insgesamt gesteigerten Qualität der Leistungen. Zudem sieht eine Mehrheit die Chancengleichheit zwischen Frauen und Männern gewachsen. Auf der anderen Seite ist eine Zunahme der Arbeitsbelastung festzustellen, was von fast 95 % der Personalräte und immerhin rund 80 % der Verwaltungschefs bestätigt wird. Zudem verneinen über 80 % der Personalräte eine gestiegene Arbeitszufriedenheit der Mitarbeiter und berichten zu knapp 60 % von der Furcht vor verstärkter Leistungskontrolle bei den Mitarbeitern (die entsprechenden Anteile der Verwaltungschefs sind 42,5 % bzw. 33,5 %).

Trotz Beteiligung der Mitarbeiter am Modernisierungsprozess ist daher die wachsende Ablehnung der Reformmaßnahmen durch die Mitarbeiter ein großes Problem für die modernisierenden Kommunen. 57,2 % der Verwaltungschefs stimmen den Aussagen (ganz oder eher) zu, bei den Mitarbeitern sei Reformmüdigkeit eingekehrt, und 51,7 % dem Statement, von den Mitarbeitern werde der Modernisierungsprozess in erster Linie als Personalabbau wahrgenommen. Bei den gerade in Personalfragen kritischeren Personalratsvorsitzenden sind die entsprechenden Werte 66,5 % und 66,6 %. Angesichts der Tatsache, dass mehr als 80 % der Verwaltungschefs und mehr als 90 % der Personalvertreter die Motivation der Beschäftigten als wichtigen Einflussfaktor für den Modernisierungsprozess identifizieren und die Beschäftigtenmotivation damit aus beiden Perspektiven als wichtigster Faktor überhaupt identifiziert wird, sind diese Ergebnisse bedenklich. **117**

Ein Erklärungsfaktor dafür ist unter anderem im mangelnden Einfluss der Mitarbeiter in den verschiedenen Beteiligungsverfahren zu suchen. Die Beteiligung der Beschäftigten und ihrer Interessenvertretung wurde in zahlreichen Studien als wesentliches Element gelungener Verwaltungsmodernisierung erkannt (vgl. Greifenstein/Kißler 2000). Der Erfolg der Beteiligung kann nach dem tatsächlichen Einfluss der Beteiligten auf die modernisierungspolitischen Entscheidungen bemessen werden. Die Einschätzungen der Personalräte ergeben hier ein ernüchterndes Ergebnis. Über die Hälfte der Befragten sieht den eigenen Einfluss auf die Modernisierung als eher gering an. Weitere rund 10 % sehen ihn gar als sehr gering an. Dabei schätzen diejenigen Personalräte, welche regelmäßig in Gremien beteiligt wurden, die über die in den Landespersonalvertretungsgesetzen geregelten Bereiche hinausgehen, ihren Einfluss deutlich besser ein. Gleichzeitig sind sie auch mit den Ergebnissen der Reform deutlich zufriedener.

Angesichts dieser äußerst ernüchternden Bilanz des Beschäftigteneinflusses können die Aussagen zur Reformmüdigkeit der Mitarbeiter und die einseitige Wahrnehmung der Reform als Personalabbau als Bestätigung der aus der Partizipationsforschung bekannten Einsicht gesehen werden, dass Partizipation ohne Berücksichtigung der Partizipationsresultate in Demotivations- und Frustrationserscheinungen und schließlich in eine Ablehnung der Reform münden. Diese These wird auch dadurch bestätigt, dass – immer aus Sichtweise der Personalräte – die Zustimmung zur Aussage „Bei den Mitarbeitern ist Reformmüdigkeit eingekehrt" mit abnehmendem Einfluss der Beschäftigten deutlich zunimmt. Verstärkt wird die negative Haltung der Beschäftigten noch durch den – insbesondere in ostdeutschen Kommunen stattfindenden – starken Personalabbau, der zusätzlich zu Arbeitsverdichtung und zu Ängsten vor dem Verlust der eigenen Stelle führt. Die personalpolitische Dimension der Verwaltungsmodernisierung muss folglich als äußerst defizitär eingestuft werden. Gerade angesichts zukünftiger Modernisierungsvorhaben dürfte in vielen Verwaltungen nur noch ein geringer Vertrauensvorschuss der Mitarbeiterinnen und Mitarbeiter für Reformen vorzufinden sein.

5.   Die Bilanz der NSM-Reform

Der deutschen Verwaltung wird regelmäßig Reformresistenz und Beharrungsvermögen attestiert. Gemessen an diesen Diagnosen ist in den Kommunen in den letzten 15 Jahren viel passiert. Einerseits gab es in den deutschen Kommunen zahlreiche Versuche, die Verwaltung zu modernisieren, und zahlreiche Maßnahmen wurden in die Wege geleitet, zum Teil erfolgreich, zu einem anderen Teil aber auch mit Rückschlägen. Deutlich ist aber auch, dass eine einheitliche Entwicklung, gar ein umfassender „Paradigmenwechsel" der deutschen Verwaltung vom klassischen weberianischen Bürokratiemodell zum New Public Management nicht festzustellen ist. Vielfach sind es andere, ältere Konzepte, die in früheren Modernisierungsprozessen auf halbem Wege ins Stocken geraten waren, aber auf der Bugwelle des NSM-Diskurses wieder neue Fahrt gewinnen konnten und zu heimlichen Erfolgsmodellen kommunaler Verwaltungsmodernisierung wurden – zu erwähnen ist insbesondere die Schaffung von Bürgerbüros, Verfahrensbeschleunigung zum Beispiel im Bereich der Bauordnung oder die Stärkung gemeinwesenorientierter professioneller Konzepte im Sozial- und Jugendhilfebereich. Diese hätten wahrscheinlich ohne das NSM ihre Aktualität nicht in diesem Maß entfalten können, stellen aber eben keine „Kernelemente" Neuer Steuerung dar. Die Verwirklichung der NSM-Kernelemente scheint jedoch vielfach zu stocken, sich auf „Modernisierungsinseln" zu beschränken oder sich erst durch die Intervention der Landesregierungen „von oben" insbesondere im Bereich des Haushalts- und Rechnungswesens weiterzubewegen. Aller Dynamik zum Trotz ist die Umsetzung des NSM also vielfach auf halbem Wege stecken geblieben oder in reiner Modernisierungsrhetorik erstickt und die Modernisierungsakteure sehen sich mit neuen dysfunktionalen Arrangements konfrontiert. Wie die Ergebnisse der vorgestellten Umfrage zeigen, wird häufig dezentralisiert, ohne die notwendige Rückkopplung von Dezentralisierung durch Informations- und Anreizsysteme zu gewährleisten. Die postulierte Orientierung am Wettbewerb bleibt häufig aus. Dies bringt im Zusammenspiel mit den Tendenzen zu Auslagerungen und Privatisierungen die Gefahr einer Fragmentierung der kommunalen Selbstverwaltung mit sich. Auf der anderen Seite ist zu beobachten, dass man sich formal auf neue Steuerungselemente einlässt, diese aber nur im traditionellen (hierarchisch-weberianischen) Sinne nutzt. Ein Beispiel dafür stellen Produktkataloge oder Kosten- und Leistungsrechnungen dar, die zwar implementiert, aber nicht für die Steuerung eingesetzt werden. Teilweise ist zudem eine Rückkehr zu klassisch hierarchischer Steuerung zu beobachten.

Die Bilanz des Neuen Steuerungsmodells in der Praxis fällt also insgesamt ambivalent aus: Einerseits sind eine Reihe positiver Reformeffekte zu nennen:

- Augenfällig ist eine stärkere Bürger- und Kundenorientierung, die vor allem auf den Siegeszug des Bürgeramtskonzeptes zurückzuführen ist. Weiterhin sind auf der Outputseite zahlreiche sektorale Bereiche zu nennen, wo es durch eher klassische Maßnahmen der Organisationsentwicklung zu deutlichen Leistungsverbesserungen und Verfahrensverkürzungen kam.

119

- Auf der Inputseite werden von den kommunalen Akteuren Effizienzgewinne und Einsparungen ausgemacht. Eine intensivere Betrachtung fördert hier allerdings keine eindeutigen Einsparerfolge zutage, wie in Fallstudien in mehreren Städten gezeigt werden konnte. Effizienzgewinne und Einsparungen in Teilbereichen und insbesondere eine erhöhte Kostensensibilität sind sicherlich in zahlreichen Kommunen eingetreten. Stellt man aber zudem die mit der Verwaltungsmodernisierung entstehenden Kosten durch Sach- und Personalaufwand in der Planung, Einführung und im laufenden Betrieb in Rechnung, dürfte eine eindeutige Aussage hinsichtlich der Effizienzgewinne schwer fallen.

Auf der anderen Seite sind eindeutige Defizite der Verwaltungsmodernisierung zu nennen: Die beabsichtigten System- und Kulturveränderungen hinsichtlich der politischen Steuerung der Kommune und einer verstärkten Mitarbeiterorientierung konnten kaum realisiert werden.

- Die Verbesserung der gesamtstädtischen politischen Steuerung ist das am seltensten bearbeitete Problemfeld im Neuen Steuerungsmodell und wo Bestrebungen unternommen wurden, fallen die Ergebnisse selten erfolgreich aus. Es zeigt sich, dass eine bessere Transparenz und Informationslage nicht von allein zu besserer Steuerung und der Korrektur eingeschlagener Pfade führen. Darüber hinaus sind die lokalen Vertretungskörperschaften aus verschiedenen Gründen nicht willens, sich auf die im NSM geforderte Steuerung „at arms length" einzulassen. Gleichzeitig zeigen sich in den Kommunen zahlreiche zentrifugale Tendenzen, ausgelöst einerseits durch die Dezentralisierungspolitiken im Rahmen des NSM, denen keine adäquaten Steuerungsverfahren entgegengesetzt werden und so zu einer verwaltungsinternen Abkopplung der Fachbereiche von gesamtstädtischen Zielen führen. Andererseits führen Ausgliederungs- und Privatisierungstendenzen zur Bildung von Verwaltungssatelliten, die verstärkt Eigeninteressen ausbilden und ebenfalls nur bedingt durch Steuerungsverfahren in gesamtstädtische Steuerungsprozesse einbezogen sind. Insgesamt ist daher von ausgeprägten Steuerungsverlusten auszugehen, denen nur unzureichende Anstrengung zur Reetablierung von Steuerungsfähigkeit etwa durch effektives Controlling und Zielvereinbarungen entgegengesetzt wird.

- Ein weiterhin bestehendes und sich eher verschärfendes Problem scheint die Mitarbeiterzufriedenheit zu sein, die vor dem Hintergrund der Gleichzeitigkeit von Haushaltskonsolidierung und Verwaltungsmodernisierung ständig gesunken ist und sich in Reformmüdigkeit niederschlägt. In zahlreichen Fällen wird Verwaltungsmodernisierung als Bedrohung im Sinne von Personalabbau wahrgenommen und führt so zu Frustration und der Desavouierung neuer Reformkonzepte. Die

Beteiligung der Mitarbeiter wurde in vielen Fällen nicht ernst genommen und der Einfluss der Mitarbeiter blieb gering, was die Akzeptanz der Modernisierungsanstrengungen weiter reduzierte.
Vergleicht man die 2005 erhobenen Zahlen mit aktuelleren aus dem Jahr 2010 sieht man, dass Modernisierung weiter stagniert, mit Ausnahme der von außen induzierten Maßnahmen, die mit der Doppik-Einführung in mehreren Bundesländern zusammen-hängen (vgl. Abb.1). Diese Instrumente werden nach vorliegendem Wissen aber kaum in Zusammenhang mit dem Neuen Steuerungsmodell „gedacht" und implementiert, so dass man auch hier nicht von einem „Revival" des NSM sprechen kann.

Abbildung 1: Vergleich der Umsetzung von zentralen Reformelementen 2005 und 2010 in Nordrhein-Westfalen

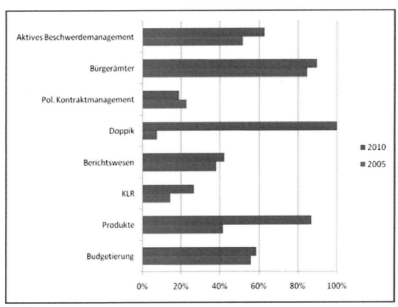

Quelle: 2005: Umfrage 10 Jahre NSM; 2010: Umfrage „Innovationsfähigkeit durch institutionelle Reflexivität" (vgl. Fn.1).

6. Fazit

Greift man die eingangs skizzierte Debatte um Konzeptfehler im NSM und Implementationsfehler auf, lassen sich sicherlich beide Phänomene identifizieren. Einige wenige erfolgreiche „Reformsterne" können jedoch über grundsätzliche Probleme nicht hinwegtäuschen. Wesentliche Probleme der Kommunen konnten nicht beseitigt werden oder haben sich noch verschärft. Viele kommunale Haushalte sind nach mehr als fünfzehn Jahren kommunaler Modernisierungsbestrebungen unter dem Leitstern des NSM nach wie vor defizitär. Die – primär extern induzierte – Finanzkrise scheint sich eher noch verstärkt zu haben (vgl. Holtkamp 2010) und treibt die Kommunen nach dem nur bescheidenen Erfolg der „Effizienzmobilisierung" durch das Neue Steuerungsmodell nun zu radikaleren Einschnitten in das kommunale Aufgabenspektrum durch Aufgabenkritik, weitergehende Ausgliederung und Privatisierung.

Gemessen an den *ursprünglichen Absichten des NSM* könnte man in einem harten Soll-Ist-Vergleich also von einem weitgehenden Scheitern sprechen (Holtkamp 2008). Allerdings haben sowohl Wissenschaftler als auch Praktiker von vornherein auf einige konzeptionelle Problemlagen des NSM aufmerksam gemacht. Gemessen *an den Erkenntnissen über die Veränderungsresistenz öffentlicher Verwaltungen* sieht die Bilanz im Zeitvergleich hingegen besser aus. Die Kommunalverwaltungen sind heute ohne jeden Zweifel vor allem bürger- und kundenorientierter – zu denken ist insbesondere an die Schaffung von Bürgerbüros, Verfahrensbeschleunigung oder die Stärkung professioneller Konzepte im Sozial- und Jugendhilfebereich (hierzu Grohs 2010).

Auf die (unbeabsichtigten) Folgeprobleme der NSM-Reform wurde in den Pionierkommunen entweder dadurch reagiert, dass man die neuen Strukturen und Verfahren bewusst „zurückbaut" oder dass man im Verwaltungsalltag sukzessiv wieder auf altbewährte Handlungsroutinen vertraut. Die deutschen Kommunen unterliegen damit – zumindest binnenorganisatorisch gesehen – derzeit eher einem Trend zur Re-*Zentralisierung* und *Re-Hierarchisierung*, zu welchem, neben den erkannten NSM-Funktionsstörungen, vor allem auch die sich zuspitzende Finanzkrise einen erheblichen Beitrag geleistet hat. In der Konsequenz rücken sie – und dies ist als ein wichtiger Lerneffekt zu interpretieren – von der „Reinform" des NSM ab und dürften gerade dadurch in die Lage versetzt sein, die negativen Reformwirkungen zu bearbeiten und zu beheben. Die Organisationskultur und Einstellungswelt in der Kommunalverwaltung haben sich nachhaltig verändert, und der Gedanke eines (mehr oder minder machbaren) Konzepttransfers aus der Privatwirtschaft könnte im „institutionellen Gedächtnis" der Kommunen verbleiben. Dass in der deutschen Verwaltung heute nicht nur über Rechtsförmigkeit und formale Richtigkeit, sondern auch über Kosten und Leistungen nachgedacht und diskutiert wird, ist kaum zu bestreiten. Ein neues Verwaltungsmodell ist indes noch nicht entstanden.

Literatur

Banner, Gerhard: Kommunale Verwaltungsmodernisierung. Wie erfolgreich waren die letzten zehn Jahre? In: Schröter, Eckhart (Hg.): Empirische Policy- und Verwaltungsforschung. Lokale, nationale und internationale Perspektiven. Opladen 2001; S. 279-303

Bogumil, Jörg / Ebinger, Falk / Holtkamp, Lars / Seuberlich, Marc: Institutionelle Reflexivität in der öffentlichen Verwaltung. Unveröffentlichtes Manuskript. Bochum 2011

Bogumil, Jörg / Grohs, Stephan /Kuhlmann, Sabine: Ergebnisse und Wirkungen kommunaler Verwaltungsmodernisierung in Deutschland – Eine Evaluation nach 10 Jahren Praxiserfahrungen. In: Bogumil, Jörg/ Jann, Werner/ Nullmeier, Frank (Hg.): Politik und Verwaltung. Sonderband 37 der Politischen Vierteljahresschrift. Wiesbaden 2006; S. 151-184

Bogumil, Jörg / Grohs, Stephan/ Kuhlmann, Sabine/ Ohm, Anna: Zehn Jahre Neues Steuerungsmodell – eine Bilanz kommunaler Verwaltungsmodernisierung. Berlin 2007

Greifenstein, Ralph / Kißler, Leo: Personalvertretung in Reformrathäusern. Zur Standortsuche von Personalräten im Modernisierungsprozeß. Berlin 2000

Grohs, Stephan: Reform der Jugendhilfe zwischen Neuer Steuerung und Professionalisierung. Eine Bilanz nach 15 Jahren Modernisierungsdiskurs. Zeitschrift für Sozialreform, Heft 3/2007; S. 247-274

Grohs, Stephan: Modernisierung kommunaler Sozialpolitik. Anpassungsstrategien im Wohlfahrtskorporatismus. Wiesbaden 2010

Holtkamp, Lars: 2008: Das Scheitern des Neuen Steuerungsmodells. der moderne staat, Heft 2/2008; S. 423-446

Holtkamp, Lars: Kommunale Haushaltspolitik bei leeren Kassen. Berlin 2010

Jann, Werner: Neues Steuerungsmodell. In: Blanke, Bernhard/ Bandemer, Stephan von/ Nullmeier, Frank/ Reichard, Christoph/ Wewer, Göttrik (Hg.): Handbuch zur Verwaltungsreform. 4. Auflage. Wiesbaden 2010; S. 98-108

Kommunale Gemeinschaftsstelle (KGSt): Das Neue Steuerungsmodell. Begründung, Konturen, Umsetzung. Bericht 5/1993. Köln 1993

Kommunale Gemeinschaftsstelle (KGSt): Das Neue Steuerungsmodell - Erste Zwischenbilanz. Bericht 10/1995. Köln 1995

Kommunale Gemeinschaftsstelle (KGSt): Personalentwicklung im Neuen Steuerungsmodell. Bericht 6/1996. Köln 1996

Kommunale Gemeinschaftsstelle (KGSt): Das Neue Steuerungsmodell: Bilanz der Umsetzung. Bericht 2/2007. Köln 2007

Pressman, Jeffrey L./ Wildavsky, Aaron: Implementation. Berkeley 1973

Reichard, Christoph: Umdenken im Rathaus. Neue Steuerungsmodelle in der deutschen Kommunalverwaltung. Berlin 1994

Reichard, Christoph: Der Produktansatz im „Neuen Steuerungsmodell" von der Euphorie zur Ernüchterung. In: Grunow, Dieter/ Wollmann, Hellmut (Hg.): Lokale Verwaltungsreform in Aktion. Fortschritte und Fallstricke. Basel 1998; S. 85-102

Wiechmann, Elke: Zehn Jahre kommunale Verwaltungsreform – eine gleichstellungspolitische Bilanz. GiP (Gleichstellungspolitik in der Praxis), Heft 6/2006; S. 22-26

Anhang Tabelle 2: Institutionelle Veränderungen im Überblick

Modernisierungsbereich			
Organisationsstrukturen	**Umsetzung in der ganzen Verwaltung**	**Umsetzung in Teilbereichen**	**Zur Zeit im Aufbau**
Fachbereichsstrukturen	43,6 % (379)	9,3 % (81)	5,2 % (45)
Zentrale Steuerungsunterstützung	25,9 % (225)	12,4 % (108)	12,4 % (108)
Umbau der Querschnittsbereiche zu Servicestellen	23,9 % (208)	24,7 % (215)	13,9 % (121)
Dezentrale Controllingstellen	10,9 % (95)	13,6 % (118)	16,0 % (139)
Abbau von Hierarchieebenen	34,5 % (300)	25,4 % (221)	5,1 % (44)
Teamstrukturen	14,0 % (102)	38,2 % (332)	6,2 % (54)
Ressourcenbewirtschaftung	**Umsetzung in der ganzen Verwaltung**	**Umsetzung in Teilbereichen**	**Zur Zeit im Aufbau**
Dezentrale Fach- und Ressourcenverantwortung	33,1 % (288)	26,2 % (288)	9,4 % (82)
Budgetierung	33,1 % (288)	34,4 % (299)	7,9 % (69)
Produkte	29,0 % (252)	9,9 % (86)	22,9 % (199)
Kosten- und Leistungsrechnung	12,7 % (108)	33,0 % (287)	27,1 % (236)
Berichtswesen	22,1 % (192)	20,7 % (180)	23,4 % (204)
Doppik	3,8 % (33)	4,8 % (42)	50,2 % (437)
Vermögensbewertung	7,7 % (67)	14,3 % (124)	48,6 % (423)
Kontraktmanagement	**Eingeführt**		
Zwischen Politik und Verwaltung		*	*
Zwischen Verwaltungsspitze und anderen Einheiten	14,8 % (129)	*	*
Zwischen Servicestellen und anderen Einheiten	24,3 % (211)	*	*
Zwischen Verwaltung und kommunalen Beteiligungen	8,0 % (70)	*	*
Zwischen Verwaltung und Leistungserbringen von außen	6,7 % (58)	*	*
	9,3 % (81)		
Personal	**Eingeführt**		
Mitarbeitergespräche	62,0 % (539)	*	*
Führungskräftebeurteilung	21,5 % (187)	*	*
Job-Rotation	10,3 % (90)	*	*
Leistungsprämien	22,4 % (195)	*	*
Neue Personalauswahlmethoden	34,6 % (301)	*	*
Personalbeurteilungen	46,6 % (405)	*	*
Ganzheitliche Sachbearbeitung	50,0 % (435)	*	*
Teamarbeit	55,6 % (484)	*	*
Fort- und Weiterbildung	72,6 % (632)	*	*
	Ja		
Betriebswirtschaftlich geschultes Personal eingestellt	36,1 % (314)		*

Wettbewerb	Regelmäßige Teilnahme	Gelegentliche Teilnahme	
Interkommunaler Leistungsvergleich	15,5 % (135)	27,8 % (242)	*
	Ja	Teilweise	
Kostenvergleiche öffentliche/ private Erstellung Beteiligungsmanagement eingeführt	27,9 % (243) 21,7 % (189)	16,2 % (141) 19,5 % (170)	
Kundenorientierung	Eingeführt		
Einrichtung von Bürgerämtern	57,5 % (500)	*	*
Erweiterung der Sprechzeiten	74,5 % (648)	*	*
Einführung eines Qualitätsmanagements	13,9 % (121)	*	*
Verkürzung der Bearbeitungszeit	49,5 % (431)	*	*
Einführung eines Beschwerdemanagements	29,9 % (260)	*	*
Vereinfachung von Formularen	42,9 % (373)	*	*
Kunden- und Bürgerbefragungen	54,7 % (476)	*	*
Servicegarantien und Leistungsversprechen	7,1 % (62)	*	*
Ortsnahes Angebot von Dienstleistungen	40,0 % (348)	*	*

N=870; * Item nicht vorhanden; Quelle: Bogumil/Grohs/Kuhlmann 2006.

Norbert Wohlfahrt

Auswirkungen der Neuen Steuerungsmodelle auf die Arbeits- und Beschäftigungsverhältnisse der Sozialen Arbeit

Abstract

Mit der Einführung neuer Steuerungsmodelle und, in deren Folgewirkung, der Anwendung von Leistungsverträgen im Verhältnis öffentlicher und freier Träger verändern sich die Erbringungsformen Sozialer Dienste in Deutschland. Der Beitrag befasst sich mit den beobachtbaren Veränderungen innerhalb der Sozialwirtschaft und ihren Auswirkungen auf die Beschäftigungsverhältnisse in der Sozialen Arbeit. Dabei zeigt sich, dass die politisch gewollte Deregulierung des Sozialsektors die Tendenz beinhaltet, Soziale Dienste als Niedriglohnberufe zu etablieren. Der schon seit langer Zeit beobachtbare gender pay gap in der Bezahlung Sozialer Arbeit droht sich auszuweiten und zu verfestigen.

1. Einleitung: Neue Steuerungsmodelle als Instrument der Ökonomisierung des Sozialsektors

Ein wesentlicher Transformationsschritt zur Ökonomisierung Sozialer Arbeit in Deutschland war die Einführung des Neuen Steuerungsmodells und seiner Instrumente auf kommunaler Ebene (vgl. Buestrich/Wohlfahrt 2008). Die Mitte der 1990er Jahre beginnende Modernisierung von Staat und Verwaltung markiert einen entscheidenden Veränderungsprozess in der Ausgestaltung der traditionellen korporatistischen Beziehungen zwischen Staat und Verbänden im Bereich der Wohlfahrtspflege. Durch die Einführung von Instrumenten marktförmiger Steuerung in die öffentliche Verwaltung kommt es zu Veränderungen auf verschiedenen Ebenen: Veränderungen in der Binnenstruktur und Organisationskultur der Verwaltung (Budgets, Ressourcenorientierung, Produktbildung), Veränderungen im Verhältnis von Verwaltung zu ihrer Umwelt (Kunden- und Marktorien-

tierung) und Veränderung der Informations- und Entscheidungsfindungs-
prozesse (Dezentralisierung, Flexibilisierung). Den ökonomischen Steuerungsinstrumenten kommt dabei eine entscheidende Bedeutung zu: Es
geht um Effektivität und Effizienz, um Produkte als Grundlage der outputorientierten Steuerung, um Steuerungsinstrumente mittels Zielvereinbarungen (Kontrakte), um Controlling, Berichtswesen und Personalentwicklung (Motivation) im Interesse der zielbezogenen Gestaltung der Organisation. Die Implementierung von Leistungsverträgen (Kontraktmanagement)
im Verhältnis öffentlicher und freier Träger ist Bestandteil der Außenmo-
dernisierung des Verwaltungshandelns und dient tendenziell der Ablösung
des korporatistischen Verhandlungsmodells durch ein zielbezogenes Auf-
traggeber-Auftragnehmer-Verhältnis (purchaser-provider-split) im sozialen Dienstleistungsbereich (vgl. Dahme/Kühnlein/Wohlfahrt 2005). Unter
Ökonomisierungsstrategien erfährt der lokale Staat im Rahmen Neuer Steuerungsmodelle eine Neubestimmung, wobei sich auch das Verhältnis von
Politik und Verwaltung als staatliche Akteurinnen maßgeblich verändert.
Dass die Instrumente des New Public Management mit ihren Ziel-Mittel-Re-
lationen und dem hohen Kontrollaufwand an eine traditionell technokrati-
sche Logik staatlicher Bürokratie anschließen konnten, war für die Verallge-
meinerung des Ansatzes in vielen Kommunen und Gemeinden förderlich.
Entscheidend für die Veränderung der Beschäftigungsverhältnisse ist dabei
die seit Anfang der 1990er Jahre beginnende Umstellung des Förder- und
Subventionswesens auf Leistungsverträge als Rechtsform einer neuen Vereinbarungskultur zwischen staatlichen Kostenträgern und sozialen Organisationen, in Deutschland insbesondere den Trägern und Einrichtungen
der freien Wohlfahrtspflege. Ziel ist es, den „Markt Sozialer Arbeit" für alle
Anbieter zu öffnen und dem Hilfe Suchenden Wahlmöglichkeiten zu eröffnen. Der Staat sieht sich nicht mehr als Investor in eine bestimmte Ange-
botsstruktur, die er vorhält, sondern begreift sich als Gewährleistungsstaat,
der lediglich die rechtlichen Rahmenbedingungen für unterschiedliche
Leistungserbringer vorhält. Die Trennung von Gewährleistungs- und Durchführungsverantwortung dient dabei einem der Leitziele der Verwaltungsmodernisierung: der Reduzierung der Leistungstiefe des Staates. Gleichzeitig will der Staat auf diesem Wege die Leistungsanbieter einer vermehrten
Kontrolle der Leistungserbringung unterwerfen. Konsequent zählen diese
im Rahmen des Wettbewerbs auch nicht mehr als Mitgestalter der Sozialpolitik, sondern als Dienstleistungserbringer, die gehalten sind, ihre Aufgaben
effizient und transparent zu erfüllen (vgl. zusammenfassend Buestrich/
Burmester/Dahme/Wohlfahrt 2008).

Im Außenverhältnis zu den freien Trägern geht es dem neuen Sozialstaat um eine Prozessoptimierung bei der kooperativen Erbringung öffent-

licher Aufgaben (Dahme/Wohlfahrt 2008). Dies bedeutet vor allem, dass die Aufgabenteilung nicht länger nach sozialethischen Prinzipien, sondern nach funktionalen Gesichtspunkten ausgestaltet wird. Die öffentlichen Träger entscheiden danach auf der Grundlage versorgungspolitischer und betriebswirtschaftlicher Kriterien, welche Leistungen bzw. Leistungsanteile der öffentliche Sektor selbst zu erbringen beabsichtigt, und beauftragen auf der Basis eines Kontraktmanagements nicht-staatliche Träger mit der Erledigung der verbleibenden Aufgabenanteile. Zugleich sind sie bestrebt, die Rahmenbedingungen für die nicht-staatlichen Träger durch einen wettbewerblichen Ordnungsrahmen, Leistungsanreize und Qualitätspolitik derart auszugestalten, dass Effektivitäts- und Effizienzsteigerungen möglich und eventuell vorhandene Rationalisierungsreserven ausgeschöpft werden. Für die freien Träger folgt hieraus, dass sie angehalten werden, ihre internen Leistungsstrukturen zu effektivieren und mögliche Produktivitätshindernisse zu beseitigen. Darüber hinaus werden sie im Rahmen einer systematisch ausgestalteten kooperativen Aufgabenerledigung zu neuen Kooperationsbeziehungen sowohl mit öffentlichen als auch mit anderen freien Trägern ermuntert, die sich in wachsendem Maße mit rein versorgungspolitischen und fachlichen und immer weniger mit wertorientierten Kriterien begründen lassen. Die staatliche Alimentierung erfolgt zunehmend unter Vorbehalt und immer weniger über den Mechanismus der gegenseitigen Abstimmung, die Vergütung wird quasi „verpreislicht", die Vergabeverfahren immer stärker formalisiert, und es entkoppeln sich damit die traditionell vorhandenen und gewachsenen Verbindungen.

Die Unterwerfung sozialer Dienstleistungserstellung unter die Bedingungen eines staatlich hergestellten und regulierten Quasi-Markts erfolgt dabei nicht einheitlich, sondern differenziert nach den jeweiligen Handlungsfeldern Sozialer Dienste: So werden beispielsweise im Bereich der arbeitsmarktpolitischen Maßnahmen Leistungen über Vergabeverfahren direkt am Markt ausgeschrieben und die beteiligten Leistungserbringer unmittelbar Wettbewerbsbedingungen ausgesetzt. Ziel ist hierbei die „Marktbereinigung", also die Konzentration auf leistungsstarke Anbieter. In anderen Handlungsfeldern dagegen werden unter dem Motto eines Qualitätswettbewerbs die Einsparungsprozesse zunächst weitgehend verdeckt und nur schrittweise vollzogen. Durch die Umstellung von Tagessatzfinanzierung auf Subjektförderung sollen die Wahlmöglichkeit der Hilfebedürftigen gesteigert und eine maximale Auslastung der Leistungserbringer – in der Regel bei gedeckelten Budgets – implementiert werden.

Die Ausweitung von Leistungsverträgen im Rahmen des Neuen Steuerungsmodells zeigt, dass der darin enthaltene Mythos einer symmetrischen Beziehung zwischen gleichberechtigten Partnern, der als Ausdruck einer neuen Vereinbarungskultur eines Schlanken Staates gewertet wird, in Wirklichkeit ein einseitiger Macht- und Kontrollgewinn des lokalen Staats ist. Mit dem stärker hierarchisch-strukturierten Verhältnis zwischen staatlichen Kostenträgern und Leistungserbringern ist für viele Einrichtungen die Durchsetzung outputorientierter, ökonomisch-quantifizierender Kategorien und die Abwertung bislang gültiger fachlicher Prinzipien der Sozialen Arbeit verbunden (vgl. Enggruber/Mergner 2007).

Die Weiterentwicklung des Kontraktmanagements durch das Strategische Management hat die duale Struktur in der Wohlfahrtspflege noch weiter erodieren lassen. Strategisches Management, aber auch das dabei verfolgte Konzept der Bürgerkommune, sind nicht nur Versuche der Kommunen, sozialpolitische Steuerungsfähigkeit zurückzugewinnen, sondern kommunale Ansätze, die sozialpolitischen Aktivitäten der Bürger wie auch die Arbeit der organisierten Wohlfahrtspflege als kommunale Ressourcen strategisch zu nutzen, um sie in eine sozialpolitische kommunale Gesamtstrategie einzubinden. Strategisches Management (vgl. Heinz 2000) soll deshalb vor allem die als dysfunktional bezeichneten Folgen einer lediglich outputorientierten Steuerung (Verselbstständigungstendenzen, Qualitätsprobleme, Verlust des Gemeinwohlbezugs, Vernachlässigung „bösartiger" Probleme u.Ä.; vgl. z.B. Naschold/Bogumil 2000) dadurch überwinden, dass auf der Basis eines normativen Managements Visionen und ein verbindliches Organisationsleitbild entwickelt werden, durch das sowohl strategische wie operative Ziele und eine langfristige Ergebnis- und Wirkungsorientierung hergestellt werden. Ergebnissteuerung im Rahmen eines strategischen Managements geschieht durch (indirekte) Kontextsteuerung, die sich durch produkt- und bereichsübergreifendes Handeln innerhalb der Verwaltung wie auch durch strategische Kooperationen zwischen öffentlichen und privaten Akteuren auszeichnet. Zentrale Aufgabenstellung des strategischen Managements ist die Beantwortung der Frage, welche Aufgaben öffentlich überhaupt wahrgenommen werden sollen und welche davon prioritär unter Berücksichtigung zur Verfügung stehender Ressourcen bearbeitet werden sollen.

Betrachtet man einmal das Instrument des Strategischen Controlling etwas genauer, dann versteht man die gegenwärtige grundlegende Veränderung des Subsidiaritätsprinzips besser: Der parteiübergreifende Konsens, im sozialpolitischen Bereich zentralstaatliche Leistungen und Leistungsstandards abzubauen, zwingt die Kommunen zunehmend auch zur Festlegung kommunaler Versorgungsstandards (Dahme/Wohlfahrt 2010). Das Strategische Controlling soll dazu beitragen, dass es zu einer Effektivitäts- und Effizienzsteigerung im gesamten kommunalen sozialpolitischen Handeln kommt. Es besteht vor allem aus Informations- und Beobachtungsinstrumenten, die frühzeitig sozial- und gesellschaftspolitisch relevante Entwicklungen erfassen und prognostizieren sollen, um Handlungsoptionen zu entwickeln und Fehlentwicklungen vorzubeugen. Das Leitmotiv des strategischen Controllings lautet deshalb etwas lapidar: „doing the right things". Kernaufgabe des strategischen Controllings ist die Beschaffung, Bereitstellung und Analyse strategisch relevanter Informationen. *Damit sollen erstens die Position der Stadt im nationalen und ebenfalls europäischen Kontext, insbesondere im Hinblick auf die ökonomische und soziale Lage, beurteilt werden. Zweitens werden Informationen über relevante intrakommunale und intraregionale demographische, soziale, ökonomische und ökologische Entwicklungsprozesse erarbeitet sowie drittens globale gesellschaftliche, soziale, ökonomische und rechtliche Entwicklungsprozesse mit mittel- und langfristigen Auswirkungen auf die Stadtentwicklung dargestellt.* (Richter 1998: 352). Die Verstaatlichungstendenzen in der Wohlfahrtspflege verstärken sich, denn die Träger der privaten Wohlfahrtspflege werden durch diese Entwicklung – stärker als zuvor – wie eine Zulieferstruktur der fokal agierenden Sozialpolitik behandelt. Der Gesetzgeber spricht schon seit einiger Zeit von den Leistungserbringern im sozialen Dienstleistungsbereich und macht keinen Unterschied zwischen Kirchen und freigemeinnützigen Wohlfahrtsverbänden und der anwachsenden Anzahl privat-gewerblicher Anbieter (Dahme/Wohlfahrt 2008).

Auch wenn die sozialwirtschaftliche Revolution das Handeln der Verbände nachhaltig verändert, bleiben im wettbewerblich organisierten Sozialsektor Elemente des Subsidiaritätsprinzips erhalten, manche werden sogar verstärkt (vgl. Wulf-Schnabel 2010). Der Grundsatz, dass an erster Stelle die Gesellschaft die ihr aufgezwungenen sozialen Schädigungen kompensieren soll, zieht sich durch alle Veränderungen des Subsidiaritätsgedankens. Gegenwärtig wird er vor allem dahingehend akzentuiert, dass der Bürger selbst durch Engagement, Mitwirkung an der sozialen Dienstleistungserbringung und gemeinnützige Tätigkeit gefordert ist, sozialpolitisch Wirksames auf die Beine zu stellen.

2. Die Sozialwirtschaft als Subjekt der Veränderung von Beschäftigungsverhältnissen

Die Träger und Einrichtungen des sozialen Dienstleistungssektors haben in den vergangenen Jahren einen intensiven Modernisierungsprozess durchlaufen (vgl. Liebig 2005). Hierbei ging es primär darum, aus weltanschaulich und sozialpolitisch begründeten gemeinnützigen Organisationen sozialwirtschaftliche Leistungserbringer zu formen, deren zentrale Aufgabe die Erbringung von professionellen Dienstleistungen ist, die unter Effektivitäts- und

Effizienzkriterien darstellbar und kontrollierbar sind. Die neue wettbewerbliche Ordnungsstruktur hat auch Auswirkungen auf die Organisation Sozialer Dienste: Neue wettbewerbsorientierte lokale Finanzierungsregeln, ein umfängliches Berichtswesen, die Einführung von Qualitätsmanagementsystemen in ihren Einrichtungen, ein verschärfter Kostenwettbewerb unter den Leistungserbringern und als Folge davon neue Entlohnungsregeln für die Mitarbeiter und Mitarbeiterinnen der Leistungserbringer und Ähnliches haben sich im sozialen Dienstleistungssektor mittlerweile flächendeckend etabliert und verändern nicht nur das Verhältnis zwischen Kostenträgern und Leistungserbringern, sondern haben auch gravierende Auswirkungen auf die Organisation der Arbeit bei den Leistungserbringern selbst, deren Organisationsformen und Strukturen der Arbeitserledigung sich – trotz angeblicher Werteorientierung – immer ähnlicher werden. „Structure follows function", so könnte man die durch die neue Sozialpolitik und Steuerungsphilosophie ausgelöste Nivellierung der Leistungserbringung und -organisation beschreiben (Manderscheid 2005: 178). Leistungskontrollen, wirkungsorientierte Entgelte, Evaluation und Controlling im Rahmen des kommunalen Strategischen Managements stärken merklich die öffentlichen Träger und verfestigen den vom Kontraktmanagement eingeleiteten Prozess, das Verhältnis von öffentlichen und privaten Trägern durch die Etablierung eines Monitorings des Leistungsgeschehens zu transformieren.

Dabei reagieren die Träger und Einrichtungen der neu entstandenen Sozialwirtschaft mit unterschiedlichen Strategien auf die zunehmende Wettbewerbssituation: Mit der Erhöhung der Fallzahlen können sie ihre wirtschaftliche Leistungsfähigkeit unter Beweis stellen. Mit der Fokussierung auf bestimmte – noch aktivierungsfähige – Klienten können vorgegebene Quoten erfüllt werden; das Verfolgen öffentlichkeitswirksamer Marketing-Strategien erhöht die Legitimation des eigenen Auftrags; auch die Expansion auf andere europäische Sozialmärkte oder die laufende Optimierung der eigenen organisationsspezifischen Leistungen gehören zum Setting des angestrebten Wachstums der Branche Sozialwirtschaft. Besonders im Fokus steht die Verbilligung des Personals, das angesichts der hohen Personalkostenanteile in der Sozialwirtschaft zum Dauerprogramm geraten ist und erhebliche Folgen für die Beschäftigungsverhältnisse mit sich bringt (vgl. Dahme/Wohlfahrt 2007). Angesichts der begrenzten (technischen) Rationalisierungsmöglichkeiten sozialer Dienstleistungserbringung erscheint es deshalb wenig verwunderlich, dass „[...] der Preis- und Kostenwettbewerb über andere, sich überlappende Wege ausgetragen (wird):

- Einsatz von gering qualifiziertem Personal (Hilfskräfte) und Beschäftigten auf Minijob-Basis,
- Personalreduktion, Absenkung der Personalschlüssel,

- Effektivierung und Flexibilisierung von Arbeitsorganisation und Arbeitszeiten, Absenkung von Entgelten" (Bäcker et al. 2008: 573).

Betrachtet man die Entwicklung in der Sozialwirtschaft insgesamt, dann zeigen sich Auswirkungen der veränderten Einsatzbedingungen des Personals auf verschiedenen Ebenen der Gestaltung von Beschäftigungsverhältnissen.

2.1 Arbeitsorganisation

Betriebliche Umstrukturierungen machen sich im Neuzuschnitt von Aufgabenbereichen bemerkbar, die eine veränderte Arbeits(ver)teilung zur Folge hat. Sie führt zur Ausdifferenzierung von Berufsbildern bei gleichzeitiger Polarisierung der Beschäftigungsbedingungen und einer verstärkten – oft geschlechtsspezifisch geprägten – Unterscheidung in (dispositive) Managementfunktionen und (objektbezogene) ausführende Tätigkeiten. Diese wiederum ist verbunden mit einer zumindest teilweisen Neudefinition der fachlichen Inhalte und Anforderungen und führt in einigen Bereichen zur Deflationierung, in anderen dagegen zur Inflationierung von Fachlichkeit (,job-enlargement' und ,job-enrichment'). Professionalisierungs- und Deprofessionalisierungstendenzen (Karges/Lehner 2003) können – für verschiedene Berufsgruppen, je nach ihrer ,Wichtigkeit' für die Arbeitsprozesse und ihrer Stellung in der betrieblichen Hierarchie – deshalb parallel verlaufen. Professionalisierungsansprüche betreffen dabei einen zahlenmäßig begrenzten Kreis von Mitarbeitern in Leitungs- und Führungsfunktionen. Als hauptsächliche Leitungsaufgabe haben diese den sich immer schneller vollziehenden organisatorischen Wandel innerhalb der jeweiligen Einrichtungen dem Personal gegenüber zielgerichtet zu kommunizieren und auf der Basis aktueller Tools der Organisationsgestaltung möglichst beteiligungsorientiert zu steuern. Diese Umgestaltungen sind regelmäßig durch Arbeitsverdichtungen (Steigerung der Arbeitsextensität und -intensität) im Rahmen der Ausdehnung des Tätigkeitsfeldes, zum Beispiel durch die Übernahme unspezifischer Bedarfe, das heißt neuer und/oder bisher berufsfremder Tätigkeiten wie etwa der Dokumentation und des Controllings, gekennzeichnet.

2.2 Arbeitszeit

Für viele Segmente der personen- und haushaltsbezogenen Dienstleistungen ist eine Rund-um-die-Uhr-Bereitschaft (Sonntags-, Nacht- und Schichtarbeit) geradezu konstitutiv. Die Absicht, verfügbare Personalkapazitäten möglichst optimal auszunutzen, führt nun verstärkt zur Einführung von Arbeitszeitmodellen, mit deren Umsetzung ein noch höheres Maß an Flexibilität angestrebt wird. Das aus der industriellen Massengüterfertigung (Automobilindustrie) stammende Organisationsideal der „atmenden Fabrik", also einer zeitlich und vom Arbeitsvolumen her möglichst frei einsetzbaren Belegschaft, die den schwankenden Konjunkturen und wechselnden Auslastungen, beispielsweise durch Arbeitsbereitschaft auf Abruf (,just-in-time') ständig flexibel angepasst werden kann, erhält damit auch in den Sozialunternehmen eine zunehmende Bedeutung. Damit scheint der von Arbeitszeitforschern seit längerem konstatierte ,Paradigmenwechsel in der Arbeitszeitpolitik', in dessen Zentrum die Flexibilisierung der Arbeitszeiten steht (Lehndorff 2002), auch in der Sozialwirtschaft angekommen zu sein.

2.3 Tarifpolitik

Tarifpolitisch nahm der Wohlfahrtssektor schon immer eine Sonderstellung ein. Im Unterschied zum Geltungsbereich des BAT im öffentlichen Dienst beruhte die Anlehnung an den BAT im sozialen Dienstleistungssektor stets auf der freien Entscheidung der Verbände und Einrichtungen. Bis vor wenigen Jahren galt der Flächentarifvertrag des öffentlichen Sektors dennoch relativ unangefochten auch hier als ,Leitwährung', die von den Trägern und Einrichtungen als Richtlinie für Eingruppierung und Vergütung ihres Personals allgemein anerkannt wurde. Eine wichtige Grundlage für dieses Vorgehen bildete das rechtlich verankerte „Besserstellungsverbot", das festlegte, dass das aus öffentlichen Zuwendungen finanzierte Personal nicht besser gestellt werden durfte als vergleichbare Arbeitnehmer/innen des öffentlichen Dienstes.

Mit dem Systemwechsel bei der Refinanzierung der sozialen Dienstleistungen (Abkehr vom Subsidiaritätsprinzip und vom Selbstkostendeckungsprinzip) stehen sowohl die bisherigen Finanzierungs- und Vergütungsmodelle als auch die Höhe der materiellen Vergütung zur Disposition. Insbesondere die Änderung der staatlichen Zuwendungsrichtlinien (Abkehr vom sog. „Besserstellungsverbot") bewirkte eine Art Dammbruch: Der BAT bzw. der nunmehr reformierte Tarifvertrag des TvöD wird als Fixpunkt zur Regulierung der Arbeitsbedingungen und zur Festlegung der Löhne und Gehälter faktisch außer Kraft gesetzt. Die oben geschilderten tarifpolitischen Besonderheiten des Sozialsektors wie auch der allgemein ausgerufene Sparzwang sorgen dafür, dass bisher auch keine andere tarifliche Regelung an seine Stelle getreten ist. Komplementär zur Inszenierung wettbewerblicher Strukturen im Sozialsektor ist daher ein bislang ungebremster Preiswettbewerb und – dem entsprechend – eine Abwärtsspirale bei den Löhnen und Gehältern in Gang gekommen (Dahme/Wohlfahrt 2007; Enggruber/Mergner 2007).

Es lassen sich zunehmend Strategien feststellen, in neue, billigere Tarife wechseln zu wollen. So verfolgen frei-gemeinnützige Träger, auch die Kirchen, verstärkt das Ziel, ihre Einrichtungen in eine Privatrechtsform zu überführen. Schon im Vorfeld der Privatisierung werden Maßnahmen durchgeführt, mit denen eine Ökonomisierung der Leistungserbringung erreicht werden soll. Durch das Ausgliedern von Sekundärdienstleistungen (Küche, Gebäudemanagement, Wäschereien etc.), durch Kooperationen und Fusionen, insbesondere im Verwaltungs- und Versorgungsbereich, und durch die Rationalisierung der betriebsinternen Handlungsabläufe sollen rasch massive Einsparungen erzielt werden. Die Vereinbarung von „Ausnahme-" und „Sonderregelungen" für einzelne Einrichtungen (Öffnungsklauseln, Notlagentarife) stellt zum Beispiel im Krankenhauswesen mittlerweile den Normalfall dar.

Während in den Tarifverträgen der AWO wie auch im Reformtarifvertrag des DRK die alten, noch dem BAT (Bundesangestelltentarif) nachgebildeten Eingruppierungsrichtlinien nachwirken bzw. fortbestehen, sind in einigen AVR (Arbeitsvertragsrichtlinien) bzw. Tarifverträgen der kirchlichen Wohlfahrtsverbände, etwa bei den AVR des Diakonischen Werks (DW EKD), und den von Berufsverbänden und christlichen Gewerkschaften abgeschlossenen Tarifverträgen neue Eingruppierungssystematiken entwickelt worden. Sie nehmen durchgängig eine summarische Betrachtung der Gesamttätigkeit vor. In der Regel stellen sie auf (übertragene) Tätigkeiten oder Tätigkeitsfelder, qualifikatorische Anforderungen und Tätigkeitsanforderungen ab. Sie setzen auf eine Abkopplung der Eingruppierung von den Formalqualifikationen der Mitarbeiter/innen und eine strukturelle Abwertung der Qualitätsdimension bei der sozialen Dienstleistungserbringung. Die Nachrangigkeit formaler individueller Qualifikationen vor der zugewiesenen Tätigkeit und den dadurch erforderlichen Qualifikationsanforderungen versetzt die Arbeitgeberseite in die Lage – bei entsprechendem Stellenzuschnitt –, auf vorhandene Qualifikationen zuzugreifen, ohne sie zu bezahlen. Es würde den Rahmen dieses Aufsatzes sprengen, wenn im Einzelnen auf die Eingruppierungssystematiken der verschiedenen Tarifverträge eingegangen würde. Einige zusammenfassende Erkenntnisse können hier nur andeuten, welche Probleme die neuen Eingruppierungssystematiken beinhalten – nicht zuletzt auch im Hinblick auf eine diskriminierungsfreie Bewertung von Arbeit (vgl. dazu Kühnlein/ Sczesny/ Stefaniak 2003). Insbesondere fällt auf, dass

- gleiche Tätigkeitsmerkmale mit unterschiedlichen Qualifikationsanforderungen verbunden sind,
- gleiche Begriffe unterschiedliche Anforderungen beschreiben,
- unbestimmte Rechtsbegriffe, die auch im alten BAT vorkamen, übernommen, aber hinsichtlich ihrer Bedeutung nicht dargelegt werden,
- gleiche Berufsbezeichnungen in unterschiedlichen Entgeltgruppen genannt sind, ohne dass die für die höhere bzw. niedrigere Gruppe erwarteten Anforderungen genannt sind,

- die Abgrenzung der heraushebenden Anforderungen nicht dargelegt wird und daher die Zuordnung willkürlich erscheint (z.B.: worin besteht der Unterschied zwischen „eigenständig wahrgenommenen" zu „verantwortlich wahrzunehmenden Aufgaben").

Vor allem die unbestimmten Begrifflichkeiten eröffnen Arbeitgebern größere Spielräume bei der Festlegung von Entgeltgruppen, ohne dass die Entscheidungskriterien offen gelegt werden müssten. Des Weiteren zeichnet sich ein zunehmender Trend zur Trennung von Formalqualifikationen und tariflicher Eingruppierung ab (vgl. Berger 2002: 382f.).

Entsprechend unübersichtlich ist die Lage auf dem Arbeitsmarkt für die Beschäftigten der Sozialwirtschaft geworden. Dabei zeigt sich eine Entwicklung, in der die Verbände bzw. ihre Träger und Einrichtungen Tarifpolitik vornehmlich als Wettbewerbspolitik betrachten und betreiben, wobei insbesondere die unterschiedlichen Refinanzierungsbedingungen im Rahmen von branchen- und/oder einrichtungsspezifischen Vergütungssystemen Berücksichtigung finden sollen. Derartige Entwicklungen führen absehbar zu einer weiteren „Atomisierung" der Beschäftigungs- und Vergütungsbedingungen, die sich auch daraus ergibt, dass der TVöD als das den BAT ablösende Tarifwerk nur von einem Teil der wohlfahrtsverbandlichen Gliederungen übernommen wurde.

Die Vielzahl der Tarifverträge und deren Eingruppierungsregelungen machen einen Vergleich der Bezahlung gleicher Tätigkeiten außerordentlich schwierig, da kaum ermittelbar ist, ob es sich hinsichtlich der Anforderungen, der übertragenen Tätigkeiten und der Belastungen um gleichwertige Tätigkeiten handelt, auch wenn sie die gleiche Berufsbezeichnung tragen. Wenn hier dennoch an zwei Beispielen – den Reinigungskräften, einer Gruppe im unteren Entgeltbereich, und den Sozialarbeiter/innen, einer Gruppe im mittleren Entgeltbereich – die aktuelle Grundvergütung in unterschiedlichen Tarifverträgen dargestellt wird, so kann dies nur als ein „Schlaglicht" dafür angesehen werden, wie weit die Spannbreite tarifvertraglicher Vergütungen in vergleichbaren Tätigkeitsfeldern ist.

Die Übersicht macht deutlich, wie groß die Vergütungs-Spannbreiten bei den ausgewählten Berufsgruppen sind. So erhält eine neu eingestellte Reinigungskraft, die nach dem Tarifvertrag der AWO Thüringen bezahlt wird, fast 300 Euro monatlich weniger als Kolleg/innen, die ihr Entgelt nach dem DRK Reformtarifvertrag erhalten. Bei neu eingestellten Berufsanfänger/innen mit abgeschlossenem Studium der Sozialarbeit und Sozialpädagogik (mit staatlicher Anerkennung) beträgt die maximale Differenz sogar 653 Euro pro Monat. Auch hier liegt das Niveau des Tarifvertrages der AWO Thüringen mit Abstand unter allen anderen Tarifen. Bei höherwertigen Tätigkeiten für diese Berufsgruppe beträgt die Differenz bis zu 943 Euro im Monat.

Tabelle 1: Ausgewählte Grundentgelte (Brutto) im Vergleich

	TVöD-VKA bzw. S&E	AVR DW EKD	AVR Caritas	AWO NRW	AWO Thüringen	TV PATT	DRK Reformtarifvertrag
Reinigungskraft nach ca. 4 Jahren in der Tätigkeit	EG 1, Stufe 2: 1.415 €	EG, Basisstufe: 1.393 €	VG 12, Stufe 1: 1.426 €	EG 1, Stufe 2: 1.384 €	VG 1, Stufe 1: 1.136 €	EG 1, Einstiegsentgelt: 1.189 €	EG 1, Stufe 2: 1.433 €
Reinigungskraft Endstufe	EG 1, Stufe 3: 1.441 €	EG 1, Erfahrungsstufe: 1.463 €	VG 12, Stufe 4: 1.497 €	EG 1, Stufe 3: 1.410 €	VG 1, Stufe 3: 1.246 €	EG 1, ab 5. Jahr: 1.310 €	1.458 €
	EG 2, Stufe 6: 2.103 €	EG 2, Erfahrungsstufe: 1.678 €	VG 11, Stufe 9: 1.676 €	EG 2, Stufe 6: 2.083 €	VG 2, Stufe 6: 1.484 €	EG 2, ab 10. Jahr: 1.788 €	2.129 €
Sozialarbeiter/in Berufsanfänger mit staatlicher Anerkennung	S 11, Stufe 2: 2.600 €	EG 9 Einarbeitungsstufe: 2.770 € minus 10 % = 2.493 €, die jährlich um 1,25 % steigen	VG 5b, Stufe 2: 2.411 €	EG 9, Stufe 2: 2.466 €	VG 6 (Berufserfahrung und Zusatzqualifikation erforderlich), Stufe 2: 1.978 €	EG 6, Stufe 2: 2.357 €	S 11, Stufe 2: 2.631 €
Sozialarbeiter/in mit höheren Anforderungen in der Tätigkeit nach 6-8 Jahren	S 12, Stufe 3: 2.890 €	EG 10, Basisstufe: 3.314 €	VG 4b, Stufe 4: 2.812 €	EG 10, Stufe3: 3.015 €	VG 7 Stufe 4: 2.371 €	EG, Stufe 3: 2.797 €	S 12, Stufe 3 bzw. 2.968 €
Sozialarbeiter/in gleiche Tätigkeit Endstufe	S 12, Stufe 6: 3.470 € (nach 15 Jahren)	EG 10: 3.480 € Erfahrungsstufe (nach 6 Jahren)	VG 4b, Stufe 10: 3.341 € (nach 18 Jahren)	EG 10, Stufe 6: 3.736 € (nach 17 Jahren)	VC 7 Endstufe: 2.613 € (ab 2011 Endstufe 8: 2.897 €) (nach 9 Jahren)	EG 7 Endstufe: 3.077 € (nach 10 Jahren)	S 12, Stufe 6: 3.511 € (nach 17 Jahren)

Die Werte des TVöD, AVR DW EKD, Caritas und Reformtarifvertrag beziehen sich auf die Bezahlung im Westen. (eigene Zusammenstellung)

Abkürzungen

DW: Diakonisches Werk
TVöD: Tarifvertrag Öffentlicher Dienst
DRK: Deutsches Rotes Kreuz
PATT: Paritätischer Wohlfahrtsverband

AWO: Arbeiterwohlfahrt
EKD: Evangelische Kirchen in Deutschland
AVR: Arbeitsvertragsrichtlinien

Es kann angesichts solcher Einkommensdifferenzen nicht verwundern, dass in Thüringen im Gesundheits- und Sozialbereich mittlerweile ein deutlich wahrnehmbarer „Fachkräftemangel" konstatiert wird. In einer vom Paritätischen Wohlfahrtsverband in Auftrag gegebenen Studie heißt es dazu unter anderem:

„Die Stellenbesetzungsprobleme werden einerseits auf fachliche und/oder persönliche Defizite seitens der Bewerber/innen und andererseits auf das geringe Lohn- und Gehaltsniveau, unattraktive Arbeitszeiten und -bedingungen sowie Standortnachteile zurückgeführt. Dabei kann kaum ein Zweifel daran bestehen, dass zwischen den genannten Ursachen ein unmittelbarer Zusammenhang besteht. So verwundert es nicht, dass gerade fachlich gut qualifizierte, mobile und flexible (Nachwuchs-)Fachkräfte häufig in westdeutsche Bundesländer oder ins Ausland abwandern, da hier ebenfalls Personalengpässe bestehen und das Lohn- und Gehaltsniveau zum Teil deutlich über dem Thüringer Durchschnitt liegt." (http://infothek.paritaet.org/thue/index.nsf)

Die neuesten Daten der jährlichen Befragung von Unternehmen der Sozialwirtschaft durch die Finanzberatung „Deloitte" zeigen, dass diese mit Bezug auf die Entgelte zunehmend unter Druck gerät: Die Erträge aus Entgelten sanken bei 63 % der befragten Sozialdienstleister, zudem gingen bei 54 % deutlich weniger Spenden ein. 2009 sanken die Spendeneinnahmen bei 40 % der Träger. 2009 beklagten bereits 48 % niedrigere Zuschüsse, 2010 bestätigten sogar 61 % der Unternehmen diese Tendenz. 64 % der befragten Sozialwirtschaftsunternehmen rechnen auch in Zukunft mit niedrigeren Zuschüssen, 58 % rechnen damit, „dass Kostensteigerungen zukünftig nicht voll über die Entgelte vergütet werden" (Forum Sozial Nachrichten Heft 1/2011).

2.4 Entgelte

Die amtliche Statistik deutet darauf hin, dass die Einrichtungen der freien Wohlfahrtspflege (FW) im Vergleich zu privaten Anbietern höhere Pflegeentgelte verlangen, während die öffentlichen Träger noch oberhalb der FW liegen. Insbesondere die Hotelleistungen der freigemeinnützigen Anbieter lagen preislich über denen privater Träger.

Nach der Gesundheitsberichterstattung des Bundes ergeben sich beispielsweise mit Bezug auf die dauerstationäre Vollpflege in Heimen, differenziert nach Pflegestufen und Trägern folgende Unterschiede (in Euro pro Tag):

Tabelle 2: Durchschnittsvergütung 2007

Stufe I	Privat: 41	Freigemeinnützig: 43	Öffentlich 46
Stufe II	Privat: 54	Freigemeinnützig: 58	Öffentlich 60
Stufe III	Privat: 67	Freigemeinnützig: 73	Öffentlich 74
Unterkunft und Verpflegung	Privat: 19	Freigemeinnützig: 20	Öffentlich 20

Auch bei den Krankenhäusern wird in Studien (vgl. Augurzky u.a. 2009) festgestellt, dass freigemeinnützige Kliniken höhere Personalkosten haben. Differenziert man jedoch die absoluten durchschnittlichen Personalkosten je Krankenhaus hinsichtlich der Klinikgröße, ist der Kostenvorteil privater Kliniken vernachlässigbar. Krankenhäuser mit 100 bis 199 Betten verausgaben in etwa 10 Mio. Euro für Personal, wobei die Differenz zwischen privaten und freigemeinnützigen weniger als 100.000 beträgt (vgl. Falter 2010). Die Höhe der Personalkosten in Krankenhäusern korreliert also kaum mit der Trägerschaft; nennenswerte Differenzen der Personalkosten resultieren aus der Größe der Kliniken.

2.5 Ausgliederung und Leiharbeit

Neben der Pluralisierung der Tarifstrukturen, der Zunahme von Haustarifverträgen oder tariffreien Zonen ist eine weitere Entwicklung bedeutsam, mit der die Träger und Einrichtungen in der Sozialwirtschaft versuchen, ihre Beschäftigungsverhältnisse zu flexibilisieren: Ausgründungen und die Schaffung von Leiharbeitsgesellschaften oder Personenservice-Gesellschaften. Daten über Umfang und Struktur der Ausgliederung bei Non-Profit-Organisationen liegen derzeit nicht vor. Der Präses der Evangelischen Kirche in Deutschland sprach von 8 % Ausgliederungen bei diakonischen Unternehmen, Einschätzungen von ver.di gehen von der doppelten Zahl aus. Dabei wird nach Aussagen von Spitzenverbänden der Freien Wohlfahrtspflege die Nutzung von Personalservice-Gesellschaften und Leiharbeit nicht nur zur Abdeckung von Auftragsspitzen verwandt, sondern auch zur Verbilligung des Routinegeschäfts. Zur Verdeutlichung dieser Entwicklung ein Zitat aus einer Betriebsrätebefragung der AWO-Nord:

„In unserem Bereich ist 2005 der Großteil der Betriebe mit insgesamt 2500 Beschäftigten in verschiedene Sparten ausgegliedert worden. Es handelt sich um ca. 80 Betriebe, von großen Altenzentren, Sondereinrichtungen für Kinder und Jugendliche, Kurzentren, Kindergärten, psychiatrische Einrichtung bis hin zu kleinen Beratungsstellen.

2010 ist der Hauswirtschaftsbereich der Altenhilfeeinrichtungen, d.h. ca. 500 Beschäftigte in eine Gesellschaft, die mit einer Unternehmensgruppe gegrün-

det wurde, ausgegliedert worden. Darüber hinaus wurden alle Einrichtungen, die seit 2004 neu errichtet oder übernommen worden sind, als eigenständige GmbHs außerhalb des Haustarifvertrages gegründet. Mittlerweile gibt es eine Reinigungsfirma mit 51% Anteil des Verbandes, die in den verbandlichen Einrichtungen eingesetzt wird und seit einiger Zeit auch Arbeitnehmerüberlassung nach dem AÜG betreibt. In Gründung ist eine weitere Gesellschaft, deren ausschließlicher Zweck Arbeitnehmerüberlassung für die Hauswirtschaftsgesellschaft ist. Einige kleinere Einrichtungen sind beim Verband geblieben, um dem Verein die Gemeinnützigkeit zu sichern. In den 2005 ausgegliederten Bereich gilt auf Grund eines Überleitungsvertrages der Nachfolger des BMT AW II. Wir haben einen Haustarifvertrag, der sich am TVöD orientiert. Es gibt einen Bestandsschutz für die damals übergeleiteten KollegInnen. Die Hauswirtschaftsgesellschaft muss auf Grund eines Notlagentarifvertrages, der eine Ausgliederung zum Zweck der Tarifflucht verboten hat, für die Beschäftigten ebenfalls den HTV anwenden. Deswegen gibt es hier keine Neueinstellungen, sondern notwendiges Personal wird über AÜG beschäftigt, demnächst aus der in Gründung befindlichen verbandlichen XL Gesellschaft. Es gilt das Schlecker Prinzip. Gerüchten zufolge soll der IGZ Tarif angewandt werden. Andere nach 2005 neu gegründete Einrichtungen wenden keinerlei Tarife an."

3. Die aktuelle Beschäftigungssituation in der Sozialen Arbeit

Die Personalpolitik im Sozialbereich bewegt sich in einer widersprüchlichen Gemengelage:

- Der gesamte Bereich ist seit vielen Jahren tendenziell auf Wachstumskurs, wenngleich in Wellenbewegungen (entsprechend dem Auf und Ab der politischen Förderlandschaft – Stop-and-Go-Politik) und unterschiedlich je nach Handlungs- und Tätigkeitsfeldern. Insgesamt befindet sich der soziale Sektor auf einem schmalen Grat zwischen der proklamierten steigenden gesellschaftspolitischen Bedeutung – und damit hohen Wertschätzung – und einer faktisch eher niedrigen Bewertung der – bezahlten – Sozialen Arbeit.
- Als zukunftsträchtig gilt der Sektor insbesondere unter der Maßgabe seines weiteren Ausbaus als „Niedriglohnbereich". Zugleich nimmt aber die Komplexität der Probleme und der Anforderungen an Pflegeleistungen, Kinder- und Jugendarbeit etc. tendenziell zu. Die Einschätzungen darüber, ob eher von einem „Fachkräftemangel" oder von einem „Fachkräftebedarf" zu sprechen ist, gehen weit auseinander. Von einer einheitlichen Bewertung der Beschäftigungssituation im sozialen Dienstleistungsbereich kann insofern nicht die Rede sein – soziale

Dienstleistungsberufe gelten als „Zukunfts- und Risikoberufe" zugleich (vgl. Rauschenbach 1999).

- Traditionell ist der soziale Sektor frauendominiert. Noch einmal überproportional häufig befinden sich die weiblichen Beschäftigten in den unteren Lohn- und Gehaltsgruppen, in denen selbst für Vollzeitbeschäftigte kein Existenz sicherndes Einkommen mehr zu erreichen ist. Die Personalpolitik befindet sich auf einer Gratwanderung: Die Personalkosten sollen unter dem Druck der neuen Wettbewerbsbedingungen auf der einen Seite drastisch gesenkt werden, um die neuen Herausforderungen bewältigen zu können; auf der anderen Seite ist gerade der soziale Dienstleistungssektor in besonderem Maße auf das Engagement und die Motivation gut qualifizierter Mitarbeiter/innen angewiesen. Um konkurrenzfähig zu bleiben – also auch unter betriebswirtschaftlichen Aspekten – muss die so genannte „Humanressource" dauerhaft erhalten und gepflegt werden.

Vor dem Hintergrund der neuen politischen und wirtschaftlichen Rahmenbedingungen muss die Personalpolitik der Träger und Einrichtungen im Sozialsektor also widersprüchliche Anforderungen praktisch umsetzen. Damit aber stößt die derzeit praktizierte Kostensenkungspolitik zum Teil an die Grenzen der eigenen Leitbilder und gesellschaftspolitischen Überzeugungen: Gender-Mainstreaming-Verpflichtung (Abbau von geschlechtsspezifischen Diskriminierungen), Inklusionsstrategien (Existenz sichernde Beschäftigung statt Ausgrenzung durch Armut), corporate identity (Motivierungs- und Beteiligungsmodelle) und Professionalisierungstendenzen. Es ist unschwer vorauszusehen, dass viele der jetzt praktizierten, scheinbar einfachen Lösungen mittel- und langfristig eher negative Konsequenzen zeitigen werden.

3.1 Rahmendaten der Beschäftigung im Sozialsektor

Will man die Personalsituation im Bereich der Sozialen Dienste näher in den Blick nehmen, dann fällt auf, dass trotz der immensen wirtschaftlichen Bedeutung der jeweiligen Tätigkeitsfelder und Angebote gesicherte Erkenntnisse über die Beschäftigungsstruktur und die Produktionsbedingungen Sozialer Dienste kaum zur Verfügung stehen. Eine Ursache hierfür ist die jeweils unterschiedliche Systematik in der Datenerfassung. Bezogen auf die Zahl der Beschäftigten mit entsprechendem fachlichem Auftrag kann auf die Daten des Mikrozensus und deren Bearbeitung durch die „Arbeitsstelle Kinder- und Jugendhilfestatistik" zurückgegriffen werden. Danach arbeiteten 2008 1,602 Millionen Menschen in den Arbeitsfeldern **141**

der Sozialen Arbeit (Sozialarbeit, frühkindliche Bildung und Erziehung,
Altenpflege), bereits 2007 stellten sie einen Anteil von 4 % aller Erwerbs-
tätigen. Noch 1980 betrug die Zahl der Beschäftigten lediglich 293.000 (=
1,1 % der Beschäftigtenzahl) insgesamt.[1] Nicht aufgeführt werden in dieser
Statistik die Beschäftigten in den Bereichen Management, Hauswirtschaft,
Unterhalt usw. Die – unzureichenden – Unterlagen des Berufskennziffern-
systems der Bundesagentur für Arbeit gehen (Stand 30.6.2010) von folgenden Beschäftigtenzahlen aus:

Tabelle 3: Beschäftigtenzahlen ausgewählter sozialer Berufe

Berufsbeschreibung	Anzahl Juni 2005	Anzahl Juni 2008	Anzahl Juni 2010	Berufskennziffer
Sozialarbeiter, Sozialpfleger (incl. Altenpfleger)	408.106	467.485	537.692	861
Heimleiter, Sozialpädagogen	245.396	266.451	291.084	862
KindergärtnerInnen, KinderpflegerInnen	393.003	414.693	458.540	864
Gesamt	1.046.505	1.148.629	1.287.316	
Teilzeitbeschäftigte in %	39,63	44,18	45,57	

Zehn Jahre zuvor (2000) zählte die Bundesagentur noch 939.949 Beschäftigte
Quelle: Bundesagentur für Arbeit 2010

Die Geschäftsfelder der Freien Wohlfahrtspflege sind vorwiegend im Bereich
der Sozialwirtschaft angesiedelt, jedoch hinsichtlich Wettbewerbsintensität
und Regulierung sehr heterogen. In der Regel wird zwischen einem marktnahen und einem marktfernen Bereich unterschieden, wobei ersterer insbesondere die Gesundheits- und Altenhilfe, in Teilbereichen auch die Jugendhilfe
umfasst. Die klassische Wohlfahrtspflege, vorwiegend von ehrenamtlich
tätigen Helfern getragen, ist in den marktnahen Bereichen kaum noch exis-
tent. Professionalisierung und Ökonomisierung haben in der Beschäftigungsstruktur enorme Veränderungen herbeigeführt. Seit 1970 ist das hauptamtlich beschäftigte Personal von knapp unter 400.000 auf rund 1,5 Mio. Arbeitnehmer (Stand: 1.1.2008) gestiegen. Der mit knapp 400.000 Personen größte
Teil der Beschäftigten arbeitet in der Altenhilfe, gefolgt von der Gesundheits-
und der Jugendhilfe. Unter den einzelnen Verbänden stellen die kirchlichen
Verbände mit etwa 60 % der Beschäftigten das Gros der Arbeitsplätze.

Die Beschäftigtenstruktur der freien Wohlfahrtspflege in den marktnahen Bereichen hat sich insgesamt stark verändert. Im Jahr 2000 waren

1   Quelle: Forschungsverbund DJI und tu Dortmund, Matthias Schilling, Manuskript Bundeskon-
    gress Soziale Arbeit 2009

in der Gesundheitshilfe und in der Pflege insgesamt 734.000 Menschen beschäftigt, 2008 weist die Statistik hier rund 1,1 Mio. Beschäftigte aus. Der Beschäftigungszuwachs entfällt aber zu 85 % auf Teilzeitbeschäftigung. Die Zahl der Teilzeitkräfte bei der Pflege hat sich sogar von 276.000 auf 565.000 verdoppelt. Insgesamt sind 54 % der Beschäftigten bzw. 830.000 Mitarbeiter der FW teilzeitbeschäftigt. Der Anteil der FW an allen (sozialversicherungspflichtigen) Teilzeitbeschäftigungen in Deutschland betrug 2008 damit 16,7 %.

Die Privatisierung sozialer und pflegerischer Dienstleistungen, also ihr Betrieb außerhalb kommunaler und wohlfahrtsverbandlicher Strukturen, nimmt zu. Ihr Anteil beträgt bei Pflegediensten 59,9%, bei Pflegeheimen 39,2%, bei Reha und Vorsorge 56,2% und bei Kindergärten 14,6% (für weitere Bereiche der Jugendhilfe fehlen entsprechende Angaben).

Tabelle 4: Trägergruppen sozialer Einrichtungen und Dienste

Stand	Sektor	Gesamt- anzahl	Öffentlich	Privat	Freigemein- nützig
2007	Ambulante Pflegedienste	11.529	1,70%	59,90%	38,50%
2007	Pflegeheime	11.029	5,80%	39,20%	55,10%
2008	Reha und Vorsorge	1.239	17,80%	56,20%	26,00%
2008	Krankenhäuser	2.083	31,90%	30,60%	37,50%
	davon allgemeine Krankenhauser	1.781	32,10%	30,20%	37,80%
2009	Kindergärten	50.299	34,30%	14,60%	51,10%

Quellen: Destatis (Gesundheitsberichterstattung des Bundes, Kinder- und Jugendstatistik), Krankenhausstatistik, Gesamtstatistik 2006 der BAGFW; entnommen aus: Deutsche Bank Research

3.2 Beschäftigungsentwicklung in der Sozialen Arbeit

Nach Jahren des Wachstums hatte sich die Stellensituation für Sozialarbeiter/innen und -pädagog/innen im Zeitraum von 2002 bis 2005 zusehends verschlechtert. 2005 waren im Jahresdurchschnitt 24.666 Sozialarbeiterinnen und Sozialarbeiter erwerbslos. Seit 2006 und insbesondere 2007 und 2008 hat die Erwerbslosigkeit wieder abgenommen. Im Jahresdurchschnitt 2008 waren nur noch 18.243 erwerbslose Sozialarbeiter/innen gemeldet. Und trotz Krise waren im ersten Halbjahr 2009 im Durchschnitt lediglich 15.812 Sozialarbeiter/innen erwerbslos, das ergibt im Vergleich zum ersten Halbjahr 2008 ein Minus von 16,1 %. Dagegen sank die Erwerbslosigkeit auf   **143** alle Akademiker/innen bezogen vom ersten Halbjahr 2008 zu 2009 lediglich um 2,5 %.

Eine umfassende und transparente Darstellung zu den „Produktionsbedingungen" des Sozialen (Einsatzfelder und Qualifikation, Gehaltshöhen, Befristungen, (private) Trägerschaften, Berufsdauer, Arbeitsbelastung, Verweildauer im Beruf usw.) gibt es weder bezogen auf die einzelnen Berufe noch auf die jeweiligen Tätigkeitsfelder bzw. Handlungszusammenhänge. Eine Ausnahme bilden hier zum Teil die Handlungsbereiche, für die auf Seiten der Bundesländer entsprechende Vorgaben (Personalschlüssel und Qualifikation, Schlüssel über Gruppengrößen usw.) – wie etwa im Kindertagesstättenbereich – bestehen.

Ursache dafür ist die Bezogenheit auf den Mikrozensus einerseits und die Daten der Bundesagentur für Arbeit andererseits, deren Berufsklassifikation mit der Wirklichkeit der Arbeitsvollzüge in den sehr differenzierten Berufsstrukturen der Sozialen Arbeit kaum noch etwas zu tun hat, etwa dann, wenn sich „Sozialhelfer" in derselben Zuordnung wiederfinden wie akademisch ausgebildete Sozialarbeiter.

Eine besondere Schwierigkeit ist zudem, dass es an verbindlichen Standards fehlt, welche Tätigkeiten welche Qualifikation erfordern. Noch am ehesten sind Bedarf, Qualifikationen und Arbeitsumfänge in der Altenhilfe und in Kindertageseinrichtungen erforscht (was durch die hier vorgegebenen Qualifikationsstrukturen ermöglicht wird).

Auch wenn es in den Bereichen der Sozialen Arbeit inklusive Pflege in den vergangenen Jahren einen erheblichen Stellenanstieg gegeben hat, so ist dieses Stellenwachstum differenziert zu bewerten:

- Bis auf den Kindertagesstättenbereich und die Schulsozialarbeit resultiert das Stellenwachstum nicht aus einem qualitativen Ausbau neuer sozialer und pflegerischer Dienste, sondern ist zu einem hohen Anteil durch den demographischen Wandel und den Ausbau von Betreuungszeiten und Altersgruppen verursacht.
- In vielen Handlungsbereichen ist es tatsächlich zu einem Stellenabbau gekommen, dies betrifft insbesondere die Arbeitsfelder der Jugendhilfe, der Beschäftigungsförderung und privatisierter Dienstleistungen.

Zur Entwicklung der Erwerbslosigkeit in den der Sozialen Arbeit zugeordneten Berufen lassen sich für Akademiker/innen aufgrund statistischer Probleme bei der Bundesagentur für Arbeit sinnvoll nur für die Jahre 2002 bis 2005 und 2009 bis 2010 präzise Aussagen treffen (die folgenden Angaben beziehen sich auf eine Sonderauswertung der Bundesagentur für Arbeit für den DBSH). Damit ergibt sich das folgende Bild:

Berufsklasse 861 (Sozialarbeiter, Sozialpfleger): Die Zahl der Erwerbslosen stieg von 44.309 im Jahr 2002 auf 70.504 im Jahr 2006. 2009 gab es dann

56.884 und 2010 61.738 Erwerbslose. Für 2010 ergibt das bei einer Gesamtzahl von 537.692 Stellen eine Quote von 11,48 %. Betrachtet man jedoch die Erwerbslosen mit akademischer Ausbildung, so stieg diese von niedrigen 8.670 im Jahr 2002 auf 12.074 im Jahr 2005. In den Jahren 2009 hat sich die Zahl dann mit 6.587 und 6.857 im Jahr 2010 wieder nahezu halbiert. Für 2010 ergibt das bei einer Gesamtzahl von 63.869 Stellen eine Quote von 10,03 %.

In der Berufsklasse 862 (Heimleiter, Sozialpädagogen) sieht die Entwicklung günstiger aus. Bezogen auf alle Erwerbslosen in diesem Bereich waren 2002 noch 7.019 Menschen zu verzeichnen. Im Krisenjahr 2005 gab es 8.249 Erwerbslose und halbierte sich zu den Jahren 2009 mit 4.342 und 4.213 Erwerbslosen im Jahr 2010. Für 2010 ergibt das bei einer Gesamtzahl von 291.084 Stellen eine Quote von 1,44 %. Betrachtet man auch hier die Erwerbslosen mit akademischer Ausbildung, so ist ein ungebrochener Abwärtstrend zu beobachten: 2002 gab es im Jahresdurchschnitt 915 Erwerbslose, im Jahr 2010 waren es nur noch 416. Für 2010 ergibt das bei einer Gesamtzahl von 83.577 Stellen eine Quote von 0,5 %.

Die positive Entwicklung der Beschäftigtenzahlen in der Sozialen Arbeit korrespondiert allerdings mit einer Tendenz zur Prekarisierung der Beschäftigungsverhältnisse, die sich – bezogen auf den Gesamtbereich der Sozialen Dienste – in folgenden Dimensionen ausdrückt (vgl. Dahte u.a. 2009):

a) Der Anteil der Teilzeitbeschäftigung hat sich im Dritten Sektor von 29% im Jahr 1996 auf 49% im Jahr 2008 erhöht. Die Teilzeit hat damit in diesen Organisationen eine wesentlich höhere Bedeutung als im öffentlichen Dienst (38%). Minijobs sind eine besondere Form der Teilzeitbeschäftigung. 13% der Beschäftigten im Dritten Sektor waren 2008 geringfügig beschäftigt. Der Anteil der Mini-Jobber liegt zwar niedriger als bei den privatwirtschaftlich erbrachten sozialen Dienstleistungen (17%), aber mit 12% leicht über dem Gesamtdurchschnitt.

b) Neben der Teilzeitbeschäftigung ist der hohe Anteil befristeter Arbeitsverhältnisse typisch für den sozialen Dienstleistungssektor. 2008 waren 15% der Beschäftigungsverhältnisse im Dritten Sektor befristet, in dem vergleichbaren Teil der Privatwirtschaft liegt der Anteil bei lediglich 8%. Noch dramatischer ist die Situation bei Neueinstellungen: Etwa zwei Drittel sämtlicher Neueinstellungen im ersten Halbjahr 2008 erfolgte auf Basis eines befristeten Arbeitsvertrages. Nur im öffentlichen Dienst zeigt sich mit einem Anteil von 73% eine noch exzessivere Befristungspraxis. Grund hierfür sind die öffentliche Finanzierung, die meist in Form von (befristeten) Projektfinanzierungen erfolgt, und die Finanzierung aus arbeitsmarktpolitischen Programmen mit ihrer zeitlichen Beschränkung.

c) Vormals tariflich bezahlte, öffentliche oder freigemeinnützige Dienstleistungen werden durch so genannte Arbeitsgelegenheiten ersetzt, in

denen Arbeitslose/Erwerbssuchende im Sozialleistungsbezug eingesetzt werden. Die niedrigeren Kosten spielen hierbei eine große Rolle,
aber auch die erzwungene Flexibilität der Maßnahmeteilnehmer. Sie
sind „Beschäftigte dritter Klasse", denn sie verfügen weder über einen
regulären Arbeitsvertrag mit entsprechendem Kündigungsschutz noch
über Tarif- und Koalitionsfähigkeit, denn sie gelten nicht als Arbeitnehmer, fallen also auch nicht unter das Betriebsverfassungs- bzw. Perso-
nalvertretungsrecht. Das IAB kommt zu dem Ergebnis, dass es infolge
dieser „Arbeitsgelegenheiten", die regelmäßig nur durch eine Mehrauf-
wandsentschädigung (MAE), also einen Zuschlag zu ihrer Sozialleistung
erhalten (sog. 1-Euro-Job), zu massiven Verdrängungseffekten regulärer
Arbeit kommt und zugleich die Übernahmechancen der MAE-Kräfte in
reguläre Beschäftigung sehr gering sind.

d) Einzelne Beispiele zeigen, dass Sozialunternehmen verschiedene Maßnahmen ergreifen, um tarifabsenkend Personal zu beschäftigen. So
erhalten bei der AWO Halle-Merseburg Mitarbeiter/innen, die sich nicht
krank melden, seit 2003 eine „Anwesenheitsprämie" von 900 Euro pro
Jahr. Mitglieder der Geschäftsführung erhalten eine doppelt so hohe
Prämie. In einer Stellenanzeige des IB Güstrow werden Sozialarbeiter
mit Berufserfahrung für 1700 Euro brutto gesucht, bei einem Tarifge-
halt von 2480 Euro brutto. Das Sozialunternehmen Phoenix zahlt für
vermeintlich Selbstständige ein Honorar von 19 Euro pro Stunde, in
Berlin teilweise nur 15 Euro, während die Vergütung durch die Jugendämter für das Unternehmen 45 Euro beträgt. Es gibt die so genannten
„Plus x Verträge". Dabei erhalten die Beschäftigten nur die Sicherheit
über ein Basisgehalt mit Minimalstundenzahl, weit verbreitet sind 20
Stunden plus X. Zwei ehemalige Mitglieder: *„Wir wussten eigentlich am
Anfang des Monats nicht, was wir am Ende des Monats verdienen. Das hing
ab von der Auslastung, nach der Arbeit, die uns zugewiesen wurde und
je mehr Arbeit uns zugewiesen wurde, desto mehr konnten oder mussten
wir arbeiten. Und wenn, je nach Betriebslage oder Nase des Mitarbeiters,
weniger Arbeit zugewiesen wurde, verdienten manche Leute auch nur, bei
X-Verträgen. Das Minimum war bei einem Kollegen 500 Euro im Monat."*

4. Schlussbemerkung

Die Ende der 1960er Jahre mit dem Ausbau der sozialpolitischen Dienstleistungsstrategie verbundenen Hoffnungen auf den Ausbau eines staatlich finanzierten sozialen Dienstleistungssektors zur Schaffung qualifizierter Arbeitsplätze und zur Ankurbelung des Konsums haben sich nicht rea-

lisiert, da soziale Dienstleistungen in immer stärkerem Maße nur noch als Kostenfaktor betrachtet werden. In fast allen fortgeschrittenen Wohlfahrtsstaaten Europas ist der Trend zu beobachten, dass es zu stetig steigenden Anforderungen an die soziale Dienstleistungserbringung kommt (bis hin zur Akademisierung vieler sozialer Berufe), allerdings bei kontinuierlich sinkendem Einkommen der Beschäftigten. Dieser „Holzweg in die Dienstleistungsgesellschaft" (Lehndorff 2002) ist auch in den Sozialen Diensten der Bundesrepublik beobachtbar. Da soziale Dienstleistungsberufe europaweit fast überwiegend Frauenberufe sind, trifft die negative Einkommensentwicklung vor allem Frauen. Die Durchsetzung der sozialpolitischen Dienstleistungsstrategie und deren heutige Auswirkungen haben auch genderbezogene Folgewirkungen mit sich gebracht, da die Entwicklung dazu beigetragen hat, dass der für soziale Berufe in Europa typische „gender pay gap" sich auch in der Bundesrepublik verfestigt hat.

Literatur

BAG Praxisreferate/HIS Hannover: Ergebnisse der bundesweiten Absolventen/-innen und Trägerbefragung zum Berufseinstieg 2010

Bäcker, Gerhard: Sozialpolitik und soziale Lage in Deutschland. Wiesbaden 2008

Berger, Rainer: Neuere Entwicklungen in den Studiengängen des Sozialwesens. In: Theorie und Praxis der Sozialen Arbeit, Nr. 5/2002; S. 377-384

Buestrich, Michael / Burmeister, Monika / Dahme, Heinz-Jürgen / Wohlfahrt, Norbert: Die Ökonomisierung Sozialer Dienste und Sozialer Arbeit. Entwicklung, theoretische Grundlagen, Wirkungen. Baltmannsweiler 2008

Buestrich, Monika / Wohlfahrt, Norbert: Die Ökonomisierung der Sozialen Arbeit. In: Aus Politik und Zeitgeschichte, Heft 12-13, 2008; S. 17-24

Dahme, Heinz-Jürgen / Wohlfahrt, Norbert (Hg.): Arbeit in sozialen Diensten: flexibel und schlecht bezahlt? Zur aktuellen Entwicklung der Beschäftigungsbedingungen im Sozialsektor. Baltmannsweiler 2007

Dahme, Heinz-Jürgen / Kühnlein, Gertrud/ Wohlfahrt, Norbert: Zwischen Subsidiarität und Wettbewerb – Wohlfahrtsverbände auf dem Weg in die Sozialwirtschaft. Berlin 2005

Dahme, Heinz-Jürgen / Wohlfahrt, Norbert: Der Effizienzstaat: die Neuausrichtung des Sozialstaats durch Aktivierungs- und soziale Investitionspolitik. In: Bütow, Birgit u. a. (Hg.): Soziale Arbeit nach dem Sozialpädagogischen Jahrhundert. Positions-

bestimmungen Sozialer Arbeit im Post-Wohlfahrtsstaat. Opladen 2008; S. 43-58

Dahme, Heinz-Jürgen / Wohlfahrt, Norbert: Organisations- und Professionswandel im Sozialen Dienstleistungssektor Folgen der staatlichen Effizienzpolitik für sozialarbeitsbasierte Dienste. In: Sozialer Fortschritt 57, Jg. 2008; S. 9-14

Dahme, Heinz-Jürgen / Wohlfahrt, Norbert: Regiert das Lokale das Soziale? Kommunalisierung und Dezentralisierung sozialer Dienste. Baltmannsweiler 2010

Dahte, Dietmar / Hohendanner, Christian / Priller, Eckhard: Wenig Licht und viel Schatten. Der Dritte Sektor als arbeitsmarktpolitisches Experimentierfeld. WZB-Brief Arbeit vom 3.10.2009, Berlin

Enggruber, Ruth / Mergner, Ulrich (Hg.): Lohndumping und neue Beschäftigungsbedingungen in der Sozialen Arbeit. Berlin 2007

Falter, Alexander: Deutsche Bank Research – Wirtschaftsfaktor Wohlfahrtsverbände, Research Briefing, 16. 11. 2010, Frankfurt am Main

forum sozial newsletter, Heft 1, 2011

Heinz, Rainer: Kommunales Management. Überlegungen zu einem KGSt-Ansatz. Stuttgart 2000

Karges, Rosemarie / Lehner, Ilse M.: Soziale Arbeit zwischen eigenem Anspruch und beruflicher Realität. Veränderungen der Arbeitsbedingungen und ihrer Arbeitsvollzüge. In: Dahme, Heinz-Jürgen / Otto, Hans-Uwe /

147

Trube, Achim / Wohlfahrt, Norbert (Hg.). Soziale Arbeit für den aktivierenden Staat. Opladen 2003; S. 333-368

Kühnlein, Gertrud / Sczesny, Cordula / Stefaniak, Anna: Neue Impulse für die Tarifpolitik durch eine Neubewertung personenbezogener Dienstleistungen. In: Industrielle Beziehungen. Zeitschrift für Arbeit, Organisation und Management, 10. Jg., Heft 2, München und Mering 2003; S. 296-319

Lehndorff, Steffen: Auf dem Holzweg in die Dienstleistungsgesellschaft? Gute Dienstleistungsarbeit als Politikum. In: WSI-Mitteilungen, Heft 9/2002; S. 491-497

Liebig, Reinhard: Wohlfahrtsverbände im Ökonomisierungsdilemma. Freiburg i.B. 2005

Manderscheid, Hejo: Wie wirken sich Markt und Wettbewerb auf Selbst- und Fremdbild, auf Aufbau- und Ablaufstrukturen ver-

bandlicher Caritas aus? Beobachtungen und Anmerkungen aus der Praxis. In: Gabriel, Karl / Ritter, Klaus (Hg.): Solidarität und Markt. Die Rolle der kirchlichen Diakonie im modernen Sozialstaat. Freiburg i. B. 2005; S. 178-191

Naschold, Frieder / Bogumil, Jörg: Modernisierung des Staates. New Public Management in deutscher und internationaler Perspektive (2. Auflage). Opladen 2000

Rauschenbach, Thomas: Das Sozialpädagogische Jahrhundert. Weinheim 1999

Richter, Walter: Controlling und Berichtswesen. In: Blanke, Bernhard u.a. (Hg.): Handbuch zur Verwaltungsreform (1. Auflage). Opladen 1998; S. 347-356

Wulf-Schnabel, Jan: Reorganisation und Subjektivierung von Sozialer Arbeit. Wiesbaden 2010

Julia Hagn, Peter Hammerschmidt und Juliane Sagebiel

Ergebnisse und (Neben-)Wirkungen des Neuen Steuerungsmodells für die Soziale Arbeit

Schlussbetrachtung

Nachdem inzwischen mehr als eineinhalb Jahrzehnte seit der Einführung des Neuen Steuerungsmodells verstrichen sind, lassen sich Antworten auf die Fragen nach den Ergebnissen und (Er-)Folgen finden. Die Antworten tragen wir nun am Ende des Buches zusammen. Dabei differenzieren wir zwischen den Auswirkungen auf die kommunalen Sozialverwaltungen und den direkten wie indirekten Folgewirkungen für die freien Einrichtungen, ihre Träger und Verbände sowie auf Professionelle und AdressatInnen bzw. NutzerInnen der Sozialen Arbeit, womit auch schon die Binnengliederung dieser Schlussbetrachtung angeführt ist.

Die meisten deutschen Kommunen ergriffen, wie schon erwähnt, ab den 1990er Jahren Maßnahmen der Verwaltungsmodernisierung nach dem Muster des NSM, eine vollständige Anwendung der NSM-Instrumente auf die gesamte Kommunalverwaltung blieb dabei aber die Ausnahme. Zwischenzeitlich ist die Umsetzung des NSM vielfach ins Stocken geraten, mancherorts wurden Reformschritte wieder zurückgenommen, ein zentrales Element, das Kontraktmanagement zwischen Kommunalpolitik und -verwaltung (politisches Kontraktmanagement) wurde selten implementiert und insgesamt kann der Reformprozess als noch nicht abgeschlossen gelten (Bogumil u.a. 2007; Bogumil 2011; Jann 2011). Als Erfolg gilt gemeinhin die stärkere Kunden-(Bürger-) bzw. Dienstleistungsorientierung der Kommunalverwaltung (erweiterte Sprechzeiten, schnellere Bearbeitung, Einrichtung von Bürgerämtern), wobei strittig ist, ob dieser Erfolg dem NSM zuzuschreiben ist (z.B. Bogumil u.a. 2007: 95 verneinend; Banner 2008: 448f. bejahend). Strittig ist ebenfalls vor allem zwischen den Promotoren des NSM und skeptischen Beobachtern aus der politikwissenschaftlichen Verwaltungswissenschaft, ob die ernüchternde Zwischenbilanz über die Erfolge des NSM eher Umsetzungsdefiziten und zu hohen Erwartungen oder konzeptionellen Schwächen des NSM-Modells zuzuschreiben sind (vgl. hierzu: Banner 2008 und Holtkamp 2008). So scheint beispielsweise die Tatsache, dass in weniger als 15 % der Kommunen ein politisches Kontraktmanagement implementiert worden ist – also der Abschluss einer Zielvereinbarung zwischen Kommunalpolitik, die das „Was" festlegen, und der Kommunalverwaltung, die dann ohne weitere politische Einflussnahme über das „Wie" entscheiden soll – auf ein Umsetzungsdefizit hinzuweisen. Aber dieses Kernelement des NSM (und NPM) ist auch konzeptionell problematisch, weil die geforderte Umgestaltung dieses Verhältnisses nach dem Prinzipal-Agenten-Modell das komplexe und auch funktionale Zusammenspiel des politisch-administrativen Systems und damit auch den politischen Charakter der Verwaltung verkennt; ein System, das eben nicht nur ökonomischen, sondern auch juristischen und politischen Rationalitäten Rechnung zu tragen hat (vgl. dazu: Schröter 2011: 84f.; Jann 2011: 105; Bogumil 2011: 537, 539f. und Grohs in diesem Band). Ernüchternd fallen auch die Befunde zu anderen zentralen Anliegen des NSM wie Mitarbeiterzufriedenheit, Kosteneinsparung und Steuerungsgewinne aus. Empirische Befunde sprechen von reformmüdem und demotiviertem Personal der Kommunen (Reichard 2010: 169; Bogumil u.a. 2011: 561) und nach der zeit- und kostenintensiven Implementierung des NSM lassen sich die erwarteten Kosteneinsparungen kaum feststellen (Blanke 2011: XIII; Bogumil u.a. 2011: 560). Schwerer wiegt, dass die Kommunen keine Steuerungsgewinne verzeichnen konnten, sondern durch vorgenommene Dezentralisierungen und Ausgliederungen eher Zentrifugalkräfte auftraten, die zu Fragmentierungen und damit zur Verstärkung von Steuerungslücken führten (Bogumil u. a. 2007: 95f.; 2011: 537; Reichard 2010: 174). Den Nachweis, dass ein an betriebswirtschaftlichen Kriterien ausgerichtetes Management der Verwaltung dem klassischen Bürokratiemodell überlegen ist, steht damit – wohlwollend formuliert – noch aus. Dennoch hat die inzwischen langjährig währende Diskurshoheit des NSM die Organisationskultur und die Einstellungswelt in der Kommunalverwaltung nachhaltig verändert (Bogumil u.a. 2011: 562 und Grohs in diesem Band).

Gravierendere Veränderungen als die Kommunalverwaltungen erlebten die sozialen Einrichtungen und Dienste sowie ihre Träger und Verbände durch das NSM. Mithilfe des Kontraktmanagements restrukturierten die Sozialverwaltungen den Erbringungskontext für soziale Dienstleistungen. Auf den geschaffenen Quasi-Märkten für soziale Dienstleistungen standen und stehen die von öffentlicher Finanzierung abhängigen (vormals) freigemeinnützigen Einrichtungen den kommunalen Sozialverwaltungen als Nachfrage-Monopolisten gegenüber, die nach Abkehr vom Selbstkostendeckungsprinzip mit den neuen Entgeltvereinbarungen ihren Kostendruck auf die freien Einrichtungen abwälzen konnten. Auf diese geänderten Außenbeziehungen reagierten die freigemeinnützigen Einrichtungen mit der Reorganisation ihrer Binnenstrukturen nach betriebswirtschaftlichem Vorbild. Es erfolgte eine faktische („Verbetriebswirtschaftlichung") und rechtliche

(„GmbH-isierung") Angleichung freigemeinnütziger Einrichtungen und Dienste an die sich im gleichen Zusammenhang etablierenden gewerblichen, profitorientierten Anbieter (Hammerschmidt/Uhlendorff 2003; Dahme u.a. 2008: 70f.; Hammerschmidt/Rock 2009: 214ff.). Der von der kommunalen Sozialverwaltung geschaffene Anpassungsdruck führte zu einem institutionellen Wandel der freien Wohlfahrtspflege, der vielfach mit dem Schlagwort „Ökonomisierung der Sozialen Arbeit" bezeichnet wird. Dabei werden die weltanschaulich und sozialpolitisch begründeten gemeinnützigen Organisationen zu sozialwirtschaftlichen Leistungserbringern geformt, die gezwungen sind, in Gewinn-und-Verlust-Kategorien zu denken und zu handeln. Ihre „zentrale Aufgabe [ist] die Erbringung von professionellen Dienstleistungen [...], die unter Effektivitäts- und Effizienzkriterien darstellbar und kontrollierbar sind" (Dahme u.a. 2005: 93). Einen Kontrollgewinn erreicht die Sozialadministration – und spiegelbildlich dazu Autonomieverluste erleiden die freien Dienste – durch die detaillierten Leistungs- und Qualitätsvereinbarungen. Das verändert auch innerhalb der sozialen Einrichtungen die Arbeitsteilung: Zeichneten vordem die Professionellen für die Sicherung professioneller Standards genügender Arbeit und die Leitung für die Finanzierung verantwortlich, so wirkt nunmehr die Leitung mittels Controlling und Qualitätsmanagement auf die Tätigkeit der Professionellen ein, die gleichzeitig in eine Mit-Verantwortung für die Finanzen (effektive Mittelverwendung) einbezogen werden (vgl. Beckmann u.a. 2004: 18).

Auch die Träger der sozialen Einrichtungen gerieten durch das NSM unter Reformdruck. Sie reagierten darauf, je nach Gegebenheiten, mit dem Zusammenschluss von Einrichtungen oder der Aufspaltungen und Ausgliederungen von Arbeitsbereichen, mit Spezialisierung oder Diversifizierung, der Bildung von Holdingstrukturen, von Netzwerken und anderen Kooperationsformen. All dies vollzog und vollzieht sich unter Markt- und Wettbewerbsgesichtspunkten und nicht mehr nach Weltanschauungsmaximen, womit diese Umstrukturierungen der Geschäftsfeldpolitik von Wirtschaftsunternehmen entsprechen. Dieselben Vorgänge finden sich auch bei den Wohlfahrtsverbänden auf der kommunalen und regionalen (Landes-) Ebene, insofern sie selbst auch als Träger sozialer Einrichtungen fungierten; hier kam noch die Trennung zwischen ihren Träger- und ihren originären Verbandsfunktionen hinzu.

Bemerkenswert ist hier die veränderte Wirkungsrichtung dessen, was in organisationssoziologischer Perspektive als „institutionelle Isomorphie'"

---

1   Unter Isomorphie verstehen die Institutionalisten unter den Organisationstheoretikern die Strukturgleichheit von Organisationen in einem organisationalen Feld, d.h. einem deutlich abgrenzbaren Bereich institutionellen Lebens. Demnach gleichen sich Organisationen, die mit denselben Umweltbedingungen konfrontiert sind, untereinander an (DiMaggio und Powell 1983).

(DiMaggio/Powell 1983, Meyer/Rowan 1977) bezeichnet wird. Bewirkte die umfassende Einbeziehung der freien Wohlfahrtspflege in die sozialstaatliche Sicherungsstrategie und das Wohlfahrtsarrangement mittels Verrechtlichung und Finanzierung seit der Weimarer Republik eine Angleichung von Arbeitsabläufen, Handlungslogiken und Organisationsformen der freigemeinnützigen Einrichtungen und Träger an die der öffentlichen Wohlfahrtspflege, so erfolgt nunmehr mittels der Simulation von Markt- und Wettbewerbsprozessen durch die Sozialadministration eine Angleichung der freien Einrichtungen an Wirtschaftsunternehmen. Strukturelle Anpassung ist besonders in hoch strukturierten Organisationsfeldern wie der Verwaltung des Sozialen ein Weg, um in rationaler Weise mit Begrenzung und Unsicherheit umzugehen (DiMaggio/Powell 1983: 147). Sie ist für den Fortbestand der Organisationen elementar, denn nur dadurch erhalten sie Legitimität und die ihre Existenz sichernden Ressourcen. Das gilt unabhängig davon, ob die Reorganisation nach den gesetzten Vorbildern (früher: öffentliche Einrichtungen, heute: Wirtschaftsunternehmen) nachweisbar effizienter und adäquater sind oder ob es sich dabei nur um neue „rationale Mythen" handelt (Meyer/Rowan 1977: 343f., 349, 352).

Die sechs weltanschaulich ausgerichteten Wohlfahrtsverbände, in denen das Gros der frei(gemeinnützig)en sozialen Einrichtungen und Dienste in Deutschland verbandlich organisiert sind, geraten durch die skizzierten Umbrüche ebenfalls unter Anpassungsdruck. Die Wohlfahrtsverbände (und die ihnen angeschlossenen Einrichtungen) sind intermediäre Organisationen, das heißt, sie sind zwischen Staat und Markt, aber auch zwischen diesen beiden und den privaten Haushalten angesiedelt. Die unterschiedlichen Handlungslogiken – der Markt mit Wettbewerb, der Staat mit verbindlichen Vorgaben, die privaten Haushalte mit Reziprozität –, die in den drei Bezugssystemen der Wohlfahrtspflege vorhanden sind, müssen sie kombinieren. Bei der jeweiligen Kombination haben die Wohlfahrtsverbände sowohl ihren Binnenverhältnissen (Mitgliedschaftslogik) als auch ihren Außenverhältnissen (Einflusslogik) Rechnung zu tragen. Für diesen ohnehin schwierigen Balanceakt ändern sich durch die Ökonomisierung unter den Vorzeichen der neo-sozialen Gouvernementalität die Bedingungen und Voraussetzungen auf beiden Seiten. Im Dreieck der Handlungslogiken, die die Verbändewohlfahrt zu kombinieren hat, verschiebt sich das Gewicht zugunsten der Marktlogik. Allerdings betraf und betrifft diese Verschiebung nicht alle Arbeitsbereiche gleichzeitig und gleich stark; auch, je nach verbliebenen Handlungsspielräumen, fallen die Reaktion der Einrichtungen und Träger nicht identisch aus. Im Ergebnis entwickeln sich die Interessen der Einrichtungen und Träger, deren Vertretung eine Kernaufgabe der Wohlfahrtsverbände ist, zunehmend unterschiedlich, womit innerhalb der Wohlfahrtsverbände Kräfteverschiebungen, Spannungen und Zentrifugalkräfte auftreten.[2] Inzwischen haben sich beispielsweise stark kommerziell ausgerichtete Träger des Diakonischen Werkes in einem eigenständigen Fachverband (Verband diakonischer Dienstgeber in Deutschland, VdDD) zusätzlich außerhalb des Diakonischen Werkes organisiert, um so besser ihre unternehmerischen Interessen vertreten zu können. Auch Träger von Caritaseinrichtungen gründeten einen vergleichbaren Fachverband (Arbeitsgemeinschaft Caritativer Unternehmen, ACU); hier gelang es aber dem katholischen Spitzenverband durch Zugeständnisse, diesen Unternehmensverband unter dem eigenen Dach zu integrieren (Dahme u.a. 2005: 69-73). Die Arbeiterwohlfahrt, um die Aufzählung abzuschließen, ist inzwischen nach einem Zwei-Säulen-Modell aufgespalten worden, das heißt, es existiert eine Arbeiterwohlfahrt als Idealverein und eine zweite Arbeiterwohlfahrt als wirtschaftlicher Unternehmerverband (AWO 2007, 2008).

Dem eigenen Anspruch und Selbstverständnis nach sind die Wohlfahrtsverbände multifunktionale Gebilde; sie fungieren als Dienstleister, Weltanschauungs- bzw. Wertgemeinschaft, als Mitgliedervereine, Sozialanwälte, sozialintegrative und sozialpolitische Akteure (Bauer 2003: 133; Stolterfoht 2003; Rock 2010). Diese Multifunktionalität ist durch die oben genannten Entwicklungen noch nicht suspendiert, aber ihre Aufrechterhaltung wird fragil und erfordert zudem eine innerverbandliche Arbeitsteilung mit der Gefahr, dass die bestehenden internen Spannungen dadurch verstärkt und Entkopplungsprozesse gefördert werden (vgl. Becker 2011: 98f.; Gabriel 2005: 95). Organisationssoziologisch lässt sich Entkopplung (decoupling) als funktionale Strategie von Organisationen verstehen, um als zwingend erachteten, widersprüchlichen Anforderungen ihrer Umwelt (oder des institutionellen Feldes) gleichzeitig gerecht zu werden. Organisationen schützen vor allem ihren operativen Kern vor äußeren Einwirkungen, indem sie ihre formalen Strukturen von den Aktivitäten trennen. Die Gestaltung Ersterer nach externen Erfordernissen sichert der Organisation ideelle und materielle Unterstützung von außen, während sie mit der tatsächlichen Arbeit wie bisher fortfahren kann (Meyer/Rowan 1977: 357). Dies wiederum

---

2   Ein Beispiel soll das illustrieren: Während sich die Spitzenverbände der freien Wohlfahrtsverbände auf der EU-Ebene dafür einsetzten, dass die von ihnen repräsentierten Einrichtungen und Dienste der Wohlfahrtspflege im europäischen Wirtschaftsrecht nicht mit rein kommerziellen Unternehmen gleichgesetzt werden, sondern dass ihr besonderer Charakter anerkannt werde, forderte der „Brüsseler Kreis", ein Zusammenschluss evangelischer und katholischer Sozialunternehmen, die ihre Anliegen gegenüber der EU-Politik gemeinsam vorbringen, in einem Positionspapier mit dem programmatischen Titel: „Mehr Markt und Wettbewerb" die Einbeziehung der Gesundheits- und Sozialdienstleistungen in den Dienstleistungswettbewerb des EU-Binnenmarktes und damit in das EU-Wettbewerbsrecht (http://www.eufis.eu/fileadmin/Dokumente/EU-Dokumente/sonstige/Positionspapier BruesselerKreis14032007.pdf; Ausführlicher: Rock 2010).

kann in der Konsequenz zu einem Auseinanderklaffen von Rhetorik (talk, the way we say we operate) und Handeln (action, the way we really operate) führen – ein Phänomen, das die Literatur als „organisierte Scheinheiligkeit" (organized hypocrisy) bezeichnet (Brunsson 1989, 2006; Weaver 2008; Veit/ Schlichte 2009; Lipson 2007). Da in der Regel jedoch Interdependenzen zwischen Rhetorik und Handlung bestehen und eine vollständige Entkopplung zwischen diesen output-orientierten Bereichen somit nicht möglich ist, tritt diese Diskrepanz nicht selten offen zutage. Wenn dies geschieht, kann sie die zunächst nützliche Strategie der Scheinheiligkeit für eine Organisation in zweifacher Weise zur Bürde werden: Im Außenverhältnis kann sie delegitimierende Wirkungen entfalten und ihre materielle Basis gefährden (Weaver 2008: 6). Im Binnenverhältnis korrespondiert die Scheinheiligkeit aufgrund der ihr inhärenten Widersprüchlichkeiten, insbesondere wenn diese von den Organisationsmitgliedern als solche wahrgenommen werden, häufig mit einer problematischen oder für die Aufgabenerfüllung gar hinderlichen Organisationskultur (siehe: Barnett/Finnemore 2004). So wird das, was infolge von Umweltanforderungen zwingend und funktional erscheint, dysfunktional, ohne dass sich die Organisation dem (jedenfalls nicht ohne „hohe Kosten") entziehen kann; es besteht ein Dilemma.

Durch die mit dem NSM (Kontraktmanagement) auf kommunaler Ebene erfolgte Umgestaltung des Verhältnisses zwischen öffentlicher und freier Wohlfahrtspflege zu einer hierarchischen, zielbezogenen „Auftraggeber-Auftragnehmer-Beziehung" verliert die freie Wohlfahrtspflege ihren Status als „Dritter Sozialpartner", der auf Basis seines Expertenwissens in die Problemdefinition einbezogen wird und dabei Klienteninteressen advokatorisch vertreten kann (Hammerschmidt/Uhlendorff 2003: 7; Bode 2005: 223; Buestrich u.a. 2008: 23). Die in der Zeit der Weimarer Republik durch das fürsorgerechtlich kodifizierte Subsidiaritätsprinzip sowie die Finanzierung sozialer, personenbezogener Dienstleistungen auf Grundlage des Selbstkostendeckungsprinzips entstanden und in der Nachkriegszeit gefestigten neokorporatistischen, wohlfahrtspolitischen Netzwerke und Aushandlungskartelle auf der kommunalen Ebene erodieren nun (Hammerschmidt 2005a, b). Das von der katholischen Soziallehre geprägte und für das deutsche Sozialmodell konstitutive Subsidiaritätsprinzip (ebd.) verliert damit „seine sozialpolitische Ordnungsfunktion, die sich vor allem darin äußerte, dass die Fortentwicklung der sozialen Infrastruktur nicht nur als partnerschaftliche Zusammenarbeit zwischen öffentlichen und freien Trägern vonstatten ging, sondern darüber hinaus dem Prinzip der bedarfsorientierten Planung sozialer Infrastruktur verpflichtet war" (Buestrich/Wohlfahrt 2008: 22). Die Verbändewohlfahrt verliert zumindest auf der kommunalen Ebene an Einfluss und Gestaltungsmacht und damit an Chancen, als Gegengewicht zu der zunehmend fiskalisch ausgerichteten kommunalen Sozialpolitik zu fungieren.

Die Soziale Arbeit verliert mit diesen Entwicklungen bei Anstellungs- und Kostenträgern Bündnispartner und Rückhalt für ihre sozialanwaltschaftliche Funktion. Darüber hinaus sind die hier Beschäftigten der Sozialen Arbeit auch als Lohnabhängige und Professionelle stark betroffen. Die Bemühungen um „Effizienzsteigerung" – also die kostengünstigere Produktion der sozialen Dienstleistungen – laufen auf eine Verminderung der Personalkosten hinaus. Das geschieht einerseits durch Arbeitsverdichtung und anderseits durch schlechtere Entlohnung bis hin zu prekären Beschäftigungsverhältnissen (vgl. Vogel 2010: 923f. und Wohlfahrt in diesem Band). Die Entwicklung des beruflichen Selbstverständnisses und einer dementsprechenden gewerkschaftlichen und berufspolitischen Organisation, hinken der Realität der Sozialen Arbeit als „normaler" Erwerbsarbeit, bei der eine strukturelle Interessensdivergenz zwischen Arbeitnehmer und -geber besteht, hinterher (Paulini 2010). Ob sich dies angesichts der Kommerzialisierung der Anstellungsträger ändert, bleibt abzuwarten.

Auch als Profession ist die Soziale Arbeit durch die Verwaltungsmodernisierung und ihre direkten wie indirekten Implikationen herausgefordert. Hier geht es einerseits um Fragen der professionellen Autonomie und anderseits um das professionelle Selbstverständnis der Sozialen Arbeit. Zunächst zur professionellen Autonomie: Mit dem Einsatz des NSM-Instruments der vorgegebenen Produktbeschreibungen, dem ausgeprägten Berichtswesen und die in diesem Zusammenhang eingeforderten Nachweise von Qualität, Effektivität, Effizienz, letztlich vom Nachweis möglichst kostengünstig erreichter „Erfolge", vollzieht sich eine Ausweitung fachfremder Kontrolle der Sozialen Arbeit. Die dabei eingesetzten Mittel drohen den Zweck, der durch professionelle Handlungslogiken operationalisiert und realisiert wird, zu überformen. Mögen auch die Versuche, im Rahmen des NSM eine „effizienzprogrammierte Verwaltung" (vgl. Ortmann 2008 und in diesem Band) zu schaffen, wegen des unhintergehbaren „Technologiedefizits" (Luhmann/Schorr 1979; Luhmann 2002: 148; Beckmann u.a. 2004: 20f.; eingehender: Merten 2010) professioneller Tätigkeiten letztendlich zum Scheitern verurteilt sein, so bergen die Anstrengungen der Kosten- und Anstellungsträger Sozialer Arbeit in diese Richtung gleichwohl die Gefahr einer Einschränkung der bislang der Sozialen Arbeit zugestandenen professionellen Autonomie – und das heißt eben auch De-Professionalisierung (vgl. Otto/Ziegler 2006: 96 ff. u. 105; Ziegler 2008: 166; 2009: 186). Allerdings verbieten sich diesbezüglich pauschale deduktive Schlüsse, denn erste vorliegende empirische Befunde mahnen zur Vorsicht, jedenfalls vor Verallgemeinerungen. So gelangten Beckmann u.a. (2007) durch die Auswertung von Befragungen zu dem Ergebnis, dass sich durch Qualitätsentwicklungsvereinbarungen und Qualitätsmanagementsysteme „eine Standardisierung bzw. Deprofessionalisierung der Tätigkeit nicht eingestellt" habe (ebd.: 285) und dass von Einrichtungsträgern ergriffene Qualitätsmaßnahmen „nicht in einem aussagekräftigen Zusammenhang zu den professionellen Arbeitsbedingungen" stünden (ebd.: 289). In anderen Dimensionen seien jedoch „Einschränkungen vollständiger ‚autonomer' Arbeitsbedingungen zu verzeichnen" (ebd.: 290), obwohl insgesamt „ermächtigende Arbeitsbedingungen" (ebd.) konstatiert werden konnten. Ähnlich Beckmann (2009: 154), der darüber hinaus konstatiert, dass sich eine „flächendeckende ideologische Überformung des professionellen Habitus" bislang noch nicht durchgesetzt habe (ebd.: 171).[3] Uneindeutigkeiten und Ambivalenzen förderten auch die Studien von Dahme, Kühnlein und Wohlfahrt (2005: 141-144) zutage. Krone u.a. (2009) halten als ein Resultat ihrer Jugendhilfefallstudien fest: „Während die Ausdifferenzierung des Managements als Professionalisierung interpretiert werden kann, so muss das Zerfallen des Wissens auf der Interaktionsebene, die Arbeitsverdichtung bis hin zur Ambivalenz der Haltungen als Deprofessionalisierung verstanden werden" (ebd.: 177; vgl. Hammerschmidt/Sagebiel 2010).

Das mit dem Neuen Steuerungsmodell unterstellte und damit zugleich eingeforderte Verständnis (auch der) Sozialen Arbeit provozierte schon mit seiner Begrifflichkeit das tradierte professionelle Selbstverständnis der Sozialen Arbeit in Wissenschaft und Praxis. Nunmehr war von Dienstleistung statt von Hilfe die Rede, die Adressaten/Klienten hießen Kunden. Gleichzeitig war, wie schon erwähnt, dem Auftraggeber (Sozialadministration) nach eher technokratischen Kriterien die am Kunden erbrachte Dienstleistung als erfolgreich, qualitativ hochwertig und kostengünstig nachzuweisen. Wissenschaft und Praxis reagierten darauf mit Ablehnung und Kritik wegen der Unangemessenheit der Konzeption und ihrer Hintergrundannahmen.[4] Dessen ungeachtet erfolgten aber – nolens volens – verhalten-kritische bis affirmative Anstrengungen zur Aufnahme und Implementation des NSM-Modells in die Praxis Sozialer Arbeit. Letzteres vollzog sich nicht nur, aber vor allem durch Sozialmanagementkonzepte, die von den Einrichtungen und Trägern inzwischen flächendeckend eingesetzt werden. Parallel dazu wurde inzwischen in beachtlicher Fülle Managementliteratur für

---

3 Einschränkend ist aber darauf hinzuweisen, dass die von ihm untersuchten Einrichtungen noch kein umfassendes Qualitätsmanagement etabliert hatten. Deshalb kann Beckmann (2009: 191f.) gleichzeitig festhalten, dass das Controlling mit seiner Standardisierung den Einfluss der Fachkräfte verringere und damit tendenziell deprofessionalisierend wirke.

4 Zur Kritik des Kundenbegriffs für die Nutzer Sozialer Arbeit mögen hier zwei Literaturhinweise statt vieler reichen: Schaarschuch 1996; Nüssle 2000.

Soziale Arbeit publiziert und auch Sozialmanagement-Studiengänge etabliert. Begleitend führte die Disziplin wichtige Grundsatz- und Theoriediskussionen zum Kunden- und zum Dienstleistungsbegriff Sozialer Arbeit[5], zur Qualität Sozialer Arbeit (z.b. Beckmann u.a. 2004), etwas später in Fortsetzung dessen über „Evidenzbasierte Soziale Arbeit",[6] die inzwischen durch eine Reihe auch theoretisch anspruchsvoller empirischer Studien ergänzt werden, die überwiegend die Kinder- und Jugendhilfe zum Gegenstand haben.[7] Qualitative Studien, die (auch) nach dem Selbstverständnis der Professionellen fragen, konstatieren, dass die Professionellen inzwischen ganz überwiegend den Kundenbegriff und das Verständnis der Sozialen Arbeit als Dienstleistung akzeptieren, die neben Gerechtigkeits- gleichzeitig auch Wirtschaftlichkeitsaspekte zu beachten hat. Demnach lehnen die Professionellen Qualitätsmanagement kaum ab, sondern sie betrachten es vielmehr als Instrument zur Verbesserung von Fachlichkeit (Dahme u.a. 2005: 205-215; Krone u.a. 2009: 18). Die Quasi-Markt- und wettbewerbliche Ausrichtung der Sozialen Arbeit bzw. ihrer Einrichtungen scheinen die Professionellen inzwischen akzeptiert und internalisiert zu haben, weniger weil dies grundsätzlich gewollt wird, sondern vor allem, weil es trotz aller Kritik als unhintergehbare strukturelle Normativität hingenommen wird (Wulf-Schnabel 2011: 264-8 u. passim, vgl. auch: Eichinger 2009; Staub-Bernasconi 2010: 121). Das verständliche Interesse der Professionellen am Erhalt ihrer jeweiligen Einrichtung, was unter den geschaffenen Bedingungen nunmehr keine Selbstverständlichkeit mehr ist, entfaltet hier stummen Zwang und schafft Normativität.

Problematisch sind die vorstehend entfalteten Sachverhalte nicht zuletzt auch für die (potenziellen) AdressatInnen oder NutzerInnen der Sozialen Arbeit. Die skizzierten Arbeits- und Beschäftigungsverhältnisse der Professionellen können sich vielfach direkt **negativ** auf die Interaktion mit den Adressaten Sozialer Arbeit auswirken. So machen kurzfristige Beschäftigungsverhältnisse mit entsprechend hoher Personalfluktuation ein sinnvolles professionelles Arbeiten dort nahezu unmöglich, wo sozialarbeiterisches Handeln auf lang andauernde Interventionen angelegt ist. Das betrifft nicht nur aber insbesondere die Gemeinwesenarbeit, für die der Aufbau von persönlichen Vertrauensbeziehungen im Gemeinwesen zu (potenziellen) Adressaten sowie eine Vernetzung mit institutionellen und zivilgesellschaftlichen Akteuren erforderlich sind. Ohne eine entsprechend langfristige Arbeitsperspektive bei personeller Kontinuität gehen (gerade

---

5   Z.B. Schaarschuch 1996, 1999, 2010; Schaarschuch/ Oelerich 2005; Olk/Otto 2003

6   Z.B. Otto/Ziegler 2006; Otto u.a. 2007; Sommerfeld/ Hüttemann 2007; Otto u.a. 2010

7   Z.B. Messmer 2007, Krone u.a. 2008, Beckmann 2009, Grohs 2010, Albus u.a. 2009, 2010   **157**

erst aufgebaute) persönliche Beziehungen und das geschaffene soziale Kapital immer wieder verloren. Bei kurz- und mittelfristig angelegten Interventionen wie etwa in den verschiedenen Beratungssettings oder bei den Hilfen zur Erziehung birgt die Arbeitsverdichtung durch ungünstigere Personalschlüssel die Gefahr, dass die damit verringerte Zeit für die Interaktion zwischen Professionellen und Adressaten/Nutzern zu einer standardisierten „Abhandlung der Fälle" führt (Beckmann u.a. 2009: 18). Um die Bedeutung dessen einzuschätzen, ist es sinnvoll sich zu vergegenwärtigen, worum es in der Sozialen Arbeit geht: Im Kern zielt Sozialen Arbeit auf die Beeinflussung des Denkens, Fühlens und Handelns der AdressatInnen, also auf Reflektions-, Veränderungs- und Kompetenzaneignungsprozesse, die ihre Handlungsfähigkeit im Hinblick auf die Lebensbewältigung verbessern. Es geht also anders formuliert um Bildungs- und Aneignungsprozesse, die die Individuen selbst erarbeiten und realisieren müssen; Soziale Arbeit kann und soll sie anregen und unterstützen, sie kann sie aber nicht stellvertretend vollziehen (vgl. u.a. Schaarschuch 2010). Die eigensinnige Logik von Bildungs- und Aneignungsprozessen oder „Selbstproduktionsprozessen" (Schaarschuch) lassen sich jedoch – bei Strafe des Scheiterns – nicht in ein außenauferlegtes Zeitkorsett zwängen.

Nicht nur beim Hilfevollzug, sondern auch schon im Vorfeld bei Hilfeentscheidungen lassen sich unter dem NSM-Regime fachlich problematische Entwicklungen beobachten. So gelangt Heinz Messmer (2007) in seiner empirischen Studie aus dem Bereich Jugendhilfe zu dem Ergebnis, dass Hilfeentscheidungen systematisch durch wirtschaftliche Gesichtspunkte überformt würden und häufig nach dem „Treppenprinzip" erfolgten. Das heißt, bevor eine teure Maßnahme wie etwa Heimerziehung gewährt wird, wird ausprobiert, ob nicht vielleicht doch eine kostengünstigere Maßnahme schon ausreicht. Faktisch wird durch solche Praxen der gesetzliche Auftrag der Jugendhilfe, die „dem erzieherischen Bedarf im Einzelfall" entsprechende geeignete und notwendige Hilfe zu gewähren (§ 27 VIII) zumindest relativiert. Die geeignet(er)e Hilfe bekommen die Kinder und Jugendlichen dann gar nicht oder (zu) spät. Das Steuerungsmedium Geld dominiert die Steuerungsmedien Recht und Wissen.[8] Um diese Folgen zu vermeiden und die als geeignet und notwendig diagnostisierte beispielsweise kostenintensive Heimerziehung (dennoch) zu erreichen, können die Professionellen Situation und Bedarf dramatisieren, also den „Klienten schlechter reden

---

8 Vgl. Messmer 2007: 175; Langer 2007: 242f.; Seckinger 2007: 14; Krone u.a. 2009: 184; Polutta 2011: 376. Wir verwenden hier die Rede von der Verdrängung – bzw. vorsichtiger Dominierung - des Steuerungsmediums Recht (und Wissen) durch Geld als griffige Formel, ohne dabei das zu verkennen, worauf Otto und Ziegler (2006: 96 f.) überzeugend hinweisen, nämlich dass der politische Gehalt des Managerialismus darüber hinausweist.

als er ist" (Albus u.a. 2010: 73). Diese (auch geübte) Praxis mag pragmatisch und erfolgreich sein, doch fachlich ist sie problematisch, weil sie einerseits die Adressaten unangemessen etikettiert, wenn nicht gar stigmatisiert, und weil sie anderseits die fachliche Qualität und Integrität der Sozialen Arbeit zu unterminieren vermag.

Gleichzeitig ist in der Praxis der Kinder- und Jugendhilfe die Tendenz feststellbar, in den Hilfeplänen gemäß § 36 SGB VIII konkrete, kleinteilige, überprüf- und vor allem messbare Ziele festzulegen (also in der NSM-Sprache: Output- bzw. Outcome-Orientierung).[9] Einige Jugendämter verknüpfen darüber hinaus die Erreichung der Hilfeplanziele mit finanziellen Boni für die leistungserbringende Einrichtung.[10] Dies mag auf den ersten Blick unspektakulär und harmlos erscheinen, aber in fachlicher Perspektive zeigen sich höchst problematische Implikationen: (1) mit der Orientierung am Messbaren (und letztlich Quantifizierbarem) geraten nicht (oder nur sehr schwierig) messbare Aufgaben und Ziele in den Hintergrund. So ist es beispielsweise ein Unterschied, ob als ein Ziel einer erzieherischen Hilfe definiert wird, dass ein Kind (wieder) (gerne) in die Schule geht, sich dort wohlfühlt und Freundschaften knüpft oder ob die Verbesserung der Schulnoten als Ziel vorgegeben wird. Lässt sich auch plausibilisieren, dass zwischen beidem – Wohlfühlen und Noten – ein Zusammenhang besteht, so ist dieser doch kein direkter und zwangsläufiger. Hinzu kommt, dass im ersten Fall die Bewertung des Erfolgs letztlich nur durch und in der Perspektive des Kindes durch dessen eigene qualitative Bewertung (ich fühle mich wohl in der Schule) erfolgen kann, während im zweiten Fall die Bewertung „extern" an den „objektivierten" quantifizierten Kriterien der Institution Schule – Note 4 statt 5 – vorgenommen werden kann (und muss). Objektivierung von Ergebnissen Sozialer Arbeit bedeutet dann zugleich „Entsubjektivierung"; die Perspektiven der Adressaten werden im Interesse der Messbarkeit zurückgestellt. (2) Der Hilfeplan ist ein Instrument zur Sicherstellung der Beteiligung der Adressaten Sozialer Arbeit an der Bedarfsfeststellung und der Entscheidung über die zu gewährende Hilfe. Mit der Verankerung objektiv messbarer Aufgaben und Ziele entsteht tendenziell die Gefahr, den Hilfeplan zum Kontraktmanagement umzugestalten, der die Aufga-

---

9   Das ist auch das Ziel des Bundesmodellprogramm „Qualifizierung der Hilfen zur Erziehung durch wirkungsorientierte Ausgestaltung der Leistungs-, Entgelt- und Qualitätsvereinbarungen nach §§ 78a ff. SGB VIII". Vgl. die Ausführungen des dafür zuständigen Referenten des Bundesjugendministeriums Struzyna 2007 und: www.wirkungsorientierte-jugendhilfe.de. Zur Grundsatzkritik daran: Otto/Ziegler 2006: 100-105; Ziegler 2009. Vgl. auch die in der folgenden Fußnote angeführt Literatur.

10   So der Befund der Evaluationsstudie von Albus u.a. (2010: 90 ff. und passim) zum Bundesmodellprogramm „Qualifizierung der Hilfen zur Erziehung durch wirkungsorientierte Ausgestaltung der Leistungs-, Entgelt- und Qualitätsvereinbarungen nach §§ 78a ff. SGB VIII". Vgl. auch: Polutta 2011.

benbeschreibung des Kostenträgers (Jugendamt) für den Leistungserbringer (Jugendhilfeeinrichtung) umfasst, die dann zugleich als Anforderung an die Kinder und Jugendlichen und ihre Familien dient. Das Kontraktmanagement würde so an die Adressaten weitergereicht, was spätestens dann zur akuten Gefahr wird, wenn das Erreichen der Hilfeplanziele mit finanziellen Boni verbunden ist. (3) Die Verankerung messbarer Ziele im Hilfeplan unterstellt auch für Einzelpersonen – und um solche geht es in den Hilfeplänen ausschließlich – eine eindeutig gegebene und damit voraussagbare lineare Kausalität zwischen sozialarbeiterischer Intervention (Ursache) und Ergebnis (Wirkung/Erfolg) und dies zudem in festgelegten, meist recht kurz bemessenen Zeitabschnitten (Otto/Ziegler 2006: 100-104; Beckmann u.a. 2009: 20ff.). Das ist aber nicht gegeben. Die Soziale Arbeit, einschließlich Kinder- und Jugendhilfe, arbeitet wie schon angeführt mit durchaus eigenwilligen Menschen, die die erforderlichen Bildungs- und Aneignungsprozesse oder „Selbstproduktionsprozesse" selbst vollziehen müssen. Dabei ist das konkrete Ziel nicht durch die Professionellen alleine und auch nicht im Vorhinein festlegbar, vielmehr ist schon die Zieldefinition ein gemeinsamer, kommunikativ-hermeneutischer Verständigung- und Aushandlungsprozess. Solche Selbstproduktions- und darauf bezogene Aushandlungsprozesse sind nicht verwaltungstechnisch kontrollier- und steuerbar. Soziale Arbeit kann deshalb keine (betriebswirtschaftlich kalkulierbare) Ergebnisqualität garantieren (siehe auch Ortmann in diesem Band).

Die im Konzept und in der Logik des Neuen Steuerungsmodells liegende Ausrichtung Sozialer Arbeit an nachweisbaren Ergebnissen und Erfolgen setzt auch ansonsten noch weitere Anreize oder Steuerungsimpulse, die im Widerspruch zu fachlichen Standards und sozialpolitischen Intentionen stehen. Eine Steuerung und Honorierung Sozialer Arbeit nach Ergebnis- und Erfolgskriterien – etwa durch inzwischen mancherorts eingeführte computergestützte Ermittlung von prozentualen Zielerreichungsgraden bei Jugendhilfemaßnahmen, Bonus-Malus-Verfahren oder kommunale Trägerrankings (vgl. Polutta 2011: 375) – macht für die Einrichtungen und Träger der Sozialen Arbeit ein creaming the poor sinnvoll. So erscheint es wirtschaftlich rational, sich auf die „einfachen und erfolgsversprechenden Fälle" als Adressaten zu konzentrieren und die „schwierigen und hoffnungslosen Fälle" auszugrenzen und dies gleichermaßen bei der Gewinnung von neuen „Kunden" wie bei der Betreuung der jeweils vorhandenen. Werden die – politisch gewollt verknappten – Mittel nach Erfolgsaussichten differenziert eingesetzt, dann wird auch Soziale Arbeit „investiv" und das bedeutet auch „selektierend" und exkludierend ausgerichtet. Damit würden diejenigen mit dem größten Hilfe- und Unterstützungsbedarf un(ter)versorgt bleiben und das Recht *jedes* jungen Menschen, um es am Beispiel der Kinder- und Jugendhilfe zu konkretisieren, auf Förderung seiner Entwicklung und Erziehung im Sinne von § 1 (1) KJHG suspendiert. Akzeptieren die Fachkräfte der Sozialen Arbeit/Jugendhilfe dies, dann verhelfen sie einem (neuen) Paradigmenwechsel in der Sozialen Arbeit zum Durchbruch (vgl. Hammerschmidt 2006). Den internationalen Standards der Profession Sozialer Arbeit, wie sie von der IFSW (International Federation of Social Workers) definiert werden, entspräche das allerdings nicht (mehr).

Reformdruck, um abschließend auf die im Buchtitel benannte Frage zu kommen, erzeugt das Neue Steuerungsmodell für die Soziale Arbeit, ihre Einrichtungen, Träger, Verbände, Professionellen und AdressatInnen bzw. NutzerInnen in vielfältiger Weise und im erheblichen Umfang. Ein Druck der, wie in diesem Band aufgezeigt wird, schon zu weitgehenden Veränderungen geführt hat und der fortwirken wird. Welche Ergebnisse und (Neben-)Wirkungen dabei auftreten, bleibt weiter zu beobachten.

Literatur

Albus, Stefanie/ Greschke, Heike /Klingler, Birte/ Messmer, Heinz/ Micheel Heinz-Günter/ Otto, Hans-Uwe/ Polutta, Andreas: Zwischenbericht der Evaluation des Bundesmodellprogramms „Wirkungsorientierte Jugendhilfe". In: ISA Planung und Entwicklung GmbH (Hg.): Schriftenreihe Wirkungsorientierte Jugendhilfe Bd. 6, Münster 2008; S. 58-135

Albus, Stefanie/ Greschke, Heike /Klingler, Birte/ Messmer, Heinz/ Micheel, Heinz-Günter/ Otto, Hans-Uwe/ Polutta, Andreas: Wirkungsorientierte Jugendhilfe [Abschlussbericht der Evaluation des Bundesmodellprogramms „Qualifizierung der Hilfen zur Erziehung durch wirkungsorientierte Ausgestaltung der Leistungs-, Entgelt- und Qualitätsvereinbarungen nach §§ 78a ff. SGB VIII"; Schriftenreihe Wirkungsorientierte Jugendhilfe Bd. 9]. Münster 2010

AWO (Arbeiterwohlfahrt, Bundesverband): Grundsätze und Eckpunkte der Verbandsentwicklung der AWO [AWO-Bundeskonferenz Magdeburg am 22.-23. Juni 2007] o.O. 2007

AWO Unternehmenskodex. Grundsätze der AWO in Deutschland für eine verantwortungsvolle Unternehmensführung und – kontrolle. o.O. 2008

Banner, Gerhard: Logik des Scheiterns oder Scheitern an der Logik? Der Moderne Staat, Heft 2/2008; S. 447-455

Barnett, Michael/ Finnemore, Martha: Rules for the word. Ithaca 2004

Bauer, Rudolph: Weltanschauung und/oder Wettbewerb? Zum Verhältnis von Wohl-

fahrtsverbänden und Markt. In: Hammerschmidt, Peter/ Uhlendorff, Uwe (Hg.): Wohlfahrtsverbände zwischen Subsidiaritätsprinzip und EU-Wettbewerbsrecht. Kassel 2003; S. 109-140

Becker, Uwe (Hg.): Perspektiven der Diakonie im gesellschaftlichen Wandel. Neunkirchen 2011

Beckmann, Christof/ Otto, Hans-Uwe/ Schaarschuch, Andreas/ Schrödter, Mark: Qualitätsmanagement und Professionalisierung der Sozialen Arbeit. In: Zeitschrift für Sozialreform, 53 Jg.; H. 3/2007; S. 275-295

Beckmann, Christof: Qualitätsmanagement und Soziale Arbeit. Wiesbaden 2009

Beckmann, Christof/ Otto, Hans-Uwe/ Richter, Martina/ Schrödter, Mark: Negotiating Qualities – Ist Qualität Verhandlungssache? In: dies. (Hg.): Qualität in der Sozialen Arbeit. Wiesbaden 2004; S. 9-31

Blanke, Bernhard/ Nullmeier, Frank/ Reichard, Christoph/ Wewer, Göttrik (Hg.): Handbuch zur Verwaltungsreform. 4. erg. Aufl. Wiesbaden 2011

Blanke, Bernhard: Verwaltungsreform als Aufgabe des Regierens – Einleitung. In: Blanke, Bernhard/ Nullmeier, Frank/ Reichard, Christoph/ Wewer, Göttrik (Hg.): Handbuch zur Verwaltungsreform. 4. erg. Aufl. Wiesbaden 2011; S. XIII-XXI

Bode, Ingo: Desorganisation mit System. Die Neuordnung der „governance of welfare" in Westeuropa. In: Berliner Journal für Soziologie, H. 2, 2005; S. 219-239

Bogumil, Jörg/ Grohs, Stephan/ Kuhlmann, Sabine/ Ohm, Anna K.: Zehn Jahre Neues Steuerungsmodell. Eine Bilanz kommunaler Verwaltungsmodernisierung. Berlin 2007

Bogumil, Jörg/ Grohs, Stephan/ Kuhlmann, Sabine: Evaluation des Neuen Steuerungsmodells. In: Blanke, Bernhard/ Nullmeier, Frank/ Reichard, Christoph/ Wewer, Göttrik (Hg.): Handbuch zur Verwaltungsreform. 4. erg. Aufl. Wiesbaden 2011; S. 554-562

Bogumil, Jörg: Die Umgestaltung des Verhältnisses von Politik und Verwaltung. In: Blanke, Bernhard/ Nullmeier, Frank/ Reichard, Christoph/ Wewer, Göttrik (Hg.): Handbuch zur Verwaltungsreform. 4. erg. Aufl. Wiesbaden 2011; S. 536-544

Buestrich, Michael/ Burmester, Monika/ Heinz-Jürgen Dahme/ Wohlfahrt, Norbert: Die Ökonomisierung Sozialer Dienste und Sozialer Arbeit. Entwicklung. Theoretische Grundlagen. Wirkungen. Baltmannsweiler 2008

Buestrich, Michael/ Wohlfahrt, Norbert: Die Ökonomisierung der Sozialen Arbeit. In: APuZ 12/13 2008; S. 17-24

Brunsson, Nils: The Organization of Hypocrisy. Talk, Decisions, and Actions in Organizations. 1. Aufl. New York 1989

Brunsson, Nils: The Organization of Hypocrisy. Talk, Decisions and Actions in Organizations. 2. Aufl. Copenhagen 2006

Dahme, Heinz-Jürgen/ Kühnlein, Gertrud/ Wohlfahrt, Norbert: Zwischen Wettbewerb und Subsidiarität. Wohlfahrtsverbände unterwegs in die Sozialwirtschaft. Berlin 2005

DiMaggio, Paul J./Powell, Walter W.: The Iron Cage Revisited: Institutional Isomorphism and Collective Rationality in Organizational Fields. In: American Sociological Review, Jg. 48, Heft 2/1983; S. 147-160

Eichinger, Ulrike: Zwischen Anpassung und Ausstieg. Perspektiven von Beschäftigten im Kontext der Neuordnung Sozialer Arbeit . Wiesbaden 2009

Gabriel, Karl: Verbandliche Identität im veränderten Wohlfahrtsmix in Deutschland und Europa. In: ders./ Ritter, Klaus (Hg.): Solidarität und Markt. Die Rolle der kirchlichen Diakonie im modernen Sozialstaat. Freiburg i. Br. 2005; S. 87-123

Grohs, Stephan: Modernisierung kommunaler Sozialpolitik. Wiesbaden 2010

Hammerschmidt, Peter: Wohlfahrtsverbände im Nachkriegsdeutschland. Zur Reorganisation, Finanzierung und Steuerung der Wohlfahrtsverbände im Nachkriegsdeutschland von 1945 bis 1961. Weinheim, München 2005a

Hammerschmidt, Peter: Zur Rolle der Caritas bei der Neuformulierung des Subsidiaritätsprinzips im Bundessozialhilfegesetz und im Jugendwohlfahrtsgesetz von 1961. Zeitschrift für Sozialpädagogik, H. 2/2005b, S. 185-204

Hammerschmidt, Peter: Jugendhilfe vor dem Paradigmenwechsel? – ein historischer Rückblick. Zeitschrift für Sozialpädagogik, Heft 3/2006; S. 305-321

Hammerschmidt, Peter/ Rock, Joachim: Internationale Perspektiven der deutschen Wohlfahrtsverbände. In: Wagner, Leonie/ Lutz, Roland (Hg.): Internationale Perspektiven der Sozialen Arbeit. 2. Aufl. Wiesbaden 2009; S. 211-226

Hammerschmidt, Peter/ Sagebiel, Juliane: Einführung. In: Professionalisierung im Widerstreit. Zur Professionalisierungsdiskussion in der Sozialen Arbeit – Versuch einer Bilanz. Neu-Ulm 2010; S. 9-24

Hammerschmidt, Peter/ Uwe Uhlendorff: Einleitung. In: dies. (Hg.): Wohlfahrtsverbände zwischen Subsidiaritätsprinzip und EU-Wettbewerbsrecht. Kassel 2003; S. 7-13

Holtkamp, Lars: Das Scheitern des Neuen Steuerungsmodells. Der Moderne Staat, Heft 2/2008; S. 423-446

Jann, Werner: Neues Steuerungsmodell. In: Blanke, Bernhard/ Nullmeier, Frank/ Reichard, Christoph/ Wewer, Göttrik (Hg.): Handbuch zur Verwaltungsreform. 4. erg. Aufl. Wiesbaden 2011; S. 98-108

Krone, Sirikit/ Langer, Ulrich/ Mill, Ulrich/ Stöbe-Blossey, Sybille: Jugendhilfe und Verwaltungsreform: Zur Entwicklung der Rahmenbedingungen sozialer Dienstleistungen. Wiesbaden 2009

Langer, Andreas: Dienstleistungsstrukturen in der Sozialen Arbeit zwischen Verwaltungsreform und Professionalisierung. In: Zeitschrift für Sozialreform, 53. Jg., H. 3/2007; S. 223-246

Lipson, Michael: Peacekeeping: Organized Hypocrisy? In: European Journal of International Relations, Jg. 13, Heft 1/2007; S. 5-34

Luhmann, Niklas/ Schorr, Karl Eberhard: Das Technologiedefizit der Erziehung und die Pädagogik. In: Zeitschrift für Pädagogik, 25. Jg., 1979; S. 345-365

Luhmann, Niklas: Das Erziehungssystem der Gesellschaft. Frankfurt am Main 2002

Merten, Roland: Handlungskompetenz in der Sozialen Arbeit. Was trägt die Systemtheorie zur Handlungskompetenz Sozialer Arbeit bei? In: Hammerschmidt, Peter/ Sagebiel, Juliane (Hg.): Professionalisierung im Widerstreit. Zur Professionalisierungsdiskussion in der Sozialen Arbeit – Versuch einer Bilanz. Neu-Ulm 2010; S. 133-148

Messmer, Heinz: Jugendhilfe zwischen Qualität und Kosteneffizienz. Wiesbaden 2007

Meyer, John W./ Rowan, Brian: Institutionalized Organizations: Formal Structure as Myth and Ceremony. In: American Journal of Sociology, Jg. 83, Heft 2/1977; S. 340-363

Nüssle, Werner: Qualität für wen? Zur Angemessenheit des Kundenbegriffs in der Sozialen Arbeit. In: Zeitschrift für Pädagogik, 46 Jg.; H. 6/2000; S. 831-850

Olk, Thomas/ Otto, Hans-Uwe (Hg.): Soziale Arbeit als Dienstleistung. Grundlegungen, Entwürfe, Modelle. München 2003

Ortmann, Friedrich: Handlungsmuster der Sozialverwaltung. In: Neue Praxis, Heft 4/2008; S. 385-398

Otto, Hans-Uwe u.a.: Zum aktuellen Diskurs um Ergebnisse und Wirkungen im Feld der Sozialpädagogik und Sozialarbeit - Literaturvergleich nationaler und internationaler Diskussionen. Berlin 2007

Otto, Hans-Uwe/ Ziegler, Holger: Managerielle Wirkungsorientierung und der demokratische Nutzwert professioneller Sozialer Arbeit. In: Badawia, Tarek/ Luckas, Helga/ Müller, Heinz (Hg.): Das Soziale gestalten. Wiesbaden 2006; S. 95-112

Otto, Hans-Uwe/ Polutta, Andreas/ Ziegler, Holger (Hg.): What Works - Welches Wissen braucht die Soziale Arbeit? Zum Konzept evidenzbasierter Praxis. Opladen; Farmington Hills 2010

Polutta, Andreas: Wirkungsorientierte Steuerung sozialer Dienste. In: Dahme, Heinz-Jürgen/ Wohlfahrt, Norbert (Hg.): Handbuch kommunale Sozialpolitik. Opladen 2011; S. 372-382

Paulini, Christa: Zur Bedeutung von Berufsverbänden für die Professionalisierung Sozialer Arbeit. In: Hammerschmidt, Peter/ Sagebiel, Juliane (Hg.): Professionalisierung im Widerstreit. Zur Professionalisierungsdiskussion in der Sozialen Arbeit – Versuch einer Bilanz. Neu-Ulm 2010; S. 77-94

Reichard, Christoph: Die Umsetzung von Managementreformen in der deutschen Kommunalverwaltung. In: Dahme, Heinz-Jürgen/ Wohlfahrt, Norbert (Hg.): Systemanalyse als politische Reformstrategie. Wiesbaden 2010; S. 163-177

Rock, Joachim: Wohlfahrt im Wettbewerb. Europäisches Recht kontra Daseinsvorsorge und soziale Dienste? Hamburg 2010

Schaarschuch, Andreas: Theoretische Grundelemente Sozialer Arbeit als Dienstleistung.

Ein analytischer Zugang zur Neuorientierung Sozialer Arbeit. In: neue praxis 6, 1999; S. 543-560

Schaarschuch, Andreas: Der Staat, der Markt der Kunde und das Geld ...? In: Flösser, Gaby/ Otto, Hans-Uwe (Hg.): Neue Steuerungsmodelle für die Jugendhilfe. Neuwied, Kriftel, Berlin 1996; S. 12-32

Schaarschuch, Andreas/ Oelerich, Gertrud: Der Nutzen Sozialer Arbeit. In: dies. (Hg.): Soziale Dienstleistungen aus Nutzersicht. Zum Gebrauchswert Sozialer Arbeit. München, Basel 2005

Schaarschuch, Andreas: Nutzerorientierung – der Weg zur Professionalisierung Sozialer Arbeit? In: Hammerschmidt, Peter; Sagebiel, Juliane (Hg.): Professionalisierung im Widerstreit. Zur Professionalisierungsdiskussion in der Sozialen Arbeit – Versuch einer Bilanz. Neu-Ulm 2010; S. 149-160

Schröter, Eckhard: New Public Management. In: Blanke, Bernhard/ Nullmeier, Frank/ Reichard, Christoph/ Wewer, Göttrik (Hg.): Handbuch zur Verwaltungsreform. 4. erg. Aufl. Wiesbaden 2011; S. 79-89

Seckinger, Mike: Verdichtung der Jugendphase und ihre Folgen für die Kinder- und Jugendhilfe. In: Sozialpädagogisches Institut im SOS-Kinderdorf (Hg.): Jugendliche zwischen Aufbruch und Anpassung [SOS-Dialog] München 2007; S. 11-19

Sommerfeld, Peter/ Hüttemann, Matthias (Hg.): Evidenzbasierte Soziale Arbeit. Baltmannsweiler 2007

Staub-Bernasconi, Silvia: Professionalisierung der Sozialen Arbeit – Ein uneingelöstes Versprechen. In: Hammerschmidt, Peter/ Sagebiel, Juliane (Hg.): Professionalisierung im Widerstreit. Zur Professionalisierungsdiskussion in der Sozialen Arbeit – Versuch einer Bilanz. Neu-Ulm 2010; S. 115-132

Stolterfoht, Barbara: Die Zukunft der Wohlfahrtsverbände. In: Hammerschmidt, Peter/ Uhlendorff, Uwe (Hg.): Wohlfahrtsverbände zwischen Subsidiaritätsprinzip und EU-Wettbewerbsrecht. Kassel 2003; S. 187-210

Struzyna, Karl-Heinz: Wirkungsorientierte Jugendhilfe – Hintergründe, Intentionen und Ziele des Bundesmodellprogramms. In: ISA (Hg.): Wirkungsorientierte Jugendhilfe. Bd. 1, Beiträge zur Wirkungsorientierung von erzieherischen Hilfen. Münster 2007; S. 5-13

Veit, Alex/Schlichte, Klaus (2009) Internationale Organisationen als verkoppelte Arenen: Wieso scheitern State-Builder? In: Dingwerth, Klaus u.a. (Hg.): Die Organisierte Welt. Internationale Beziehungen und Organisationsforschung. Baden-Baden 2009

Vogel, Berthold: Staatliche Regulierung von Arbeit. In: Böhle, Fritz/ Voß, Günter G./ Wachtler, Günther: Handbuch Arbeitssoziologie. Wiesbaden 2010; S. 913-928

Weaver, Catherine: Hypocrisy Trap. The World Bank and the Poverty of Reform. Princeton/ Oxford 2008

Wulf-Schnabel, Jan: Reorganisation und Subjektivierungen von Sozialer Arbeit. Wiesbaden 2011

Ziegler, Holger: Sozialpädagogik nach dem Neo-Liberalismus: Skizzen einer post-sozialstaatlichen Formierung Sozialer Arbeit. In: Bütow, Birgit/ Chassé, Karl August/ Hirt, Rainer (Hg.): Soziale Arbeit nach dem Sozialpädagogischen Jahrhundert. Opladen, Farmington Hills 2008; S. 159-176

Ziegler, Holger: Zum Stand der Wirkungsforschung in der Sozialen Arbeit. In: Jugendhilfe, 47. Jg., H. 3/ 2009; S. 180-187

Autorenangaben

Dahme, Heinz-Jürgen; Jg. 1949, Dr. rer. soc., Prof. für Verwaltungswissenschaft an der Hochschule Magdeburg-Stendal, FB Sozial- und Gesundheitswesen, Arbeitsschwerpunkte: Kommunale Selbstverwaltung und Verwaltungsmodernisierung, Wohlfahrtsverbände und Soziale Dienste, Gesundheits- und Sozialpolitik; Breitscheidstraße 2, D-39114 Magdeburg. E-Mail: heinz-juergen.dahme@hs-magdeburg.de

Grohs, Stephan; Jg. 1974, Dr. rer. soc, Wissenschaftlicher Assistent an der Universität Konstanz, Fachbereich für Politik- und Verwaltungswissenschaft, Lehrstuhl für Vergleichende Policy-Forschung und Verwaltungswissenschaft, Schwerpunkte in Lehre und Forschung: Vergleichende Verwaltungswissenschaft und lokale Politikforschung, Verwaltungsmodernisierung; Universitätsstr. 10, D-78457 Konstanz. E-Mail: stephan.grohs@uni-konstanz.de

Hagn, Julia K.; Jg. 1975, M.A., Wissenschaftliche Mitarbeiterin an der Hochschule München, Fakultät für Angewandte Sozialwissenschaften, Arbeitsschwerpunkte: Theorien der Organisations- und Institutionenlehre, Internationale Organisationen, Entwicklungs- und Gesundheitspolitik der Vereinten Nationen, Sozialpolitik; Am Stadtpark 20, D-81243 München. E-Mail: jhagn@hm.edu

Hammerschmidt, Peter; Jg. 1963, Dr. phil. habil. Dipl.-Päd., Dipl. Soz.-Päd. (FH), Prof. für Grundlagen der Sozialen Arbeit an der Hochschule München, Fakultät für Angewandte Sozialwissenschaften, Arbeitsschwerpunkte: Theorie und Geschichte Sozialer Arbeit, Organisationen der Sozialen Arbeit, Sozialpolitik und Gesellschaftstheorie, Internationale Orientierung in der Sozialpolitik und Sozialen Arbeit; Am Stadtpark 20, D-81243 München. E-Mail: Peter.Hammerschmidt@hm.edu

Ortmann, Friedrich; Jg. 1941, Dr. sc. pol. habil., Dipl.-Volkswirt, Habil. in Sozialpädagogik, Professor i.R. für Kommunale Sozialpolitik und Sozialplanung, Arbeitsschwerpunkte: Sozialplanung; Sozialverwaltung; (Kommunale) Sozialpolitik; Besselstr. 48, D-28203 Bremen. E-Mail: friedrich.ortmann@gmx.de

Roth, Günter; Jg. 1959, Dr. rer. soc., Dipl. Verw.wiss. (Universität Konstanz); freischaffend als Autor, Dozent und Berater, Arbeitsgebiete: Sozialpolitik und Wohlfahrtsstaat; Soziologische Theorie der Praxis (Bourdieu), Soziale Ungleichheit; Alterssoziologie und Soziale Gerontologie, Soziale Dienste und Nonprofit-Organisationen, Sozialmanagement und Sozialverwaltung; Gossetsweiler 2, D-88263 Horgenzell. E-Mail: mail@rothguenter.de

Sagebiel, Juliane; Jg. 1955, Dr. phil. Dipl.-Päd., Dipl. Soz.-Päd. (FH), Prof. für Sozialarbeitswissenschaft an der Hochschule München, Fakultät für Angewandte Sozialwissenschaften, Arbeitsschwerpunkte: Geschichte und Theorien der Sozialen Arbeit, Sozialarbeitswissenschaft, Systemtheorien, Internationalisierung Sozialer Arbeit (Rumänien, Vietnam) und Teamberatung; Am Stadtpark 20, D-81243 München. E-Mail: Juliane.Sagebiel@gmx.de

Wohlfahrt, Norbert; Jg. 1952, Dr. rer. soc., Prof. für Sozialmanagement an der Evangelischen Fachhochschule Rheinland-Westfalen-Lippe, Arbeitsschwerpunkte: Entwicklung Sozialer Dienste, Kommunale Sozialpolitik, Non-Profit-Organisationen; Immanuel-Kant-Straße 18-20, D-44803 Bochum. E-Mail: wohlfahrt@efh-bochum.de

In der Schriftenreihe Soziale Arbeit bereits erschienen:

P. Hammerschmidt, J. Sagebiel (Hg.)
Professionalisierung im Widerstreit
ISBN 978-3-940865-03-8
2010 | 162 Seiten | 16,00 €

Der Band rekonstruiert und bilanziert die Professionalisierung und die Professionalisierungsdiskussion der Sozialen Arbeit. Die Zeitspanne erstreckt sich dabei von der beginnenden Diskussion über die Notwendigkeit schulischer Ausbildung für die zunächst noch ehrenamtlich ausgeübte soziale Frauenarbeit um die Wende zum 20. Jahrhundert bis zu den aktuellen Diskussionen über die Reform der hochschulischen Ausbildung im Zeichen des sog. Bologna-Prozesses. In unterschiedlichen Theorietraditonen verortete Autoren entwerfen dabei ein facettenreiches Bild des Gegenstandes, das zu weiteren Diskussionen anregt.

P. Hammerschmid, J. Sagebiel (Hg.)
Die Soziale Frage zu Beginn des 21. Jahrhundert
ISBN 978-3-940865-23-6
2011 | 172 Seiten | 16,00 €

Der Übergang von der agrarischen Feudalgesellschaft zur bürgerlichen Gesellschaft auf industriekapitalistischer Grundlage ging für all jene, die über kein Privateigentum verfügten und deshalb den Unsicherheiten der Lohnarbeiterexistenz ausgeliefert waren, mit einer Fülle einschränkender Lebensbedingungen einher, die mit dem Begriff der „Sozialen Frage"benannt werden. Ob, und wenn ja, wie, sich die Soziale Frage zu Beginn des 21. Jahrhunderts neu stellt, ist Gegenstand dieses Bandes.

In Planung für 2013: Unheimliche Verbündete:
Recht und Soziale Arbeit in Geschichte und Gegenwart

Gemeinwesenentwicklung, Quartiermanagement und Lokale Ökonomie an der Hochschule München

Forschungsband 1
Gemeinwesenentwicklung, Quartiermanagement und Lokale Ökonomie an der Hochschule München (Hrsg.)
FÜR MEHR TEILHABE
Gemeinwesenentwicklung, Armutsbewältigung, Selbstorganisation
ISBN 978-3-930830-89-3 I 320 Seiten I 28 €
Der erste Band umfasst exemplarische Studien, die zusammen genommen vielschichtige, interdisziplinäre und länderübergreifende Perspektiven für die nachhaltige Gemeinwesenentwicklung, Armutsbewältigung und die Selbstorganisation für mehr Teilhabe eröffnen.

Forschungsband 2
Gemeinwesenentwicklung, Quartiermanagement und Lokale Ökonomie an der Hochschule München (Hrsg.)
GEMEINWESENTWICKLUNG UND LOKALE ÖKONOMIE
ISBN 978-3-930830-93-0 I 122 Seiten I 16 €
Mit Beiträgen von A.Tschanen-Hauser, Zürich; Prof. Dr. Susanne Elsen, München; Prof. Dr. Walter Lorenz, Bozen; Prof. Dr. Sylvia Staub-Bernasconi, Zürich und Prof. Dr. C. W. Müller, Berlin.
Anlässlich des ersten Abschlusses des Studienganges des Masters „Gemeinwesenentwicklung, Quartiermanagement und Lokale Ökonomie" fand im April 2007 eine Fachtagung an der Hochschule München statt.

Forschungsband 3
Gemeinwesenentwicklung, Quartiermanagement und Lokale Ökonomie an der Hochschule München (Hrsg.)
GEMEINWESEN GESTALTEN – LERNEN FÜR NACHHALTIGE ENTWICKLUNG
ISBN 978-3-930830-17-6 I 191 Seiten I 22 €
Mit Beiträgen von Susanne Elsen, Katrin Muckenfuß, Christa Müller, Isidor Wallimann, Beate Weber, Adelheid Biesecker, Sabine Hofmeister, Patricia Arnold, Maria S. Rerrich, Manfred Liebel, Tilo Klöck, Ella von der Haide, Alexander Vorbrugg.
Die Autorinnen und Autoren stellen aktuelle Diskurse, Konzepte und konkrete Ansätze einer an den Lebensbedürfnissen der Menschen und der Erhaltung des Gemeinwesens orientierten Wirtschaftskultur vor. Die Frage, wie lebensdienliches Wirtschaften aussehen kann, gewinnt angesichts der aktuellen Weltwirtschaftskrise an Brisanz.